『일제강점기 한국 관련 프로파간다 팸플릿』

팸플릿 시리즈 제1권

경성을 가다 - 리플릿과 브로셔 편

이 번역서는 2024년 대한민국 교육부와 한국연구재단의
지원을 받아 수행된 연구임(NRF-2024S1A5C2A02046073).

동아대학교 역사인문이미지연구소 총서 05

『일제강점기 한국 관련 프로파간다 팸플릿』
팸플릿 시리즈 제1권

경성을 가다 – 리플릿과 브로셔 편

경인문화사

서 문

동아대학교 역사인문이미지연구소는 2024년 9월 한국연구재단 인문사회연구소지원사업에 선정되어 「일제강점기 한국 관련 팸플릿의 분석·번역·해제·이미지 DB 구축」(6년간 수행 예정)이라는 과제를 수행하고 있다. 본 사업에서는 본 연구소 소장이 수집한 '신동규 컬렉션' 1,500여 점의 일제강점기 한국 관련 팸플릿 자료들을 리플릿과 소책자로 분류하고, 그중에서 학문적·사료적 가치가 높은 480점을 선별해서 체계적으로 분석·해제·번역함과 동시에 이미지까지도 DB로 구축하여 공개하는 것을 목표로 삼고 있다(최종적으로 550점 예상). 본서는 이러한 연구 사업의 일환으로 연구 성과를 공유하고 그 결과를 널리 알려 학술적 파급효과를 극대화하기 위해 기획한 것이다.

본서 『일제강점기 한국 관련 프로파간다 팸플릿(경성을 가다-리플릿과 브로셔 편)』은 일제강점기 조선, 특히 경성을 중심으로 제작된 각종 팸플릿(리플릿)을 체계적으로 수집하고, 번역과 분석을 병행한 최초의 본격적인 연구 성과라고 말할 수 있다. 식민지 시기의 시각 자료인 팸플릿을 통해 근대 제국과 식민지의 관계를 새롭게 조망하고자 하는 의미에서의 첫 번째 연구서로 근대의 이미지와 제국의 시선을 탐구하는 긴 여정의 출발점인 것이다. 일제강점기 경성을 주제로 제작된 팸플릿(리플릿) 가운데 20점을 선별하여 수록하고, 각 자료에 대해 번역문과 시각 자료, 그리고 해제를 수록함으로써 체계적인 연구 자료로서의 가치를 높였다. 따라서 본서는 단순한 번역 자료집을 넘어 팸플릿이라는 매체가 식민지의 현실과 제국의 기획을 어떤 시각적 논리로 구성했는지를 분석하는 시각 문화사적 연구서로서의 성과물이라고도 볼 수 있다.

일제강점기 당시의 팸플릿은 단순한 안내서나 관광 홍보물이 아니었다. 그것은 일본 제국이 식민지 조선을 "어떻게 보여주고자 했는가"를 드러내는 기획물이자 제국 통치의 정당성과 합리화를 시각적으로 설득하기 위한 정치적 장치였다. 팸플릿 속에는 경성의 거리와 건축, 산업과 관광, 생활과 문화, 전시와 행사 등 식민지 조선의 다양한 풍경이 응축되어 있다. 다시 말해, 팸플릿은 제국이 설계한 공간이자 이미지의 지도이며, 시선을 통해 작동하는 일종의 "보이는 권력"의 표상물이었던 것이다.

본서에 수록된 경성 관련 팸플릿은 관광 안내도, 철도 노선도, 지역개발 조감도, 산업전시회 자료, 문화홍보, 광고 등으로 구성되어 있다. 사진, 그림, 지도, 도표, 일본어 텍스트가 복합적으로 결합 된 이 매체들은 단순한 정보 전달을 넘어 제국이 꿈꾸었던 식민지의 공간 질서와 근대적 욕망을 시각적으로 설계하고 서사화한 담론의 장으로 기능하였다. 그러나 이렇게 귀중한 시각 자료들은 종이 매체의 특성상 보존이 어렵고, 희소성과 수집 가치로 인해 공공기관에서도 접근이 제한되어 왔으며, 언어적 장벽으로 인해 연구 역시 활발하지 못했다. 본 연구는 이러한 제약을 넘어 팸플릿이라는 매체의 사료적 가치와 학술적 가능성을 복원하고자 한 첫 번째 시도이자 실질적인 성과이다.

본서는 전술한 인문사회연구소지원사업의 1단계 1·2차년도 과제의 결과물로서 9명의 연구자가 약 1년 이상에 걸쳐 공동으로 연구·번역·편집을 수행하였다. 연구진은 팸플릿을 단순한 홍보물이 아니라, 제국의 시선이 식민지를 '재현(representation)'하고 '구성(construction)'한 시각적 담론으로 인식하고 이를 도시 경성의 사회문화적 구조 및 제국 권력의 시각전략 속에서 해석하였다. 또한 원본 팸플릿을 고해상도로 디지털화하여 데이터베이스를 구축함으로써, 향후 학술 연구뿐 아니라 교육, 전시, 예술 창작 등 다양한 분야로의 활용 가능성을 열었다. 따라서 본서의 출간은 단순한 자료 공개를 넘어, 식민지 시기의 시각문화를 연구하는 새로운 학문적 지평을 제시한다는 점에서 의의가 크다. 본서는 독자가 직접 팸플릿을 펼쳐보며 20세기 초 경성의 거리를 거닐 듯, 그 시대의 사람들과 풍경, 권력과 기억을 함께 마주하도록 구성되었다. 팸플릿 속 문장과 이미지에 스며든 제국주의의 기획과 식민지 현실을 세밀히 읽어내는 일은 단순한 해설의 차원을 넘어 과거를 비판적으로 재구성하고 오늘의 시선으로 재해석하는 지적 실천이 될 것으로 믿어 의심치 않는다.

그리고 본서는 특정 연구자만을 위한 전문 학술서에 머물지 않는다. 도시·공간·디자인·예술을 연구하는 학자와 창작자, 근대의 시선을 탐구하는 학생, 그리고 식민지 시기 역사와 시각문화에 관심 있는 일반 독자에게까지 풍부한 사유와 상상력을 선사하는 문화사적 여정이 될 것이다. 나아가 시각 자료를 통해 근대의 기억을 복원하고 해석하는 인문학적 과제를 수행하며, 과거의 이미지로 미래의 연구를 여는 가능성을 제시하고 있다.

한 장의 팸플릿에 잠재된 또 다른 세계를 마주하는 순간, 우리는 제국이 형성한 조선의 이미지뿐 아니라, 그 이면에 담긴 사람들의 일상과 현실, 그리고 시대의 흔적까지 함께 살펴볼 수 있다. 그러한 의미에서 본서는 이러한 시각적 기록을 통해 과거를 단순히 재현하는 데 머물지 않고, 그 기억을 오늘의 시선으로 성찰하며 내일의 연구와 기억으로 확장해 가는 인문학적 실천의 결실이라고 할 수 있다. 또 팸플릿에 담긴 시선과 서사는 단순한 홍보나 안내의 차원을 넘어, 제국이 식민지의 공간과 일상을 어떤 방식으로 재현하고 통치 논리를 시각화했는지를 보여주는 역사적 증거로 기능하고 있었다. 따라서 본서에서는 팸플릿의 해제 작성에도 심혈을 기울였고, 제국의 시선 아래 형성된 식민지의 시각 자료를 비판적으로 해독함으로써 근대와 제국, 식민과 저항이 교차하는 복합적 관계를 다층적으로 재구성해 보고자 노력했다.

팸플릿과 관련된 연구는 시각 자료를 과거에 정지된 기록이 아니라, 현재의 시점에서 재해석될 수 있는 사유의 매개로 바라보지 않으면 안 된다. 따라서 이를 통해 시각문화는 단순히 미적 대상이 아닌, 권력과 지식, 기억이 교차하는 '역사의 장(場)'으로 인식해야 한다. 이러한 접근은 제국주의적 시선이 구성한 식민지 현실을 비판적으로 복원하고, 시각 자료를 통해 근대의 경험을 재구성하려는 인문학적 시도의 일환이 될 것이다. 우리 참여 연구원 모두는 이번 출간이 식민지 시각문화 연구의 새로운 출발점이자, 기억에서 사라진 역사와 이미지 복원을 향한 지속적 탐구의 단단한 토대가 되기를 기대해 본다. 아울러 본서가 제국과 식민, 시각성과 권력관계에 대한 학문적 논의를 한층 심화시키는 계기가 되기를 바란다.

끝으로 본서는 동아대학교 역사인문이미지연구소 공동연구원 9명의 집필자 모두가 꾸준한 노력과 긴밀한 협력으로 완성한 결과물이다. 당시 인쇄술의 조악함으로 인해 일부 사진을 수록하지 못했고, 해제와 번역 등에 다소 미흡한 부분이 없지 않으리라 생각되는데, 부디 독자 여러분들의 너그러운 양해를 부탁드린다. 아울러 본 총서의 출판을 맡아 주시고 세심하게 도와주신 경인문화사 한정희 대표와 편집자 여러분께 깊은 감사를 드린다.

2025년 10월 26일에

동아대학교 역사인문이미지연구소

공동연구원 일동

범 례

1. 본 일제강점기 팸플릿 관련 총서는 동아대학교 역사인문이미지연구소(소장 신동규) '신동규 컬렉션'의 자료 약 1,500여 건 중에서 선별하여 주제별로 출판하는 것이며, 모든 번역문과 수록 이미지는 원본을 기준으로 하였다.
2. 각 팸플릿 자료는 이중 겹낫표 '『 』'로 자료 속의 강조된 단어와 문구는 작은 따옴표 ' ' 로 표기한다.
3. 원문에는 연호를 사용하고 있으나 서력으로 수정한다. 기본적으로 일본 연호는 생략하고 한국 연호는 한글로 괄호 안에 병기한다. 다만, 문맥상 필요할 경우에는 한국과 일본 연호를 함께 표기하며, 이때 일본 연호는 한자로 표기한다.

   예) 隆熙四年→1910년(융희4), 明治四十三年→1910년, 李太王三十三年即ち 明治二十九年→1896년(고종33, 明治29).
4. 원문에 국가 상호 간의 관계를 표현할 때 일한(日韓)·일조(日朝)·일중(日中)·일러(日露) 등 일본을 먼저 표기한 것은 국내의 통상적인 표현인 한일·조일·중일·러일 등으로 수정한다. 다만, 회사 명칭이나 고유명사일 경우에는 그대로 사용한다.

   예) 일한가스회사(日韓瓦斯會社), 일한인쇄주식회사(日韓印刷株式會社).
5. 외국의 인명, 지명 점포명 등은 외래어 표기법에 따라 원음대로 표기하고 한자음이나 서양어 표기는 소괄호 '( )' 안에 쓴다. 단, 각 장의 첫 등장에만 표기하며 소괄호 안에 중복 설명이 필요한 경우는 대괄호 '[ ]'로 병기한다.

   예) 가토 기요마사(加藤清正), 다롄(大連), 쇼와여관([昭和旅館], 역 앞) 등.
6. 원문에는 없으나, 본문 중 대괄호 안의 문구는 집필자가 독자의 이해를 돕기 위해 삽입한 것이다. 또한, 일제강점기의 용어나 조선을 비하하는 표현 등은 현재의 표준 용어를 사용하고 원문은 소괄호 안에 병기한다. 단, 임진왜란은 원서 본래 표현의 의미 전달을 위해 원문대로 쓰고 대괄호 안에 [임진왜란]으로 표기한다.

   예) 러시아공사관으로 옮기셨고[아관파천], 1894·5년의 전쟁[청일전쟁] 등.

예) '분로쿠의 역(文禄の役)'[임진왜란], '임진역(壬辰役)'[임진왜란]

7. 원문 오류는 수정하여 번역하되, 명백한 역사적·사실적 오류는 각 자료의 집필자가 괄호 혹은 각주에서 설명하고 정정하였다.

   예) 백제는 20대 개로왕(蓋鹵王) 때 → 각주: 개로왕은 백제 21대 왕임.

8. 도량형 수치는 만 단위 이상은 숫자와 한글 단위로 병기하며, 천 단위 이하는 숫자만 표기한다.

   예) 몇 정(丁)~10정(丁), 1만 3,200척, 66칸(間), 일본인 12만 1,309명 등.

9. 각주에서의 인용 문헌은 괄호 안에 표기하되 "(저자, 『서명』·「논문명」, 출판사, 연도, 쪽수)"의 순서로 나열하여 표시한다.

   예) 서적: (최인택 외, 『이미지로 읽는 근대 서울 2-사대문 안 한국인들의 공간과 일제의 침투』, 서울역사편찬원, 2023, 214쪽).

   예) 논문: (박영희, 「1930년대 경성(京城) 관광팸플릿 표지 연구-시각 언어 관점으로-」, 『한일관계사연구』 89집, 2025, 143~178쪽).

10. 원본의 훼손으로 글자를 식별할 수 없는 경우는 '●'로 표시하되, 앞뒤 문맥을 통해 추정 가능한 경우에는 해당 표현을 보완하여 각주에 제시한다.

11. 본문 내 독특한 용어나 개념은 첫 등장 시 집필자가 각주에 설명한다. 각주에 활용된 자료는 주로 다음의 신뢰 가능한 사전 및 정보원을 바탕으로 한다.

    - 한국정신문화연구원 『한국민족문화대백과사전』: encykorea.aks.ac.kr
    - 문화콘텐츠진흥원 『문화콘텐츠닷컴』: culturecontent.com
    - 국가기록원: archives.go.kr
    - 『다음백과』: 100.daum.net
    - 『네이버사전』: dict.naver.com, 기타 관련 전문 사전.

12. 해제와 번역문은 각각의 집필자가 담당하여 작성하였으며, 어휘 선택과 내용의 오류에 대한 책임은 해당 집필자에게 있다.

차 례

[1] 경성안내(京城案內)

조선물산공진회경성협찬회, 1915

집필·번역: 박영희

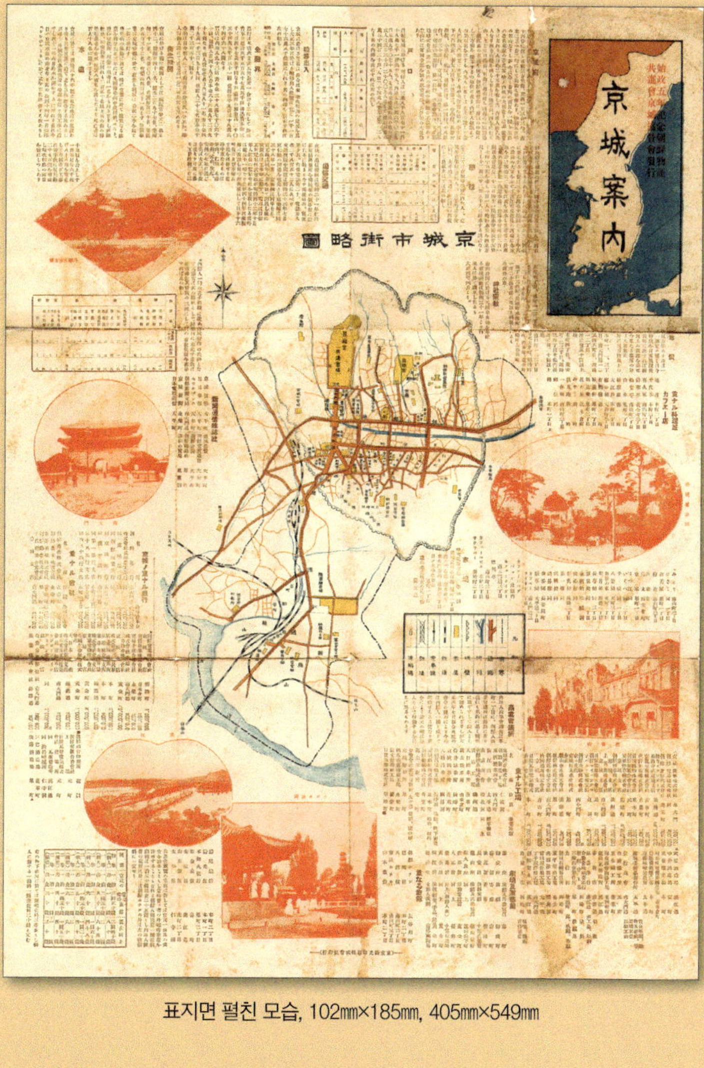

표지면 펼친 모습, 102㎜×185㎜, 405㎜×549㎜

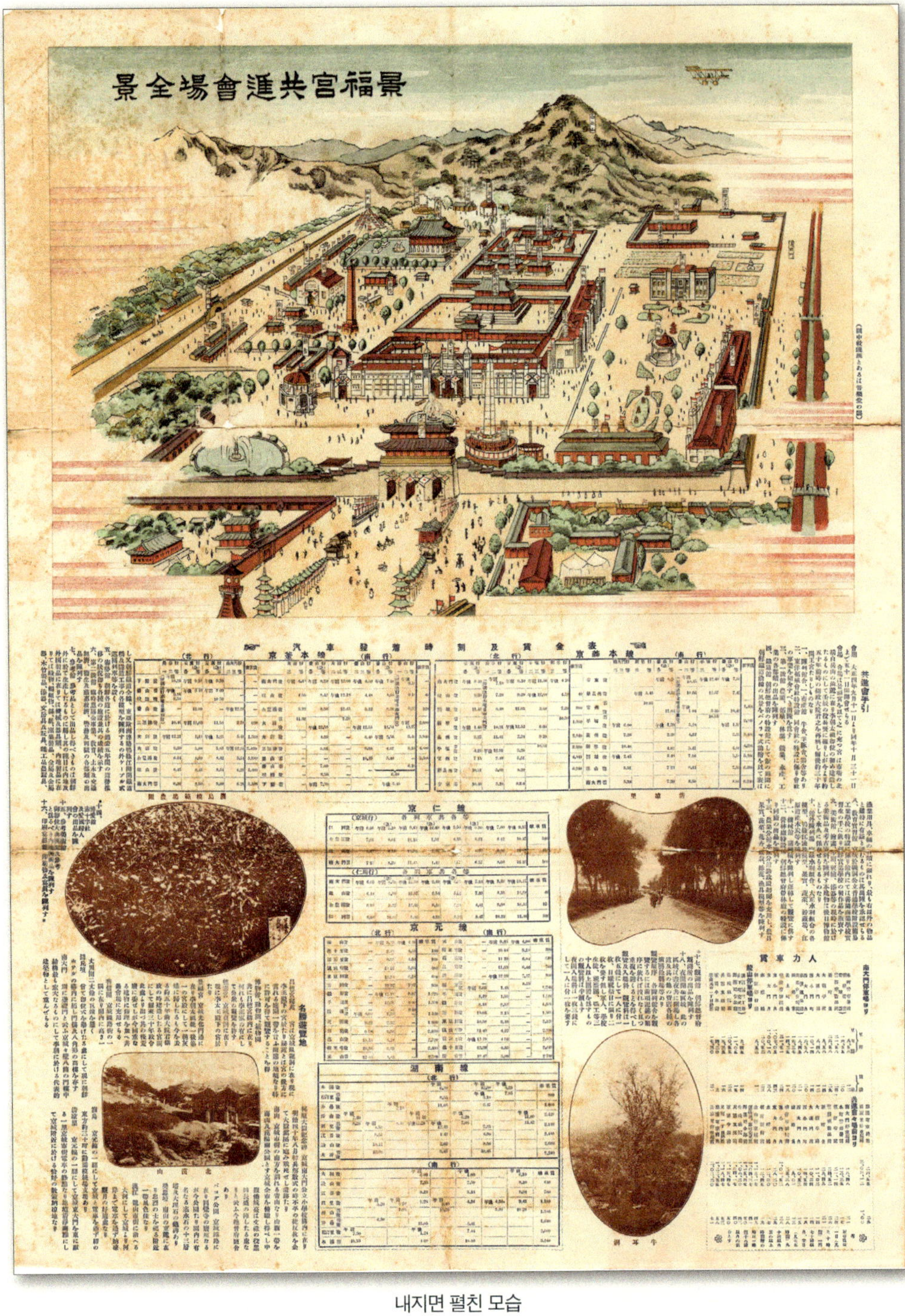
景福宮共進會場全景
汽車發着時刻及賃金表
京釜本線
京仁線
京元線
湖南線
人力車賃
共進會手引
名勝舊蹟地
北漢山
牛耳洞

내지면 펼친 모습

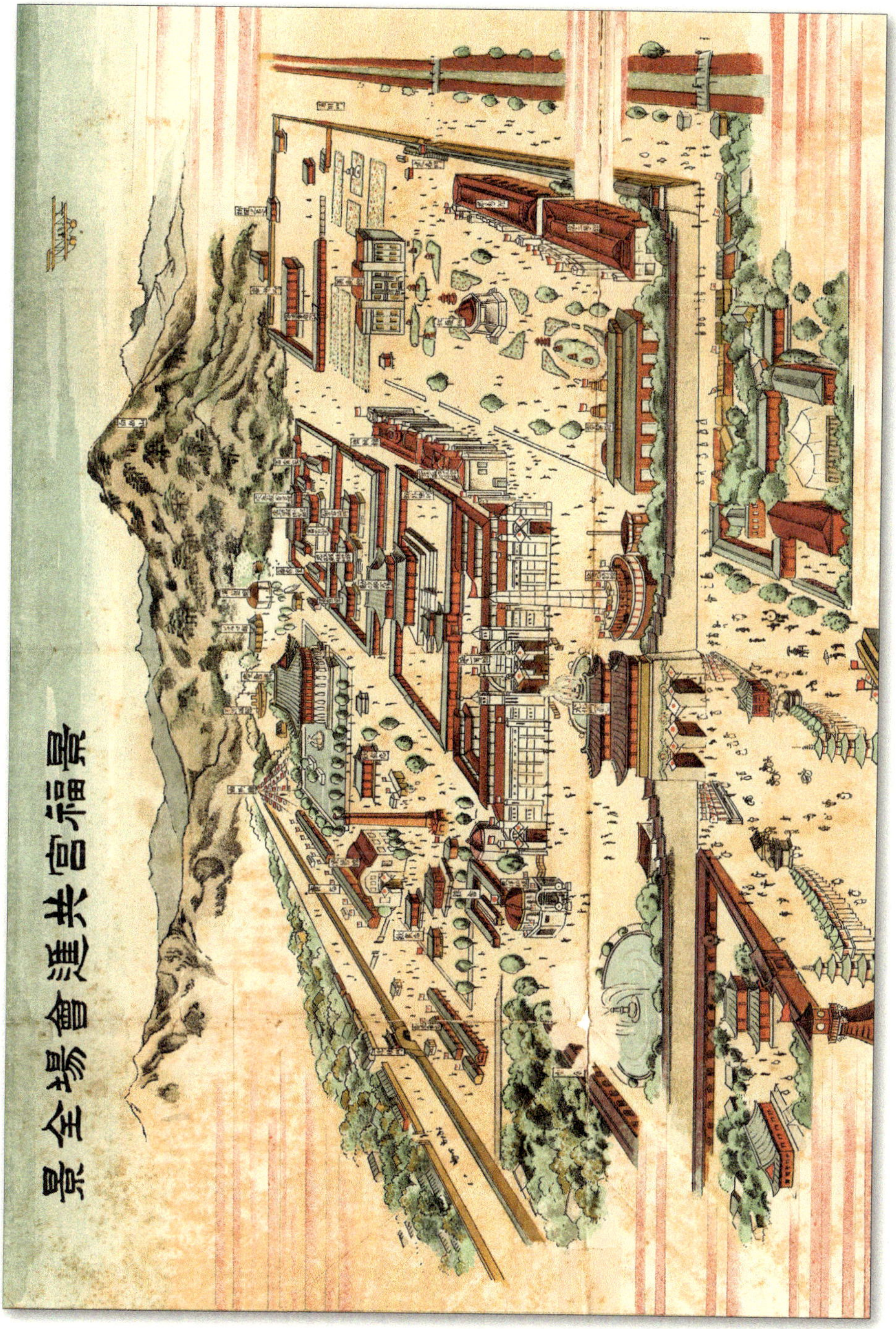

경복궁 공진회장 전경(그림 속 구호반[救護班]은 음악당[音樂堂]의 오기임)

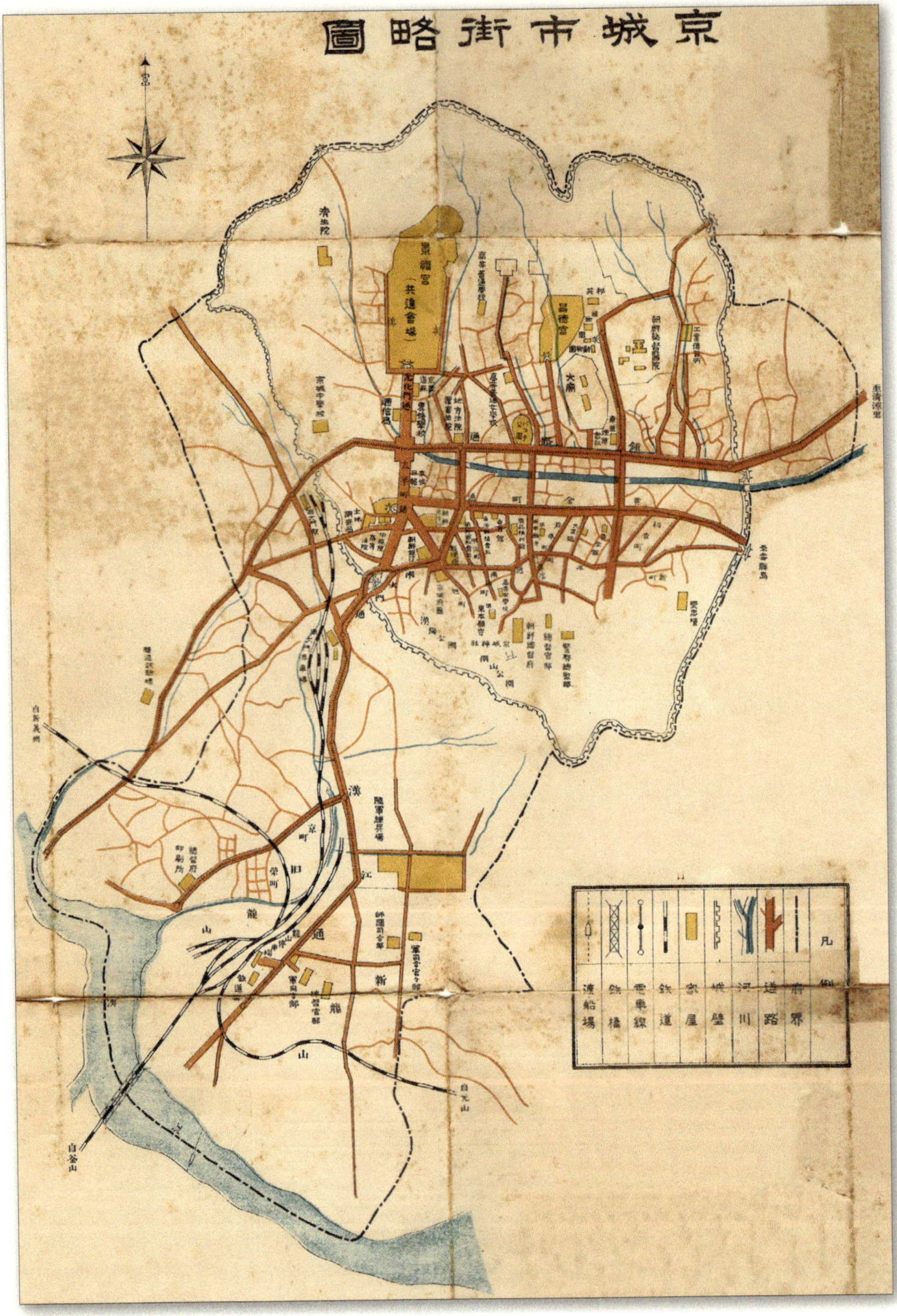

「경성시가약도」

| 해제 |

이 자료는 1915년 조선물산공진회 경성협찬회가 발행한 『경성안내(京城案內)』라는 인쇄 팸플릿으로 조선의 산업·상업·문화 등을 일본 제국에 홍보하고, 조선산 제품을 일본 시장에 소개하려는 의도로 제작되었다. 이 팸플릿은 일본 제국의 식민 통치 5주년을 기념하는 의미도 담고 있으며, 상하좌우 12면(앞뒤 총 24면)으로 접혀 있는 형태이다.

조선물산공진회는 1915년 9월 11일부터 10월 30일까지 약 50일간 개최된 대규모 박람회로 일본은 이를 통해 조선의 산업 발전을 과시하고 일본의 자본과 기술 유치를 도모하는 한편, 식민 통치의 성과를 시각적으로 선전했다. 경성협찬회는 전시회를 지원하기 위해 조직된 단체이며 각종 팸플릿을 통해 전시회 및 경성의 현황을 홍보하였다.

표지면 중앙에는 「경성시가약도」가 있고, 경성부의 부계(府界)·도로·하천·성벽·가옥·철도·전차선·철교·도선장(渡船場) 등이 자세히 표시되어 있다. 또한 왜성대공원, 총독부, 창덕궁 주합루, 남대문, 한강, 파고다공원 등 주요 유적지 사진 6점이 수록되어 시각적 효과를 더하고 있다. 이외에 경성부의 실상을 보여주는 다양한 통계와 정보, 즉 가구 수, 수이출입, 금융기관, 위생시설, 상하수도, 학교, 통신·교통, 지가(地價), 종교시설, 주요 요리점과 카페, 시장, 신문·통신·잡지사, 은행, 회사, 상업회의소, 공장, 극장 및 여관 등이 항목별로 정리되어 있다.

내지면에는 「경복궁 공진회장 전경」이 인쇄되어 있으며, 전시관 및 특설관 소개와 함께 인력거 운임, 경의본선, 경부본선, 경인선, 경원선, 호남선 등의 운행 정보를 수록하고 있다. 또한 경복궁, 창덕궁, 덕수궁, 남대문, 남산, 한강 등 경성 주변 명승지에 대한 설명과 함께 청량리, 우이동, 북한산, 뚝섬모범장농포(纛島模範場農圃) 4점의 사진이 포함되어 있다.

이 자료는 일본 제국이 근대화된 경성의 이미지를 통해 자국의 경제적·기술적 우위를 선전하고, 조선의 자원 개발과 산업화를 강조함으로써 식민 통치가 조선 사회에 긍정적인 변화를 가져왔다는 인식을 조장했던 식민지 프로파간다의 성격을 잘 보여준다.

| 번역문 |

경성부(京城府)

경성부는 동경 126도 59분 북위 37도 34분에 위치하며, 면적 약 2방리(方里)[1]로 동서 1리(里) 3합(合) 3작(勺),[2] 남북 3리 1합 2작으로 길이(周圍) 약 7리이다. 조선[3]의 500년간 도읍지였던 경성은 지금 그 옛 모습과는 많이 달라져, 도로의 개수와 가옥의 개량 등에서 일본의 대도시와 별반 차이가 없을 정도로 발전했다. 인구는 약 25만 명이며, 그 중 약 6만 명이 일본인(内地人)이다. 경성은 서쪽에 인왕산, 북쪽에 백악산, 동남쪽에 남산이 높이 솟아 있으며, 동쪽에는 낙타산(駱駝山)이 있다. 한강은 서남쪽의 한 구역을 지나 동남쪽으로 흐르며, 조선총독부는 남산 중턱에 자리해 시가지를 한눈에 내려다볼 수 있다. 일본인들은 주로 남산 기슭과 남대문, 서대문 일대에 밀집해 있으며. 이 지역에서 활발하게 상업 활동을 벌이고 있다. 경성에는 각종 중앙 관청을 비롯해, 이왕(李王)[4]의 창덕궁, 이

1 일제가 쓴 면적 단위로 1방리는 15.243㎢이다.

2 메이지시대 이후의 척관법(尺貫法)에 따르면 1리(里)=36정(町), 1町=60칸(間)=360척(尺), 1里=36町=12,960尺=3.927km이다. 1합(合)은 약 30㎝정도이며 1작(勺)은 1합의 1/10이다.

3 원문에는 '이조(李朝)'로 표기. 이후 '조선'으로 표기함.

4 순종.

태왕(李太王)[5] 전하의 덕수궁, 중학교, 고등학교, 소학교, 병원, 조선은행, 제일은행, 주하치은행(十八銀行), 햐쿠산주은행(百三十銀行), 경성은행, 한호농공은행(韓湖農工銀行), 한성은행, 조선상업은행, 한일은행 등 다양한 금융기관들이 들어서 있다. 또한 상업회의소, 동양척식주식회사, 그 외 각종 학교, 회사, 조합, 공장 등이 있으며, 용산에는 군사령부와 총독부 별저(別邸), 병영(兵營) 등의 큰 건물들이 자리하고 있다.

1) 가구 수(戶口)

최근 경성에 조선인은 3만 8,871가구, 18만 7,169명, 일본인은 1만 6,019가구, 5만 9,075명, 중국,[6] 영국, 미국, 프랑스, 러시아, 독일 등 기타 외국인은 530가구, 2,009명이 거주하고 있다. 이에 따라 총가구 수는 5만 5,420가구, 인구 24만 8,253명으로 그 내역을 표시하면 다음과 같다.

종별	조선인	일본인	합계
가구 수	38,871	16,019	54,890
인구	187,169	59,075	246,244

종별	외국인						
	중국	영국	미국	프랑스	러시아	기타	계
가구 수	409	32	49	10	7	23	530
인구	1,689	78	131	42	13	56	2,009

5 고종.

6 원문에는 '지나(支那)'로 표기. 이후 '중국'으로 표기함.

2) 수이출입(輸移出入)

병합 이후 경성의 무역은 점차 순조롭게 발전하였으며, 1914년 수이출입 총액은 실제로 1,176만 8,000여 원으로 증가하였다. 그 내역은 다음과 같다.

(단위: 원)

	조선산	일본산	외국산	계	합계
수이출(輸移出)[7]	505,193	67,816	58,746	631,755	11,768,338
수이입(輸移入)[8]	1,038,755	8,161,389	1,936,439	11,136,583	

3) 금융계

은행은 본점 6곳, 지점 5곳, 출장소 1곳으로 총 12개의 은행이 있으며, 공칭(公稱) 자본금은 총 4,557만 5,000원, 납입(拂込) 자본금은 3,347만 5,000원이다. 최근 예금고는 2,054만 5,131원, 대출금은 1,938만 6,468원이다.

전당포는 일본인 경영이 93곳으로 자본금은 38만 7,061원이고, 조선인 경영은 149곳으로 자본금은 64만 9,397원이다. 개인 자금 업자의 경우, 일본인은 11명, 자본금은 49만 1,399원이고, 조선인은 27명, 자본금은 10만 2,353원이다. 금리는 현재 개인에게는 최고 월 5%, 최저 1.5%가 적용되며 법인과 개인 간의 금리는 최고 1.2%, 최저 0.78%이다.

7 수출과 이출.

8 수입과 이입.

4) 위생기관

경성의 위생기관으로는 관공립 병원 2곳과 사립 병원 42곳이 있으며, 의사는 142명, 한의사(醫生)는 297명, 약제사는 21명, 조산사(產婆)는 108명, 간호사는 120명이다. 이밖에 약종상(藥種商)[9]은 532명, 매약상(賣藥商)은 431명이다. 제예사업(除穢事業)은 경성부청에서 직영으로 운영되며, 종두(種痘)는 봄과 가을 두 계절에 일반적으로 시행된다.

전염병 예방을 위하여 특히 관헌(官憲)[10]에서 엄중한 주의를 기울였으며, 1914년에는 9종류의 전염병 가운데 콜레라(虎列刺), 페스트, 발진 장티푸스(窒扶斯), 두창(痘瘡)[11] 환자는 단 1명도 발생하지 않았다. 그러나 성홍열(猩紅熱),[12] 장티푸스(腸窒扶斯)[13]는 모두 250명 이상 감염되었으며, 기타 전염병 환자를 포함한 총 감염자 수는 800명에 달했지만, 사망자는 198명에 불과하였다.

5) 수도(水道)

경성에서는 1903년에 이미 사설 수도가 부설되었고, 이후 거류민단에

9 약재(藥材)를 파는 장사. 또는 그런 장수.

10 관청.

11 천연두 바이러스가 일으키는 급성 법정 전염병.

12 목의 통증, 고열, 전신 발진이 생기는 전염병이다. 발진이 생긴 피부의 붉은색이 원숭이의 일종인 오랑우탄(성성이)의 색과 유사하다고 하여 성홍열이라는 이름이 붙여졌다.

13 장티푸스균에 의하여 발생하는 법정 전염병의 하나.

서 이를 매수하여 운영한 바 있다. 그러나 외국회사가 수도 부설 특권을 얻어 공사에 착수하였으며, 1908년 8월에 급수(給水)를 개시하였다. 이 시설이 오늘날 경성 수도의 전신이 되었다. 그 후 1911년 1월 시부사와(澁澤)[14]등이 조직한 신디케이트(シンジケート)[15]에서 이를 매수하여 경영하게 되었고, 정부는 사업의 특성을 고려하여 같은 해 4월, 이를 280만 6,153원에 매수한 뒤 경기도에 경영을 위탁하였다. 이후 개량 및 확장에 소요된 공사비는 36만 7,000여 원이었다. 현재의 설비 대요(大要)는 한강 오른쪽 강변과 뚝섬의 서쪽 끝에 수원지를 설치하고, 펌프식으로 강물을 취수(取水)하는 방식이다. 침징지(沈澄池)[16] 2곳, 여과지(濾過池)[17] 6곳, 정수지(淨水池) 1곳, 배수지 2곳이 있으며, 도수관(導水管)[18]은 길이 201칸(間),[19] 통수관(通水管)은 길이 2,241칸, 배수관은 길이 25리(里) 17정(町) 16칸에 달한다. 1일 1인 평균 급수량은 4입방척(立方尺)[20]으로 설정되었으며, 총 12만 2,250명에게 급수를 공급할 수 있도록 설계되었다.

14 시부사와 에이이치(澁澤榮一, 1840~1931)는 근대 일본의 사업가로 메이지와 다이쇼 시대에 정부 대장성 관료이자 제일국립은행 초대 총재를 지냈다.

15 공동의 이익 추구나 증진을 목적으로 특정 비즈니스를 처리하기 위해 형성된 개인, 회사, 기업 또는 단체로 구성된 자체 조직을 뜻한다.

16 물속에 섞여 있는 흙과 모래를 가라앉혀서 물을 맑게 하기 위해 만든 못.

17 상수도(上水道)에 보낼 물을 여과(濾過)하기 위하여 바닥에 가는 모래를 깔아 놓은 못.

18 도수(導水)는 물을 일정한 방향으로 흐르도록 인도(引導)하는 것을 말하며 도수관은 도수하기 위해 시설한 관을 뜻한다.

19 1칸(間)은 약1.8181818m이고, 60칸이 1정(町)이 된다.

20 '1입방척(立方尺)'은 0.091827제곱미터이며, 27.830L에 해당한다.

6) 학교

경성에는 관립 학교로 일본인 대상의 경성 중학교, 조선인 대상의 경성 전수학교(專修學校),[21] 고등보통학교, 여자 공립보통학교 등 네 종류의 학교가 있다. 공사립(公私立) 학교는 다음과 같다.

종별	일본인 교육						조선인 교육							
	소학교	고등 여학교	실업 학교	전문 학교	각종 학교[22]	유치원	보통 학교	고등 보통학교	실업 학교	사립 학교	종교 학교	야학교	서당	유치원
공립	7	1				1	10		4					
사립			1	1	4	1	6	3	1	28	22	12	101	1
계	7	1	1	1	4	2	16	3	5	28	22	12	101	1
아동 (유아·학생)	6,322	514	273	35	211	132	3,060	253	178	3,991	2,448	610	1,004	35

7) 통신교통

경성의 통신 기관은 1888년 인천 우편국 출장소를 왜성대(倭城臺) 영사관에 설치하면서 시작되었다. 현재는 우편국 4곳, 우편소 15곳, 자동 전화소 20곳이 있으며, 전화 가입자는 2,852명에 이른다. 교통기관 중 철도는 1900년 7월 경인선 개통을 시작으로, 1905년 1월에는 경부선, 같은 해

21 고등학교 정도에 해당하는 각종 학교.

22 정규 학교로 인가를 받지 못하였으나, 일반 정규 교육기관과 유사한 교육을 실시하고 있는 학교.

7월에는 경의선, 8월에는 경원선이 개통되었으며, 현재 함경선은 공사 중이다. 전차는 일한가스전기주식회사(日韓瓦斯電氣株式會社)가 1909년 10월 미국인이 경영하던 전기회사를 매수할 당시에는 총 길이 11마일(哩)[23] 이었으나, 1911년 이후 복선으로 개설되고 점차 연장되어 현재는 약 16마일에 이른다. 차량 50여 대를 운행 중이며, 도로는 부산·인천·목포·의주·원산·양양·안주 7곳을 통과한다. 시가지의 경우, 1913년 이후 7개년에 걸쳐 공사비 230만 원을 책정하고, 11개 노선 총연장(延長) 6,488칸(間)을 예정하여 시구(市區) 개정 공사에 착수하였다. 이 중 약 2,500칸의 거리는 이미 준공되었으며, 순차적으로 가로(街路)의 면모를 새롭게 정비할 예정이다.

8) 지가(地價)

경성 시가지 토지 가격은 등락을 반복하여 [쉽게] 단정하기 어렵지만 현재의 시가(時價)는 러일전쟁[24] 당시와 비교하면 40% 이상 하락한 수준이다. 현재 중요한 지역(場所)의 지가는 대략 다음과 같다.

- ○ 1평당 100원 이상인 땅.
  - 본정 1, 2, 3정목(丁目).
  - 남대문통 1, 2, 3, 4, 5정목.
  - 종로 1, 2정목.

23 1리(哩)는 약 6km.

24 원문에는 '일로전역(日露戰役)'으로 표기. 이후 '러일전쟁'으로 표기함.

○ 1평당 50원 이상인 땅.

- 본정 4정목, 황금정 1, 2, 3정목, 종로 3, 4정목, 광화문통.

○ 1평당 20원 이상인 땅.

- 본정 5정목, 욱정(旭丁) 1, 2, 3정목, 남산정 1, 2, 3정목.
- 수정(壽町), 일출정(日出丁), 대화정(大和町) 1, 2정목, 남북미창정(南北米倉町), 명치정(明治町) 1, 2정목, 영락정 1, 2정목, 약초정(若草町),[25] 앵정정(櫻井町), 황금정 4정목, 삼각정, 장교정(長橋町), 수표정(水標町), 무교정(武橋町), 장곡천정(長谷川町).

○ 1평당 20원 미만인 땅은 앞서 언급하지 않은 기타 토지이다.

9) 신사·종교(神社·宗敎)

남산공원에 있는 경성신사는 1898년부터 아마테라스 오카미(天照大神)를 모셔 왔으며, 일본인에 의해 정식 신사로 설립된 것은 1915년 4월부터이다. 일본인과 조선인[26] 단체의 우지코(氏子)[27] 조직이 결성되면서 새롭게 경성부 내의 씨족신이 되었고, 덴만구(天満宮)는 그 섭사(攝社)[28]로서 같은 경내에 모셔졌다. 종교는 신도·불교·기독교 세 가지가 있으며, 각 종교의 포교 상황은 다음과 같다.

25 원문이 훼손되어 '초(草)' 자는 구멍이 나 있는 상태이며, '약(若)' 자를 읽을 수 있어 지도와 비교해 가며 추정함.

26 원문에는 '내선인(內鮮人)'.

27 같은 수호신을 모시는 고장 사람.

28 본사에 부속되어 그 제신과 연고가 깊은 신을 모시는 신사.

	교파명(教派名)	강의소(회당)	설교소	포교소
신도(神道)	천리교	5	2	11
	신리교(神理敎)	2	2	4
	금광교(金光敎)	3	1	5
	대사교(大社敎)	1		1
	계	11	5	21
불교	본파본원사(本派本願寺)	3	3	12
	대곡파(大谷派)	2	1	6
	정토종(淨土宗)	2	4	8
	진언종(眞言宗) 제호파(醍醐派)	2	2	3
	동(同) 고야파(高野派)	2	2	4
	조동종(曹洞宗)	3	1	7
	일련종(日蓮宗)	1	1	2
	법화종(法華宗)	1		1
	임제종(臨濟宗) 묘심사파(妙心寺派)	2		2
	계	18	14	45
기독교	일본 미이교(美以敎)	1		2
	일본기독교회	3		2
	조합교회	3		4
	계	7		8

10) 주요 요리점(料理屋)·카페

○ 가케쓰(花月): 본정 2정목.

○ 지요모토(千代本): 본정 2정목.

○ 기쿠야(喜久家): 남산정 2정목.

○ 세이카테이(淸花停): 황금정 3정목.

○ 마쓰바테이(松葉亭): 남산정 1정목.

○ 시라미즈(白水): 욱정(旭町) 1정목.

○ 송취루(松翠褸): 수정(壽町).

○ 오에도(大江戶): 본정 2정목.

○ 우메노야(梅の屋): 대화정(大和町) 3정목.

○ 유명루(有明樓): 수정.

○ 정양헌(靜養軒): 욱정 1정목.

○ 과도락(鍋道樂): 욱정 3정목.

○ 하나노야(花の屋): 북미창정(北米倉町).

○ 미야코(みやこ): 신정(新町).

○ 규게츠안(汲月庵): 신정.

○ 잇큐안(一休庵): 남산성 2정목.

○ 후쿠즈미(福住): 남산성 2정목.

○ 야구라(櫓): 본정 1정목.

○ 미도리(みどり): 남산정 2정목.

○ 히사코(ひさこ): 남산정 1정목.

○ 스미야(壽美家): 욱정 1정목.

○ 바이카(梅花): 남산정 2정목.

○ 아즈마(吾妻): 신정.

○ 도리마루(鳥丸): 남미창정.

○ 교우케(京家): 욱정 1정목.

○ 하쓰에(はつ江): 욱정 1정목.

○ 이소베(いそべ): 욱정 2정목.

○ 센나리(千成): 욱정 1정목.

○ 핫케이엔(八景園): 원정 3정목.

○ 와카노이에(和歌の家): 원정 2정목.

○ 명월관(明月館): 종로 1정목.

○ 장춘관(長春館): 종로 3정목.

○ 혜천관(惠泉館): 종로 1정목.

○ 영흥관(永興館): 서린동(瑞麟洞).

○ 세심관(洗心觀): 서린동.

○ 군영관(群英館): 종로 2정목.

○ 제일루(第一樓): 종로 2정목.

○ 홍흥관(洪興館): 종로 2정목.

○ 홍승루(鴻昇樓): 종로 2정목.

○ 금곡원(金谷園): 장곡천정.

○ 여화원(麗華園): 태평통 2정목.

○ 카페 라이온(ライオン): 남대문통 3정목.

○ 카페 파고다: 파고다 공원 내.

○ 카페 타이거(タイガー): 남대문통 3정목.

○ 파주정(巴州亭): 남산정 3정목.

○ 카페 에비스(エビス): 본정 2정목.

○ 사쿠라 바(サクラバー): 명치정 2정목.

11) 시장

○ 중앙집산시장(中央集散市場): 효평동.

○ 경성식료품시장: 욱정 1정목.

○ 남대문시장: 남미창정.

○ 동대문시장: 종로통 2정목.

○ 히노마루(日ノ丸) 수산시장: 욱정 1정목.

○ 용산수산주식회사시장: 한강통.

12) 신문통신잡지사

○ 경성일보: 태평정(大平町).[29]

○ 매일신보: 태평정.

○ 서울프레스: 대화정.

○ 조선신문 지국: 남대문통.

○ 경성신문: 영락정(永樂町).

○ 일본전보통신: 태평정.

○ 경성통신: 태평정.

○ 조선사진통신: 대화정.

○ 조선공론: 태평정.

○ 조선잡지사: 욱정.

29 원문에는 '대평정(大平町)'으로 표기. 지도에는 '태평정(太平町)'으로 표기됨.

ㅇ 만한지실업[30]: 봉익동(鳳翼洞).

13) 경성의 주요 은행

명칭	위치	공칭(公稱) 자본금(원)
조선은행	남대문통	10,000,000
주식회사 한호농공은행(漢湖農工銀行)	남대문통	1,000,000
주식회사 한성은행	남대문통	3,000,000
주식회사 조선상업은행	남대문통	575,000
주식회사 경성은행	본정 2정목	1,000,000
주식회사 한일은행	남대문통	500,000
주식회사 제일은행 지점	본정 2정목	1,800,000
주식회사 주하치은행(十八銀行) 지점	황금정	1,250,000
주식회사 햐쿠산주은행(百三十銀行) 지점	본정 1정목	650,000

14) 주요 회사

명칭	위치	공칭(公稱) 자본금(원)
조선축산주식회사	고시정	120,000
조선농업주식회사	영락정	600,000
동양척식주식회사	황금정	10,000,000
조선권농주식회사(朝鮮勸農株式會社)	욱정	1,000,000
도사권업합자회사(土佐勸業合資會社) 경성지점	남대문통	210,000
조선실업주식회사 경성지점	명치정	1,000,000
조선임업주식회사	남미창정	200,000

30 원문에는 '만한의 실업(滿韓の實業)'으로 표기.

경성주탄합자회사(京城十反合資會社)	영락정	100,000
주식회사 공익사(共益社)	남대문통	500,000
미쓰이물산주식회사(三井物産株式會社) 경성지점	황금정	20,000,000
주식회사 미쓰코시오복점(三越吳服店) 경성출장소	본정	2,000,000
메이지야(明治屋) 경성지점	본정	500,000
동양생명보험주식회사 경성지점	종로통	1,000,000
동양건물주식회사 경성지점	황금정	5,000,000
제국생명보험주식회사(帝國生命保險株式會社)	황금정	1,000,000
대일본농산주식회사(大日本農産株式會社) 경성지점	종로통	300,000
미국동양공업건축회사 경성지점	남대문통	200,000
싱거소잉미싱회사31 경성지점	남대문통	1,000,000불(弗)
합자회사 창신사(彰信社)	남대문통	150,000
광업주식회사	종로통	50,000
경성융흥주식회사(京城隆興株式會社)	남대문	100,000
조선무역주식회사	남대문	500,000
조선창고주식회사	봉래정	200,000
뉴욕스탠다드석유회사32 경성지점	의주통(義州通)	75,000,000불
경룡두부주식회사(京龍豆腐株式會社)	고시정	10,000
조선제면주식회사(朝鮮製綿株式會社)	청엽정	150,000
경성직물주식회사	병목정	120,000
조선제지합자회사	원정	120,000
동아연초주식회사(東亞煙草株式會社) 경성지점	의주통	1,100,000
도사지주식회사(土佐紙株式會社)33 경성지점	남대문통	1,000,000
일한운모주식회사(日韓雲母株式會社)	욱정	300,000
조선마이닝컴퍼니34 경성지점	정동(貞洞)	500,000불
조선금사주식회사(朝鮮金砂株式會社) 경성지점	서소문정	74,000파운드(磅)
경성히마루수산주식회사(京城日丸水産株式會社)	욱정	100,000
용산수산주식회사	한호통(漢湖通)	70,000
일한식산주식회사	욱정	100,000

조선우선주식회사(朝鮮郵船株式會社)	남대문통	3,000,000
내국통운주식회사(內國通運株式會社) 경성지점	고시정	1,250,000
일한가스전기주식회사 경성지점	본정	6,000,000

15) 상업회의소

일본인 상업회의소는 본정 1정목에, 조선인 상업회의소는 종로에 있다. 모두 규약에 기반한 단체에 불과하여 법인으로 인정되지 않았으나, 1915년 7월 제령(制令) 및 총독부령의 발포에 따라 앞으로는 일본인 하나의 단체로 구성·조직되어야 한다는 신령(新令)에 의해 설립 초기부터 법인으로서 활동할 수 있게 되었다.

16) 주요 공장

명칭	위치	사업 종류
동아연초주식회사 조선제조공장	인의동	
동서연초상회	서대문정	
광강상회(廣江商會)	태평통	연초 제조
광성상회(廣成商會)	교북동(橋北洞)	연초 제조
조선연초주식회사 제조공장	의주통	

31 '싱거소잉미싱회사(シンガーソーイングミシン會社)'는 재봉틀 회사.

32 원문의 '뉴욕스탠다드석유회사'는 '紐育スタンダード石油會社'로 표기됨.

33 일본의 전통 종이.

34 '마이닝컴퍼니(マイニングコンパニー)'는 광산을 경영하고 있는 회사.

천일정미소(天日精米所)	봉래정	
용산정미소	남미창정	
대정정미소(待井精米所)	강기정(岡崎町)	
경성정미소	봉래정	
대정창미소(大精昌米所)	마포동	
김덕창염직공장(金德昌染織工場)	장사동(長沙洞)	염직, 양말 제조
경성직뉴주식회사(京城織紐株式會社)	병목정	직물, 끈
조선제뉴주식회사(朝鮮製紐株式會社)35	청엽정	
용산인쇄소	영정(榮町)	
합자회사 경성일보사	태평통	신문, 여러 인쇄
경성인쇄사	욱정	
하시모토상점인쇄공장(橋本商店印刷工場)	영락정	
신문관인쇄공장(新文館印刷工場)	황금정	
일한인쇄주식회사	명치정	
조선복음인쇄소	화동	
조선제지합자회사공장	원정	
일한가스전기주식회사 발전소	원정	
일한가스제조소	한강통	
일한종로변압소	인사동	
삼파주조장(三巴酒造場)	봉래정	
고토주조장(後藤酒造場)	욱정	
다케이주조장(武居酒造場)	한강통	
나카이주조장(中井酒造場)	신정	
시게카네양조장(重兼釀造場)	본정	
무라타된장간장양조장(村田味噌醬油釀造場)	남미창정	
이와와키간장양조장(岩脇醬油釀造場)	본정	
엔도된장양조장(遠藤味噌釀造場)	태평통	
한성미술품제작소(漢城美術品製作所)	태평통	귀금속류·직물·자수·필묵류 제조

신코우상회(信行商會)	남대문통	은세공품
시라카미철공소(白神鐵工所)	원정	
도세이철공소(東生鐵工所)	봉래정	
우미이치상회도기공장(海市商會陶器工場)	동사헌정	
용산기와제조소(瓦製造所)	한강통	
혁신점(革新店)	종로통	제화(製靴)
복수양행(福壽洋行)	한강통	가공품, 염료
합자회사 후쿠요시양행조선분공장(福喜洋行朝鮮分工場)	강기정	염료
삼륜상회제작소(三輪商會製作所)	욱정	농잠구(農蠶具)
역행사(力行社)	죽첨정(竹添町)	풀줄기(莚), 자루끈(叺繩), 짚신
아사히비누제조소(朝日石鹸製造所)	강기정	
과자제조공장	남산정	
가쿠다양복공장(角田洋服工場)	운니동(雲泥洞)	
돈다야양복공장(富田屋洋服工場)	태평통	
조지야양복공장(丁子屋洋服工場)	남대문통	
조선제빙사(朝鮮製氷社)	한강통	
시마야공장(島屋工場)	강기정	된장, 간장, 절임 제조

17) 극장 및 연예관(演藝館)[36]

고토부키좌(壽座)	연극 및 활동사진	수정(壽町)
오나리좌(御成座)	연극	어성정(御成町)
고토부키관(壽館)	연예장(寄席)	수정

35 주로 끈이나 줄 같은 섬유 제품을 제조하는 회사.

36 영화 상설관.

나니와관(浪花舘)	연예장(寄席)	명치정
장안사(長安社)	조선 연극	중부정미방(中部貞美坊)
용산좌(龍山座)	연극 및 활동사진	용산 영정(榮町)
사쿠라좌(佐久良座)	연극 및 활동사진	용산 산하정(山下町)
세계관	활동상설관(活動常設館)	황금정
다이쇼관(大正舘)	활동상설관	앵정정
우미관(優美舘)	활동상설관(조선인용)	중부장통방
황금관	활동상설관	황금정
연기관(演技舘)	연기(곡예 [輕業], 마술 [手品], 춤)	황금정
덕신당(德神堂)	중국인 연극	남부훈도방(南部薰陶坊)

18) 주요 여관

조선호텔	장곡천정
파성관(巴城舘)	본정 2정목
천진루(天眞樓)	남산정 2정목
경성 호텔	남산정 3정목
야마모토여관(山本旅舘)	본정 2정목
우라오여관(浦尾旅舘)	본정 2정목
청광관(淸光舘)	본정 1정목
시라누이여관(不知火旅舘)	욱정 2정목
하라킨여관(原金旅舘)	수정
태양관(太陽館)	한강통
야마모토여관(山本旅舘)	원정 2정목
태화관(太華舘)	인사동

공진회 관람 여행객에 대해서는 '관민일치'로 편의를 제공하며, 상시

경영하는 업자 외에도 임시 여관을 허가하기로 한다. 조선인 측 여관의 단체 숙박료는 1박 50전, 중식은 25전으로 정하고, 일본인 경영 여관의 경우, 조선호텔을 제외한 여관들은 다음과 같은 숙박료를 적용하기로 한다.

종별	경성의 상설 · 임시 여관	용산 상설 · 임시 여관
특등(개인)	1박 3원 50전, 중식 1원	1박 2원 40전, 중식 80전
1등(개인)	1박 2원 50전, 중식 80전	1박 2원, 중식 64전
2등(개인)	1박 2원, 중식 60전	1박 1원 60전, 중식 48전
3등(개인)	1박 1원 50전, 중식 50전	1박 1원 20전, 중식 40전
1등(단체)	1박 2원, 중식 60전	1박 2원, 중식 60전
2등(단체)	1박 1원 50전, 중식 40전	1박 1원 50전, 중식 40전
3등(단체)	1박 1원, 중식 30전	1박 1원, 중식 30전

상술한 여관 외의 숙박업소는 단체 숙박료 3등과 동일하며, 개인 1박 요금은 1원, 중식은 30전으로 정한다.

19) 공진회 안내(手引)

① 회기(會期)

1915년 9월 11일부터 동년 10월 31일까지 51일간 개회한다.

② 회장(會場)

회장은 경복궁으로 한다. 경복궁은 시가지 북단 백악산 앞 산기슭에

위치하며, 조선 태조 즉위 초기에 건축되었다. '임진의 역(壬辰の役)'[37] 때 병화를 입었으나, 약 50년 전 대원군의 섭정 아래 재건되어 이후 약 30년간 왕궁으로 사용되었다.

○ 진열관사: 축산관·우사(牛舍)·양돈사(羊豚舍)·계사(鷄舍) 등이 있다.

○ 동양척식회사 특설관: 동(同) 회사의 특설과 관련된 사업을 소개할 출품물이 전시된다.

○ 제1호관: 농업, 척식, 임업, 광업, 수산, 공업 각 부문별 출품물이 전시된다.

○ 철도관: 조선총독부 특설관에서는 전시관 주변에 조선 철도 연선의 풍경을 파노라마식 유화로 표현하고, 조선 철도 전선(全線), 동아구주연락(東亞區洲連絡) 압록강 개폐 철도교 및 수도(隧道) 터널 공사의 각종 모형을 전시한다. 또한, 케이블식 순회 열차 등도 설치된다.

○ 심세관(審勢館): 조선 각 도(道)의 과거 5년간 도세(道勢)[38] 추이 상황과 각종 시설 및 그 실적(成績)이 전시된다.

○ 제2별관: 임시은사금사업(臨時恩賜金事業)[39], 교육, 토목 및 교통, 경제, 위생 및 자혜구제(慈惠救濟), 경무(警務) 및 사옥(司獄)의 각 부류 출품물이 전시된다.

37 임진왜란을 의미하는 것으로 자료에 따라서는 '분로쿠(文祿)', 혹은 '분로쿠역(文祿役)', '분로쿠의 역(文祿の役)', 임진의 역(壬辰の役)으로 표기되어 있다. 이후 원문 대로 표기한다.

38 도(道)의 인구 및 산업, 재정, 시설 등의 종합적인 상태.

39 '임시은사금'은 메이지천황이 '조선에서의 산업 및 교육의 장려 발전과 기근 구제'라는 명목으로 각 지방에 배분되었으며, 지방 행정의 사업비로 사용되었다.

○ 참고관(參考館): 참고품으로 출품할 수 있는 물품은 조선 이외의 지역에서 생산된 제품에 한정된다. 일본 및 외국 제품으로는 기계 및 기구류가 포함되며, 일본제품으로는 직물, 편조물, 실, 종이, 요업(窯業) 제품, 금속 및 금속기, 목죽 제품, 칠기, 문방구 및 완구, 잡공품, 농잠구, 어업용구, 차량 등이 해당된다. 이 외에도 특별히 유익하다고 인정되는 물품은 출품을 승인할 수 있다.

○ 교육 실습관: 경성 어의동(於義洞)[40]에 위치한 공립보통학교 부설 간이(簡易) 공업학교와 관련된 특설에서는, 전시관 내에서 선린상업학교 실습생들이 조선실업학교의 제작품을 판매한다.

○ 미술관: 회화, 조각, 자수, 칠기 등 현재의 미술품과 고고학적 자료를 전시한다. 본 건물은 이후 박물관으로 영구히 보존될 예정이다.

○ 관외 진열장: 임익수리조합(臨益水利組合)[41], 다이쇼수리조합(大正水利組合)[42]의 각 모형, 압록강 유벌(流筏)[43] 모형, 과실(果實), 채소(蔬菜), 저장장(貯藏瑒), 강원도산 목탄 등이 전시된다.

○ 기계관: 여러 기계가 전시되고 시연되어 관람객에게 선보인다.

○ 영림창(營林廠)[44] 특설관: 조선총독부 영림창의 특설과 관련된 동창

40 1896년 8월에 숭교방(崇敎坊) 양현동(현재 서울 종로구 명륜동 3가) 성균관 학사의 일부를 빌려 설립된 양현동소학교(養賢洞小學校)를 1907년 6월 22일에 병합하고 건덕방(建德坊) 어의동(현재 서울 종로구 종로 5가)의 신축 교사로 이전하면서 수업연한 4년의 관립 어의동보통학교(於義洞普通學校)로 개편하였다.

41 1909년 전라북도 군산 지역에 설립된 수리조합.

42 1914년 평안북도 용천과 의주 지역에 설립된 수리조합.

43 통나무를 떼로 가지런히 엮어서 물에 띄워 사람이나 물건을 운반하는 것.

44 1910년 조선총독부 산하에 설치된 기관으로 압록강 및 두만강 연안의 산림 경영에 관한 사무를 관장하였다. 주요 업무로는 목재의 벌목, 운반, 제재, 판매 등이 있

(同廠)의 출품물이 전시된다.

- ㅇ 농업분관(農業分館), 수산분관(水産分館), 근정전 회랑을 활용하여 농기구, 과일, 채소, 화훼, 분재, 꽃꽂이, 어구 모형 등이 전시된다.
- ㅇ 박애관(博愛館): 적십자사 및 애국부인회의 출품물이 전시된다.
- ㅇ 참고미술관: 어즉위대전(御卽位大典)[45] 모형 및 참고가 될 만한 일본 미술품이 전시된다.
- ㅇ 인쇄사진관: 인쇄물 및 사진이 전시된다.
- ㅇ 관측관: 조선총독부 관측소의 출품물이 전시된다.
- ㅇ 야간 개장 구역: 이 구역은 주야로 개장하고 각 도(道) 및 기타 각종 매점, 연예 여흥장(演藝餘興場) 등이 있다.

③ 관람 순서

앞서 안내한 순서에 따라 관람하면 모든 진열관을 빠짐없이 중복 없이 둘러볼 수 있다.

④ 관람 및 입장료

입장료는 1장에 5전이며, 1인당 1장이 필요하다. 일요일과 공휴일에는 2장이 요구된다. 단, 군인, 학교 학생, 시찰단, 직공 등 30명 이상의 단체는 관람료가 반액으로 책정된다. 야간 입장료는 1장에 3전이며, 1인당 1장이 필요하다.

었다.

45 천황의 즉위식.

기차 출발, 도착 시각 및 운임표

경의본선(京義本線, 북행[北行])

	안동행(급) 각 등석	장춘행(급) 1·2등석		안동행(급) 각 등석	평양행 2·3등석	신막행 3등석	승차 운임(원)
남대문 출발	21:40	선만 급행 목요일 남대문 출발	07:10	09:10	11:50	16:20	
용산 출발	21:50		07:20	09:20	12:08	16:39	0.04
개성 출발	23:43		08:00	11:03	12:00	19:00	0.98
신막 도착 신막 출발	01:40		10:21	12:52	18:30	22:30	1.96
황주 출발	03:27	11:41	14:24	21:20			2.84
평양 도착 평양 출발	04:21	12:31	15:20	22:34			3.30
정주 출발	07:15	14:49	17:51				4.84
신의주 출발	10:31	17:00	20:20				6.24
안동 도착	10:40	17:10	20:30				

경의본선(남행)

	남대문 2·3등석	신막행 3등석	부산행(급) 각 등석	부산행 1,2등석		평양행 3등석	부산행(급) 각 등석	승차 운임(원)
안동 출발			08:20	선만급행 금요일 안동출발	10:45	12:40	19:30	
신의주 출발		05:45	08:35	10:56		12:57	19:47	
정주 도착 출발		10:03	11:04	13:04		17:55	22:49	1.40
평양 도착 출발	06:00		13:39	15:28		22:05	01:33	2.94
황주 출발	07:26		14:26	16:12			02:22	3.40
신막 출발	10:40		16:03	17:41			04:06	4.28

개성 출발	14:45		17:48	19:16		05:58	5.26
용산 출발	15:31		19:24	20:44		07:54	6.20
남대문 도착	17:38		19:30	20:50		08:00	6.24

경부본선(북행)

	장춘행 1·2등석		안동행(급) 각 등석	안동행(급) 각 등석	남대문행 2·3등석	승차 운임(원)
시모노세키(下関) 출발	선만급행 수요일 부산 출발	10:00	0:10	21:30		
부산 도착 잔교(桟橋) 출발		21:10 21:50	21:40	09:00 10:30		
부산 출발			23:00		12:30	
삼랑진 출발		22:46	0:03	11:38	14:28	0.62
대구 출발	0:21		01:44	13:23	17:40	1.56
대전 출발	15:39		05:08	17:05	0:30	3.42
영등포 출발	18:34		08:30	20:42	05:54	5.38
용산 출발	18:45		08:45	20:54	06:20	5.46
남대문 도착	18:50		08:50	21:00	06:26	5.50

경부본선(남행)

	대전행 3등	부산행(급) 각 등석	대전행 2·3등석	부산행 2·3등석	부산행(급) 각 등석	부산행 1·2등석		승차 운임(원)
남대문 출발	04:40	08:30	0:00	16:30	19:50	선만 급행 금요일 남대문 출발	21:10	
용산 출발	04:56	08:42	12:18	16:48	20:00		21:16	0.04
영등포 출발	05:22	08:56	12:43	17:12	20:16		21:25	0.12

구분								
대전 도착 출발	11:32	12:30	19:20	0:55	23:34		0:27	2.80
대구 출발		16:10		06:40	02:56	03:42		3.94
삼랑진 출발		17:51		21:10	04:37	05:15		4.88
부산 도착				22:45	05:40			5.50
부산 도착		19:00			06:10			
잔교 출발		20:30			06:40			
시모노세키 도착		07:30			17:40			

경인선

(경성행) 각 열차와 각 등급									
인천 출발	06:00	(급)07:10	09:45	(급)12:40	14:50	(급)17:30	19:00	21:35	승차운임(원)
영등포 출발	07:01	08:01	11:15	13:31	16:15	18:21	20:12	22:47	0.38
용산 출발	07:17	08:14	11:39	13:44	·	18:32	20:30	23:07	0.46
남대문 도착	07:23	08:20	11:45	13:49	16:47	18:37	20:36	23:13	0.50
(인천행) 각 열차와 각 등급									
남대문 출발	06:05	(급)08:53	(급)12:30	14:40	(급)17:05	19:10	20:40	22:15	승차운임(원)
용산 출발	06:18	09:00	12:37	14:54	17:12	19:25	20:53	22:28	0.04
영등포 출발	06:38	09:12	12:49	15:16	17:23	19:41[46]	21:08	22:44	0.12
인천 도착	08:04	10:00	13:40	16:31	18:13	20:47	22:12	23:48	0.50

46 원문에는 '4시'로 표기되어 있으나 다른 시간표를 참조하면 '7시'를 '4시'로 잘못 표기한 것으로 보임.

경원선

북행					남행				
용산 출발		09:33	16:16	승차 운임(원)	원산 출발		09:45	16:00	승차 운임(원)
왕십리 출발		09:49	16:38	0.14	석왕사 출발		10:44	17:18	0.38
청량리 출발		09:55	16:54	0.16	고산 출발		11:20	18:04	0.58
의정부 출발		10:22	17:34	0.40	삼방 출발		11:53	18:40	0.76
동두천 출발		10:54	18:18	0.66	세포 출발		12:29	19:17	0.90
연천 출발		11:32	19:07	0.92	복계 도착 출발	08:05	13:45	20:15	1.24
철원 출발		12:18	20:07	1.22	평양 출발	08:19	13:53		1.28
평양 출발		12:59	21:02	1.50	철원 출발	09:16	14:32		1.56
복계 도착 출발	08:00	13:30	21:10	1.54	연천 출발	10:08	15:15		1.86
세포 출발	09:12	14:32		1.90	동두천 출발	10:58	15:48		2.12
삼방 출발	09:38	14.56		2.04	의정부 출발	11:40	16:22		2.38
고산 출발	10:13	15:28		2.22	청량리 출발	12:29	16:50		2.62
석왕사 출발	10:50	15:53		2.40	왕십리 출발	12:29[47]	16:55		2.64
원산 도착	12:00	16:45		2.78	용산 도착	12:47	17:09		2.78

호남선

북행										
목포 출발					06:30		12:00	16:25		승차 운임(원)
송강리 도착 출발					08:55		15:10	19:05		0.88
정읍 출발			07:10		11:08		17:47			1.60

47 원문에는 '청량리 출발 시각'과 동일하게 나와 있어서 잘못 표기한 것으로 보임.

군산 출발	07:40			11:45		18:20			23:00	2.42
이리 도착	08:23		08:40	12:28		19:03			23:42	2.14
출발		08:50			12:43		19:35			
강원 출발		09:52			13:42		20:36			2.48
논산 출발		10:12			14:02		20:56			2.60
대전 도착 출발		12:00			15:45		22:45			3.24
남행										
대전 출발				06:00		13:00		18:10		승차 운임
논산 출발				07:53		14:50		20:10		0.64
강원 출발				08:19		15:14		20:34		0.76
이리 출발		05:20	06:20	09:28	09:40	16:16	16:20	21:43		1.10
군산 도착 출발			07:03		10:23		17:03	22:26		1.38
정읍 도착		06:50								1.64
출발				11:05		17:41				
송강리 출발	07:50			13:24		19:44				2.36
목포 출발	10:35			16:00		22:00				3.24

인력거 운임

남대문 정거장에서

	거리(里程): 리(里), 정(町), 칸(間)	품삯(賃錢): 전(錢)
본정(本町) 경찰서 앞	8정 58칸	12
총독부 앞 왜성대(倭城臺)	16정 55칸	20
경무총감부 앞	21정 58칸	24

신정각(新町) 모퉁이	26정 58칸	29
대관정(大觀亭) 앞	9정 58칸	14
대한문 앞	8정 48칸	12
서소문정	10정 14칸	14
서대문 안	16정 58칸	20
경기도청 앞 공진회 회장 앞	18정 45칸	21
종로 모퉁이	16정 37칸	20
황토현(黃土峴) 모퉁이	14정 25칸	18
총독부 의원(醫院) 앞	31정 51칸	34
동소문 안	1리 7정 5칸	43
동대문 안	1리 16칸	38
수표교(水標橋)	20정 52칸	23
조선은행 앞	8정 53칸	12

용산 정거장에서

	거리(里程): 리(里), 정(町), 칸(間)	품삯(賃錢): 전(錢)
한강통 3정목 산하정(山下町) 교차점	9정 45칸	14
사단 사령부 앞	11정 5칸	15
위수병원(衛戍病院) 앞	20정 55칸	23
병기지창(兵器支廠)	13정 35칸	16
군사령부 앞	4정 20칸	9
용산 원정(元町) 1정목 종점	17정 30칸	21
마포 전차 종점	26정 55칸	29
청량리 정거장 앞	3리 3정 12칸	1원

공진회 회장(共進會々場)앞에서

	거리(里程): 리(里), 정(町), 칸(間)	품삯(賃錢): 전(錢)
남대문 정거장 앞	18정 48칸	21
본정 경찰서 앞	13정 35칸	17
총독부 앞	21정 14칸	24
경무총감부 앞	24정 52칸	26
신정각	29정 49칸	31
대관정 앞	11정 3칸	14
대한문 앞	10정 24칸	14
서소문 앞	14정 54칸	18
서대문 안	10정 53칸	15
종로각	9정 1칸	13
총독부 의원 앞	25정 38칸	28
동소문 안	1리 1정 52칸	38
동대문 안	28정 20칸	29
수표교	13정 30칸	17
조선은행 앞	12정 45칸	19
용산 정거장 앞	1리 13정 17칸	49
한강통, 경정교차점	1리 4정 37칸	41
사단 사령부 앞	1리 15정 47칸	50
위수병원 앞	1리 6정 20칸	42
병기지창 앞	1리 4정 17칸	40
군사령부 앞	1리 14정 47칸	50
원정 1정목 종점	1리 18정 47칸	53

마포 전차 종점	1리 22정 55칸	58
청량리 정거장 앞	2리 2정 20칸	71

참고

고용 임금은 1일(약 10시간) 기준으로 1원 70전 이내이며, 반나절(약 5시간) 기준으로는 90전 이내이다. 추가 근무 시간은 1시간당 18전 이내로 지급한다.

20) 명승 유람지

○창덕궁 비원

창덕궁은 경성 와룡동(臥龍洞)에 있으며, 실제로 이왕(李王) 전하의 궁성(宮居)이다. 궁의 후방에 해당하는 정원 일대는 유수한 경치로, 특별한 허가를 받아야만 관람할 수 있다. 박물관은 동물원, 식물원과 함께 창덕궁 구내에 있고, 모두 이왕가의 소유로 일반인에게 개방되어 있다.

○덕수궁

경성 정동(貞洞)에 있으며 실제로 이태왕(李太王) 전하의 궁성이다.

○경복궁

경성 광화문통에 있는 이 궁전은 조선 태조가 나라를 통일한 뒤 지은 첫 번째 궁전이다. 한때 잿더미로 변했으나 약 50년 전 대원군의 섭정 아래 재건되었고, 이후 30년 동안 정령(政令)이 이곳에서 내려졌다. 그 후 한

동안 황폐해졌으나, 이번에 주요 건물들이 수리 및 보강되어 공진회장으로 사용된다.

○보신각

경성 종로 거리의 한 모퉁이에 있고, 각내(閣內)에 높이 1장(丈),[48] 둘레 2장에 달하는 거종(巨鐘)이 걸려 있다.

○환구단

일찍이 즉위식이 거행되었던 곳으로, 현재는 조선호텔 구내에 속해 있으며, 궁문의 문루(門樓)와 팔각형의 높은 누각이 보존되어 있다.

○남대문

숭례문이라고도 불리며, 경성의 여덟 문루 중 가장 웅장한 것으로, 조선의 대표적인 건축물로서 중요한 가치를 지니고 있다.

남대문

창덕궁 주합루(宙合樓)

파고다공원

48 1장(丈)은 약 3.03m.

○가지와라대위 기념비(梶原大尉紀念碑)

경성 남대문 공립소학교 구내에 있는 이곳은 1907년 8월 한국 군대 해산식 당시, 불만을 품은 무리들이 반항을 꾀했으나 가지와라 대위가 이를 진압하다 전사한 유적지이다.

○남산

경성 시가지의 남쪽을 구획하는 청산(青山)은 산 중턱 일대를 남산공원과 한강공원이라 부른다. 경성 전체(全市)를 조망할 수 있는 산 중턱의 왜성대(倭城臺)는 '분로쿠의 역(文禄の役)' [임진왜란] 당시 구로다 나가마사(黑田長政)[49]가 진을 쳤던 곳으로, 현재는 총독부 청사가 들어서 있다.

총독부

왜성대 공원

뚝섬 모범장 농포(農圃)

○파고다공원

경성 종로에 위치한 원각사(圓覺寺)는 한때 폐허가 되었으나, 현재는 공원으로 변모하였다. 경내에는 명석인 한수석(寒水石)으로 세운 13층 탑과

49 구로다 나가마사(黑田長政, 1568~1623)는 일본의 무장으로 임진왜란 때 3진으로 병력을 이끌었으며, 1597년 정유재란 때에도 전라도 남부와 김해, 창원 등지를 침략했다.

대리석으로 조각된 거북 모양의 비석이 남아 있다.

한강

청량리

우이동

북한산

○장충단

남산 동쪽 기슭에 자리한 이곳은 충렬 지사를 기리기 위해 세운 곳으로 주변 경관이 아름답다.

○한강

용산 시가지를 흐르는 큰 강은 경성에서 전차를 타고 강기슭까지 갈 수 있어 더위를 식히고 달을 감상하기에 더없이 좋은 장소이다.

○뚝섬(纛島)

경원선(京元線)의 한 역으로, 경성과 전철로 연결되어 있으며 역의 동쪽 약 30정(町) 지점에는 권업모범장지장(勸業模範場支場)이 있다.

○청량리

경원선의 한 역으로, 경성 동대문에서 동쪽으로 1리 떨어진 곳에 있으며 경성 시가 전차의 종점이기도 하다. 이곳은 지세가 맑고 깨끗하며 운치가 있어, 경성 근교에서 산책을 하거나 더위를 식히며 서늘한 바람을 즐기기에 좋은 장소이다.

[2] 경성안내(京城案內)

경성관광협회, 1933

집필·번역: 임다함

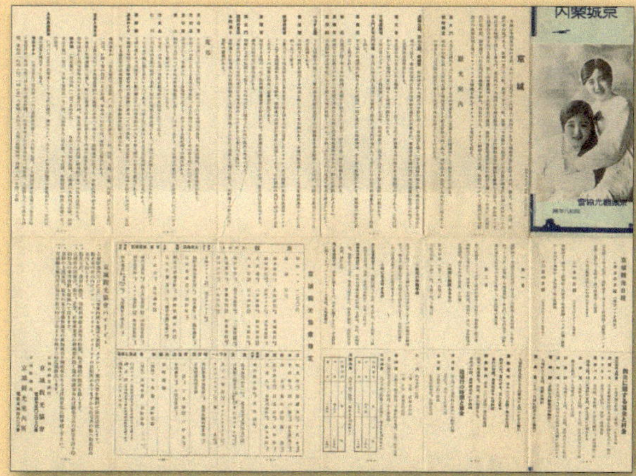

표지면 펼친 모습, 123.58㎜×89.84㎜

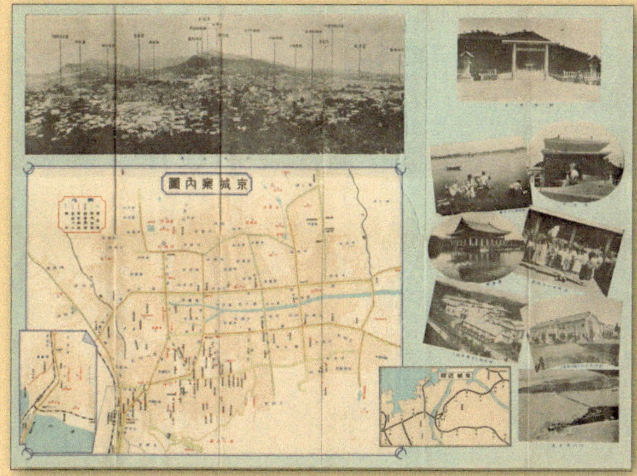

내지면 펼친 모습

접힌 면(원상태) 앞표지

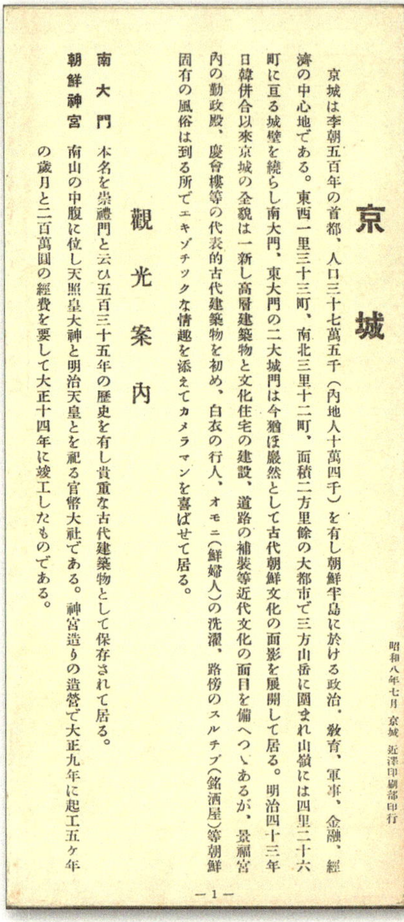

京城

京城は李朝五百年の首都、人口三十七萬五千（內地人十萬四千）を有し朝鮮半島に於ける政治、敎育、軍事、金融、經濟の中心地である。東西一里三十三町、南北三里十二町、面積二方里餘の大都市で三方山岳に圍まれ山嶺には四里二十六町に亘る城壁を繞らし南大門、東大門の二大城門は今猶ほ嚴然として古代朝鮮文化の面影を展開して居る。明治四十三年日韓併合以來京城の全貌は一新し高層建築物と文化住宅の建設、道路の補裝等近代文化の面目を備へつゝあるが、景福宮內の勤政殿、慶會樓等の代表的古代建築物を初め、白衣の行人、オモニ（鮮婦人）の洗濯、路傍のスルチブ（銘酒屋）等朝鮮固有の風俗は到る所でエキゾチックな情趣を添えてカメラマンを喜ばせて居る。

觀光案內

南大門 本名を崇禮門と云ひ五百三十五年の歷史を有し貴重な古代建築物として保存されて居る。

朝鮮神宮 南山の中腹に位し天照皇大神と明治天皇とを祀る官幣大社である。神宮造りの造營で大正九年に起工五ヶ年の歲月と二百萬圓の經費を要して大正十四年に竣工したものである。

昭和八年七月 京城 近澤印刷部印行

—1—

접힌 면(원상태) 뒤표지

「경성전경」

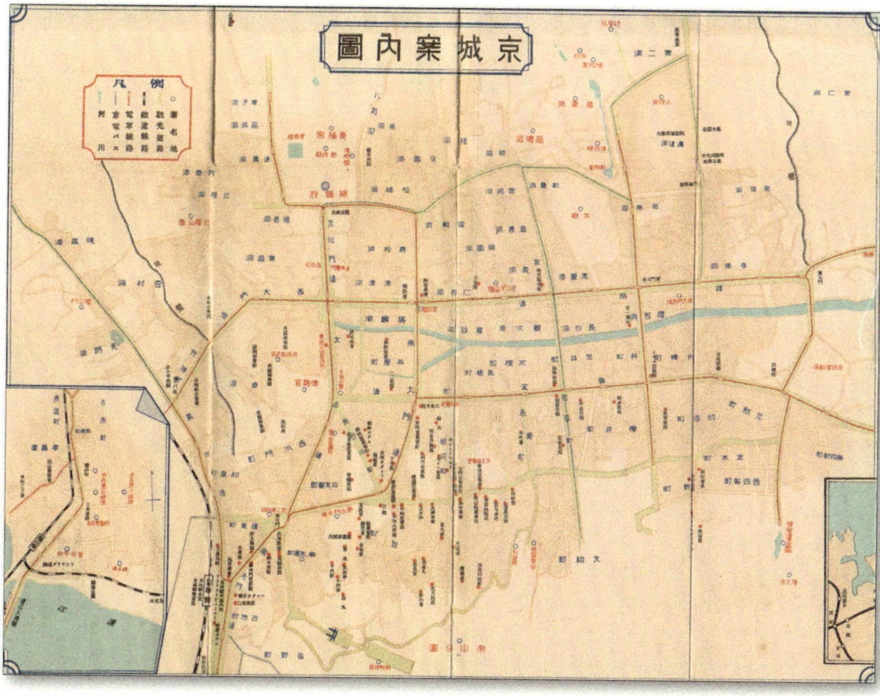
京城案內圖

「경성안내도」

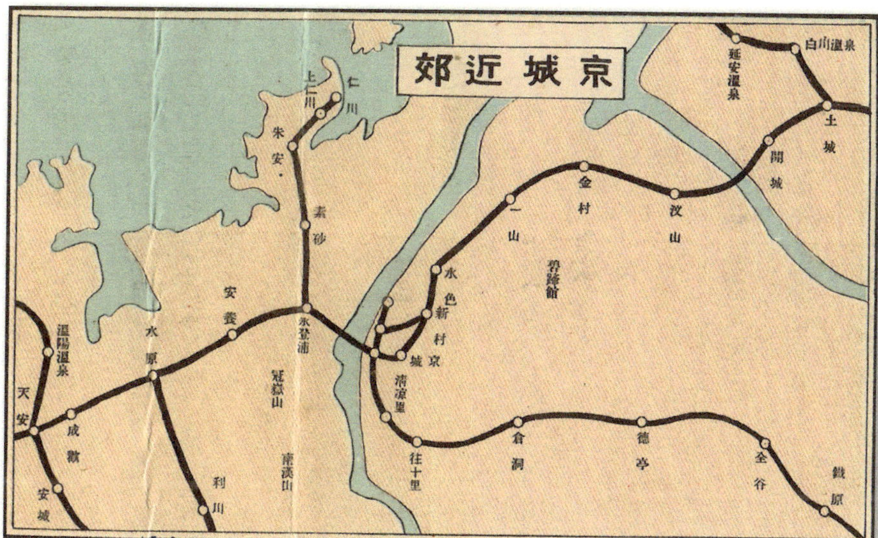
京城近郊
白川溫泉
延安溫泉
土城
開城
汶山
金村
一山
碧蹄館
水色
新村
京城
上仁川
仁川
朱安
素砂
永登浦
安養
水原
溫陽溫泉
天安
成歡
安城
利川
冠嶽山
南漢山
清凉里
往十里
倉洞
德亭
全谷
鐵原

「경성근교」

| 해제 |

이 자료는 1933년 7월 경성관광협회가 일본인 관광객을 대상으로 경성 및 근교 지역을 소개하고자 제작한 인쇄 팸플릿으로, 자료 자체는 상하좌우 6면(앞뒤 총 12면)으로 접혀 있는 상태이다.

표지에는 '경성안내(京城案內)'라는 제목과 함께 조선 기생으로 추정되는 한복을 입은 두 여성의 사진이 게재되어 있다. 단정하게 쪽을 진 채 친밀하게 포즈를 취하고 있는 두 여성의 사진은 조선 여성의 전통 복식을 강조하며, 일본인 관광객에게 조선의 '이국적 정취'를 시각적으로 전달하려는 의도가 담겨 있다. 뒷면에는 경성을 중심으로 한 관광 지도와 함께 경복궁, 남대문시장, 조선신궁, 월미도 유원지 등 주요 명소를 담은 흑백 사진이 수록되어 있어 당대의 대표적 관광지와 주변 경관을 시각적으로 보여준다.

내지면은 크게 두 부분으로 구성된다. 내지 상단은 경성의 개요 설명으로 시작하여 각종 명소를 설명하고 있다. 예를 들어, 남대문, 동대문, 경복궁, 조선신궁, 창경원, 파고다공원, 총독부 청사 등 경성 시내의 주요 유적 및 건축물을 소개하며, 특히 조선신궁, 박문사, 경성운동장 등 일제 식민 권력의 상징 공간을 중심으로 '근대화된 경성'을 강조하고 있다. 조선의 전통 유산도 일부 소개되나, 대체로 '이국적 풍속'이라는 식민지적 관점을 배경으로 하고 있다.

내지 하단은 경성 근교 여행 및 숙박·교통 정보로 구성되어 있다. 청량리, 세검정, 금곡능, 한강, 여의도, 인천, 월미도 등으로의 접근 방법과 요금을 상세히 설명하며, 각 지역의 특색 있는 온천, 유원지, 유흥 시설(기생, 유곽, 예기, 권번 등) 등을 함께 안내한다. 또, 관광 일정을 반나절·하루·이틀 단위로 구성한 일정표와 비원, 경복궁 관람 시간, 단체 할인 안내 등도 수록되어 있으며, 관광 안내인의 요금, 전차 및 택시 요금, 주요 박물관·공원의 입장료까지 꼼꼼히 기재되어 있다.

자료의 특징은 당시 식민지 조선, 특히 경성이 일본 제국주의의 근대성과 문명의 전시장으로 연출되었다는 점이다. 경성의 도시계획과 건축, 식민지적 관광 인프라를 통해 '문명화된 조선'을 전시하고자 했으며, 동시에 조선 고유의 전통과 풍속은 '이국적 풍물'로서 소비의 대상으로 재구성되었다. 특히 기생, 예기, 유곽 등 '향락' 요소의 강조는 당시 관광이 단순한 유적 탐방이 아닌 식민지적 '풍속 체험'의 성격을 띠고 있었음을 보여준다.

이 팸플릿은 일제강점기 경성의 도시 이미지, 관광산업, 식민지 통치 이데올로기, 유흥문화 등을 종합적으로 이해하는 데 있어 귀중한 사료이며, 시각 자료와 결합된 종합적 구성이라는 점에서 도시 선전 도구로서의 학술 가치 또한 높다.

| 번역문 |

1. 경성

경성은 조선 500년의 수도로 인구 37만 5,000(내지인 10만 4,000)이며, 조선 반도의 정치, 교육, 군사, 금융, 경제의 중심지이다. 동서 1리(里) 33정(町), 남북 3리 12정, 면적 2만 리 남짓한 대도시로 삼면이 산이며, 이 산은 4리 26정에 이르는 길이의 성벽으로 에워싸여 남대문과 동대문 2대 성문은 지금도 엄연히 고대 조선 문화의 흔적을 보여준다. 1910년 일본에 의한 한국 강제 병합 이래 경성의 전모는 일신하여, 고층 건축물과 문화주택의 건설, 도로포장 등 근대문화의 면목을 갖추고 있으나, 경복궁 근정전, 경회루 등 대표적 고대 건축물을 비롯하여 백의의 행인들, 어머니(조선부인)가 빨래하는 모습, 길가의 술집 등 조선 고유의 풍속은 곳곳에서 이국적인 정취를 더해 카메라맨을 기쁘게 한다.

조선 여성들의 유희

빨래하는 조선 여성들

1) 관광안내

○남대문(南大門)

본래 이름은 숭례문이라 하며 535년의 역사를 지닌 귀중한 고대 건축물로서 보존되어 있다.

○조선신궁(朝鮮神宮)

남산 중턱에 자리 잡고 아마테라스 오카미(天照皇大神)와 메이지천황(明治天皇)을 모신 관폐대사(官弊大社)이다. 1920년 기공 이후 5년의 세월과 200만 원의 경비를 들여 1924년 준공한 것이다.

○한양공원, 남산공원, 왜성대

조선신궁에서 남산 중턱을 따라 표참도(表參道)를 지나는 일대를 한양공원이라 부르며 남산공원과 왜성대로 이어진다. 남산공원 안에는 경성신사(京城神社)와 덴만구(天滿宮)가 있고, 왜성대는 '분로쿠의 역(文禄の役)' [임진왜란][50] 때 마시타 나가모리(增田長盛)가 진영한 곳으로 이곳에 은사기념과학관(恩賜記念科學館)이 있다.

○박문사(博文寺)

장충단공원 언덕 위에 있는 철근콘크리트로 지은 사원으로 이토 히로부미(伊藤博文) 공의 영령을 섬기는 조동종(曹洞宗) 절이다. 사원은 1932년

50 임진왜란을 의미하는 것으로 자료에 따라서는 '분로쿠(文祿)', 혹은 '분로쿠역(文祿役)', '분로쿠의 역(文祿の役)'으로 표기되어 있다. 이후 원문대로 표기한다.

에 준공하였고 경내 뒤로 돌아가면 성벽 터가 보인다.

○경성운동장

경성부가 운영하는 운동장으로 총면적 2만 2,700평, 총수용 인원 2만 5,800명으로 동양 제일이라고 한다.

○동대문 및 동대문 시장

동대문은 남대문과 같은 모양의 오래된 성문으로, 부근에 동대문시장이 있어 장날에는 백의의 군중 수만이 몰려 최고로 북적인다.

○창경원(昌慶苑)

이왕가(李王家)가 경성 부민에게 개방한 정원의 일부로, 원내에는 동식물원, 이왕가박물관이 있다. 식물원 온실은 동양 제일이라고 한다.

○비원(祕苑)

창경원으로 이어지는 이왕가의 정원으로, 목요일을 제외하고 매일 오전 11시와 오후 2시에 배관(拜觀)할 수 있다.

○창경궁(昌慶宮)

고(故) 순종의 비전하가 살던 궁으로, 궁내 인정전(仁政殿)은 대표적 건축물이지만 일반인은 배관할 수 없다.

○경학원(經學院)

예부터 유교 최고학부로 공자를 모시는 문묘(文廟)가 부속되어 있다. 봄가을에는 송대(宋代) 의식으로 성대한 석전(釋典)이 열린다.

○파고다공원

원래 대원각사(大圓覺寺)가 있던 터로 13층의 한수석탑(寒水石塔)은 의장(意匠) 기법이 정교하여 조선 제일로 꼽히며, 또한 정교한 조각으로 유명한 귀비(龜碑)[51]도 있다.

○보신각(普信閣)

옛날 사방의 성문을 여닫는 시각을 알리던 큰 종이 있다. 경성의 대로로서 유명한 종로통은 이곳에서 동서로 뻗어있다.

○총독부 청사

공사비 634만 원을 투자하여 1916년 기공하고 1926년에 완성한 르네상스식 5층 건물로, 화강암과 철근콘크리트로 지었고 각층 총건평 9,600여 평, 조선산 대리석이 풍부하게 사용되었다. 고대 조선의 풍속과 신화를 표현한 큰 홀의 벽화는 와다 산조(和田三造) 화백의 작품이다.

○경복궁(景福宮)

현존하는 궁의 일부로 근정전(勤政殿)은 모든 의식이 거행되는 곳, 사정

51 거북 모양의 받침대 위에 세운 비석.

전(思政殿)은 정무를 보던 곳, 경회루(慶會樓)는 연회장이다. 구내에 총독부 박물관이 있다.

○독립문(獨立門)

조선이 중국의 속국에서 독립한 때를 기념하기 위해 건조된 문으로 구(舊) 서대문 밖이다.

○종로의 야점(夜店)

'경성 고우타(小唄)'에서 노래한 종로의 야점은 경성 명물 중 하나로 구경하며 걷는 것도 재미있다.

○본정통(本町通り)

본정통에는 일본인 점포가 즐비하여 경성의 긴자(銀座)로 불리며 밤낮으로 북적인다. 본정통이 끝나는 곳에 신정(新町) 유곽이 있다.

2) 근교(近郊)

○청량리(淸涼里)

경원선(京元線) 청량리역 부근의 총칭으로 소나무 숲속에 제국대학 예과, 임업시험장, 농업학교 등이 있다.

○세검정(洗劍亭)

경복궁 서북쪽에 있고 옛날에 북한산 수비대의 무인(武人)이 유흥을 즐기기 위한 장소로 이 정자를 세웠다.

○금곡능(金谷陵)

청량리에서 2리 남짓 가면 금곡능에 도착한다. 고(故) 고종과 그의 비 명성황후 민 씨의 능이 있다.

○한강

조선 5대강 중 하나로 경성의 서남부 용산을 지나 인천 앞바다로 흘러간다. 여름에는 납량 뱃놀이, 겨울에는 강물이 4~5척 두께로 얼어 절호의 스케이트 링크가 된다.

○여의도

경성 유일의 비행장으로 내선만(內鮮滿) 항공로의 착륙장이 되어 있다.

조선신궁

남대문

경회루

○인천

인천은 청일전쟁과 러일전쟁으로 유명해졌고 현재는 중요한 개항장이다. 간만의 차가 심해서 지어진 이중갑문(閘門) 선착장은 일본에서는 보기 힘든 것이다. 경성 고우타에서 노래한 월미도는 유원지로 유명하다.

○벽제관(碧蹄館)

'분로쿠의 역(文禄の役)' [임진왜란] 때 고바야카와 다카카게(小早川隆景)와 연합군이 명장 이여송(李如松)의 대군을 무찌른 유명한 전쟁터이다.

○온천 순례

경의선(京義線) 토성역(土城驛)에서 조선철도회사의 황해선(黃海線)으로 갈아타고 배천(白川)온천, 연안(延安)온천에서 1박하고 해주(海州)를 지나 신천(信川)온천, 삼천(三泉)온천, 송화(松禾)온천 등의 온천지대를 돌아 경의선 사리원(沙里院)역으로 나올 수 있다.

○배천호텔(지정여관)

숙박료(1박 2식 포함 팁 폐지) 3원, 4원, 5원, 7원, 8원, 동반자는 정액의 10% 할인, 당일치기 손님 좌석 대여 1일 50전, 가족탕 1시간 1원, 단체 할인 있음.

○온천과 해수욕

경부선(京釜線) 천안(天安)역에서 경남(京南)철도회사의 경남선으로 갈아타면 곧 온양(溫陽)온천에 다다른다. 회사 직영 신정관(神井館)은 근대적 시설과 오락시설을 완비하였고, 마을에는 게이샤와 안마사도 있어서 일본의 온천과 다르지 않다. 온양온천에서 약 100킬로미터 정도 남쪽으로 가면 흰 모래사장과 풍광이 아름다운 대천(大川)과 무창포(武昌浦, 웅천 [熊川] 역 하차) 해수욕장이 있다.

○신정관(神井館, 지정여관)

숙박료(1박 2식 포함 팁 폐지) 8조(疊)방 1인 5원 50전, 6조방 1인 4원 50전, 동반자는 정액의 10% 할인, 당일치기 손님 대실 1일 2원, 입장료 대인 25전, 소인 10전, 욕탕 대여 1시간 50전, 1명마다 20전씩.

○월미도(月尾島) 유원지

인천의 월미도는 유원지로 알려져 대조탕(大潮湯), 조탕호텔, 크고 작은 수영장, 해수욕장 등의 설비가 갖추어져 있어 하루 동안 유람하면 여독을 풀기에 부족함이 없다.

○조탕호텔(지정여관)

숙박료(1박 2식 포함 팁 폐지) A 6원 50전, B 5원, 동반자는 정액의 20% 할인, 당일치기 손님 대실료 3시간 8조방 3원, 6조방 1원 50전, 1시간 늘어날 때마다 숙박객 1인당 4분의 1씩 할증, 입장료 대인 20전, 소인 10전, 가족탕 1시간(특) 1원 (보통) 80전, 3인 이상 1인당 20전 할증. 좌석 대여 1인 1일 30전.

배천호텔 (배천온천)

신정관 (온양온천)

인천 월미도

2. 경성 관광 일정

○반나절 일정 (유람버스를 이용)

경성역(오전 9시 출발) → 조선신궁 → 박문사 → 경학원 → 창경원 → 파고다공원 → 총독부 → 경복궁 → 상공장려관(商工獎勵館) → 차고 도착(오후에는 역방향으로 진행).

○하루 일정 (전차 또는 택시를 이용)

조선신궁 → 박문사 → 경학원 → 창경원 → 비원 배관 → 파고다공원 → 총독부 → 경복궁 → 근정전 → 박물관 → 상공장려관.

○이틀 일정 (전차 또는 택시를 이용)

• 첫째 날

조선신궁 → 은사기념과학관 → 박문사 → 창경원 → 비원 관람(오전 11시) → (점심 식사) → 경학원 → 경성운동장 → 동대문 → 동대문시장 → 조선의 상류 가정 또는 기생 사택을 시찰하고 밤에는 종로 야점 등.

• 둘째 날

상공장려관 → 파고다공원 → 총독부 청사 → 경복궁 → 근정전 → 경회루 → 박물관 → 오후는 인천, 청량리, 벽제관, 세검정, 한강, 금곡능 등 근교 시찰, 밤에는 본정통 산책, 그 외.

○시간제한이 있는 것

• 비원 관람 오전 11시, 오후 2시.

• 경복궁 관람 오전 11시, 오후 1시, 오후 3시.

○비원 관람 수속

비원을 관람하기 위해서는 이왕직(李王職)의 입장 허가가 필요하지만, 단체 관람객은 철도국에서, 개인 관람객은 관광협회에서 관람 절차를 밟습니다. 관람료는 무료(단, 매주 목요일은 관람 불가).

○특별히 볼만한 것

• 이왕가박물관에서는 고려자기, 물 주전자, 무사의 갑옷, 문인의 조선 전통의상, 삼국시대 고분벽화. 고대 물시계, 해시계.
• 총독부박물관에서는 경주 석굴암의 모조 석상, 금령총(金鈴塚), 목관(木棺), 금동보관(寶冠), 장식품 및 문방구, 낙랑 고분 출토품, 전한대(前漢代) 동기(銅器), 고려시대 청동거울, 조선 활자.
• 상공장려관에서는 금 생산에 관한 것, 양모에 관한 것, 질소비료에 관한 것, 알루미늄 공업품, 옥수수 가공제품.

1) 관광에 관한 임금과 요금

○지정안내인 요금

• 1일 1원 50전, (전속) 1일 3원.

○유람버스

• 대인 2원 20전, 소인 1원 10전, 10명 이상 1할 할인.

○택시

• 시내 80전 균일, 전세 1시간 3원.

○전차 버스

• 시내선·교외선, 편도 각 5전 균일.

• 시내·교외 2구간 연락 8전, 3구간 연락 11전.

• 학생단체는 할인 있음.

○창경원

• 입장료 대인 10전, 소인 5전, 20명 이상 대인 단체는 50% 할인, 소인 단체는 1인당 2전.

○과학관

• 입장료 대인 5전, 소인 2전, 20명 이상은 50% 할인.

○운동장

• 대인 5전, 소인 2전, 35명 이상 단체는 할인 있음.

○박물관 (경복궁 내 총독부박물관)

• 입장료 대인 5전, 단체는 무료.

○덕수궁 (10월 1일쯤 개방 예정)

• 입장료는 미정이지만 창경원과 동일할 예정.

○ 예기(藝妓) 화대

• 1본(本)(30분간) 75전.

• 약속 화대 6본, 모라이(貰い)화대 2본, 모라이도메 화대 2본.

• 차비 60전, 유흥세 1본에 4전.

○ 기생 화대

• 1본 (30분간) 65전.

• 최초 1시간 3본 약속, 모라이 제도 없음.

• 차비 80전, 유흥세 1본에 4전.

2) 근교행 시간과 임금

○ 청량리

• 동대문에서 교외선으로 갈아타고 약 30분.

• 전차 요금 시내에서 편도로 8전.

○ 금곡능

• 자동차로 약 1시간.

• 왕복 자동차 요금 10원 50전.

○ 인천

• 기차로 약 1시간.

• 2등 왕복 2원 20전.

• 3등 왕복 1원 20전.

○벽제관

• 자동차로 약 1시간(오전 10시 경성 출발, 오후 2시 반 경성 도착).

• 자동차 요금 편도 대인 60전, 소인 30전.

○배천온천

• 기차로 약 3시간(경의선에는 2등차가 없고 열차가 있음)

왕복 할인	2등	3등
평일	4.04	2.58
주말	2.88	1.84

○온양온천

• 기차로 약 3시간(2등차 없고 열차 있음)

왕복 할인	2등	3등
평일	4.88	3.78
주말	3.48	1.98

3) 경성관광협회 지정 시설

○여관 (팁 폐지)

• 조선호텔(양식) (장곡천정 [長谷川町]).

• 히젠야(肥前屋, 장곡천정).

• 야마모토여관(山本旅館, 본정 [本町]2), 미도리야여관(綠屋旅館, 황금정 [黃金町]3), 천진루(天眞樓, 남산정 [南山町]2), 대동관(大同館, 남대문통 [南大門通]), 우라오여관(浦尾旅館, 본정2), 마쓰야여관(松家旅館, 본정5), 시즈오카여관(靜岡旅館, 황금정3), 오쓰카여관(大塚旅館, 어성정 [御成町]), 하야시야호텔(林屋ホテル, 고시정 [古市町]), 후타미여관(二見旅館, 고시정), 무라카미여관(村上旅館, 남대문통5), 아사히노여관(朝日乃旅館, 명치정 [明治町]2), 도키와여관(常盤旅館, 남대문통), 나카지마여관(中島旅館, 황금정3), 쇼후쿠여관(笑福旅館, 어성정), 시라누이여관(不知火旅館, 욱정 [旭町]2), 오나리여관(御成旅館, 남대문통), 미에여관(三重旅館, 봉래정 [蓬萊町]), 히후여관(一二旅館, 조선여관, 황금정1), 와카바여관(わかば旅館, 약초정 [若草町]).

○택시

• 경성택시(장곡천정), 아사히택시(고시정).

○기념품 상점

• 조선미술품제작소(태평통 [太平通]), 우미이치상회(海市商会, 본정2), 가메야상점(龜屋商店, 본정2), 도미타출장점(富田出張店, 본정2), 조선관(朝鮮館, 본정2).

○조선인삼

• 라쿠텐도제약회사(楽天堂製薬会社, 욱정1), 조선제약회사(장곡천정), 기세이도약방(貴生堂薬房, 본정2), 덴이치약방(天一薬房) 본점(예지동 [禮智洞]).

○단밤(甘栗)

• 겐무도(玄武堂, 욱정1), 이케다상회(池田商会, 남대문통).

○사진촬영

• 호리우치사진관(堀内寫眞館, 명치정), 남대문사진관(남대문통), 가와하라사진관(河原寫眞館, 욱정1), 사카이사진관(酒井寫眞館, 본정1), 미야코사진관(ミヤコ寫眞館, 황금정4), 와타나베사진관(渡邊寫眞館, 본정1).

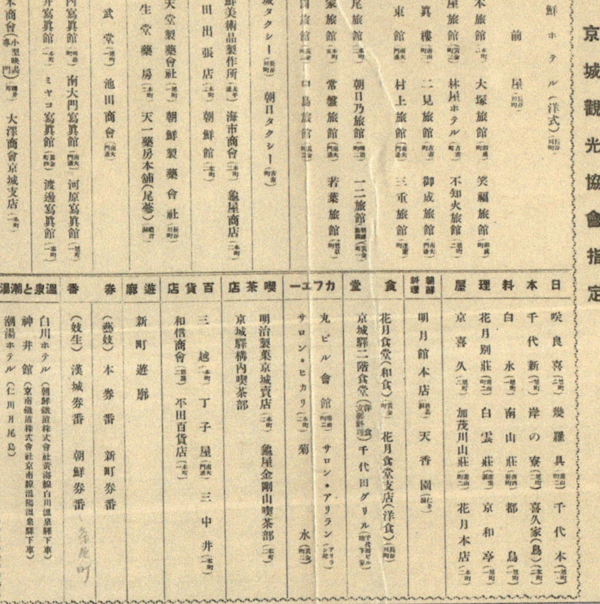

京城觀光協會指定

旅館（茶代廢止）	朝鮮ホテル（洋式）、備前屋、山本旅館、大塚旅館、笑福旅館、綠屋旅館、林屋ホテル、不知火旅館、天眞樓、二見旅館、御成旅館、大東館、村上旅館、三重旅館、浦尾旅館、朝日乃旅館、一二旅館、松家旅館、常盤旅館、若葉旅館、靜岡旅館、[illegible]島旅館
タクシー	京城タクシー、朝日タクシー
土産物店	朝鮮美術品製作所、海市商會、龜屋商店、富田出張店、朝鮮館
朝鮮人蔘	樂天堂製藥會社、朝鮮製藥會社、賞生堂藥房、天一藥房本舖（尾蔘）
甘栗	玄武堂、池田商會
寫眞撮影	堀內寫眞館、南大門寫眞館、河原寫眞館、酒井寫眞館、ミヤコ寫眞館、渡邊寫眞館
寫眞材料	岡本商會（小型映畵專門）、大澤商會京城支店
日本料理屋	咲良喜、幾羅具、千代本、千代新、岸の家、喜久家（鳥）、白水、南山莊、都鳥、花月別莊、白雲莊、京和亭、京喜久、加茂川山莊、花月本店
朝鮮料理	明月館本店、天香園
食堂	花月食堂（和食）、花月食堂支店（洋食）、京城驛二階食堂（洋食・支那料理）、千代田グリル
カフェー	丸ビル會館、サロン・アリラン、サロン・ヒカリ、菊水
喫茶店	明治製菓京城賣店、龜屋金剛山喫茶部、京城驛構內喫茶部
百貨店	三越、丁子屋、三中井、和信商會、平田百貨店
遊廓	新町遊廓
券番	（藝妓）本券番、新町券番、（妓生）漢城券番、朝鮮券番
溫泉と潮湯	白川ホテル（朝鮮鐵道株式會社黃海線白川溫泉驛下車）、神井館（京南鐵道株式會社京南線溫陽溫泉驛下車）、潮湯ホテル（仁川月尾島）

경성관광협회 지정

○사진 재료

• 오카모토상회(岡本商會)(소형영화전문, 앵정정 [櫻井町]), 오사와상회(大澤商會) 경성지점(본정1).

○일본요리점

• 사쿠라기(咲良喜, 욱정2), 기라쿠(幾羅具, 남산정2), 지요모토(千代, 욱정1), 지요신(욱정1), 기시노료(岸の寮, 욱정2), 기쿠야(喜久家, 본정2), 하쿠스이(白水, 욱정1), 남산장(南山莊, 서사헌정 [西四軒町]), 미야코도리(都鳥, 욱정1), 가게쓰별장(花月別莊, 남산정2), 백운장(白雲莊, 청운동), 경화정(京和亭, 욱정1), 게이키큐(京喜久, 욱정2), 가모가와산장(加茂川山莊, 남산정2), 가게쓰본점(花月本店, 본정2).

○조선요리

• 명월관 본점(明月館本店, 돈의동), 천향원(天香園, 인사동).

○식당

• 가게쓰식당(일식, 황금정), 가게쓰식당 지점(양식, 장곡천정), 경성역 2층 식당(양식, 중국요리), 지요다그릴(千代田グリル, 지요다빌딩 지하실).

○카페

• 메이지제과(明治製菓) 경성매점(본정2), 가메야 금강산 다방(喫茶部, 본정2), 경성역 구내 다방.

○백화점

• 미쓰코시(三越, 본정1), 조지야(丁子屋, 남대문통), 미나카이(三中井, 본정1), 화신상회(和信商會, 종로2), 히라타백화점(平田百貨店, 본정1).

○유곽(遊郭)

• 신정유곽(新町遊郭).

○권번(券番)

• 예기: 본권번(本券番), 신정권번(新町券番).

• 기생: 한성권번(漢城券番), 조선권번(朝鮮券番).

○온천과 조탕

• 배천호텔(白川ホテル): 조선철도주식회사 황해선 배천온천역 하차.

• 신정관(神井館): 경남철도주식회사 경남선 온양온천역 하차.

• 조탕호텔(潮湯ホテル): 인천 월미도.

4) 경성관광협회의 서비스

• 경성역 구내 출구에 경성 관광안내소 시설을 갖추고 여관, 택시, 안내인 등을 무료로 제공하고 있습니다.

• 관광안내소 안에 '재팬 투어리스트 뷰로' 출장소가 있어, 근교와 그 외 지역 여행안내도 제공합니다.

• 관광 일정, 비용 예산, 조선요리 식단표 등의 작성, 기생무용 설명도

합니다.

- 경성부의 각종 시설, 교육, 산업, 사회사업을 시찰하고자 할 경우 미리 통지해 주시면 관계 부서에서 편의를 위한 인쇄물 등의 참고 자료를 준비해 드립니다.
- 조선의 상류 가정, 기생 사택 등 조선 고유의 풍물 풍속을 시찰하실 분은 전날까지 와주십시오.
- 경성 관광안내소는 매일 오전 6시 30분부터 오후 12시까지 열려 있습니다.

경성부 사회과 내 경성관광협회, 전화 광화문 2070번

경성역 구내 경성 관광안내소, 전화 본국 4826번

[3] 경성관광안내도(京城觀光案內圖)

경성관광협회·경성관광협회 안내소, 연도 미상

집필·번역: 박영희

표지면 펼친 모습. 105㎜×226㎜, 303㎜×226㎜

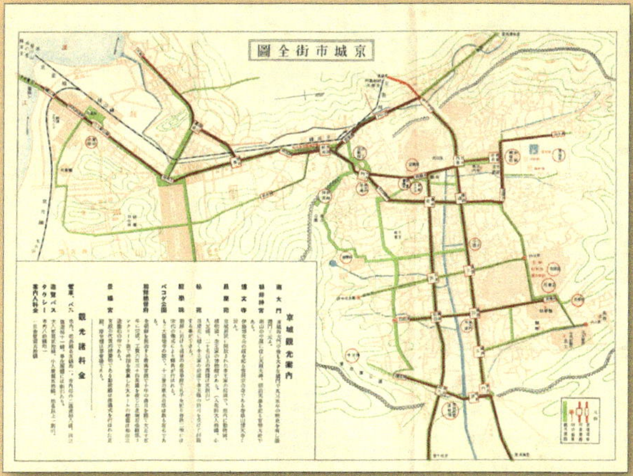

내지면 펼친 모습

접힌 상태 표지 앞면

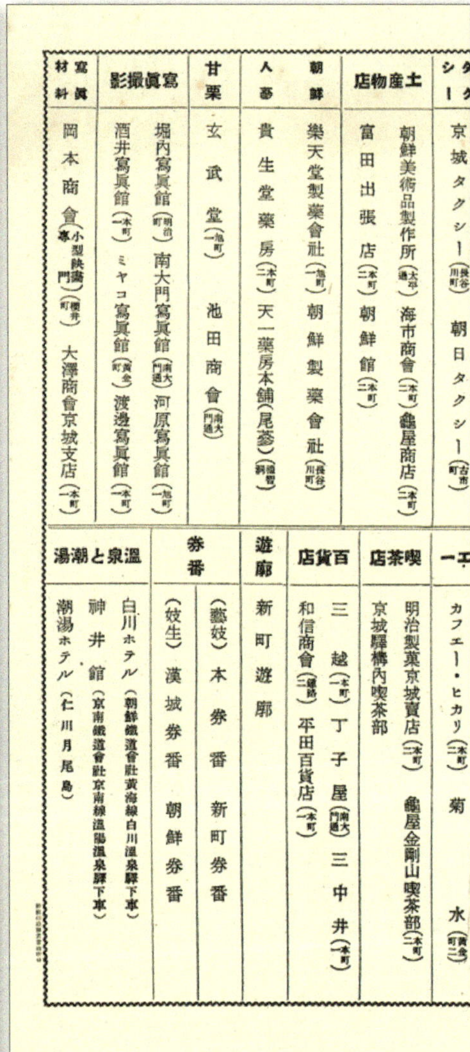

タクシー
京城タクシー(長谷川町) 朝日タクシー(古市町)

土産物店
朝鮮美術品製作所(太平通) 海市商會(本町二) 龜屋商店(本町二)
富田出張店(本町二) 朝鮮館(本町二)

朝鮮人蔘
樂天堂製藥會社(旭町一) 朝鮮製藥會社(長谷川町)
貴生堂藥房(本町二) 天一藥房本舖(尾蔘)(授誓洞)

甘栗
玄武堂(旭町一) 池田商會(南大門通)

寫眞撮影
堀內寫眞館(明治町) 南大門寫眞館(南大門通) 河原寫眞館(旭町一)
酒井寫眞館(本町一) ミヤコ寫眞館(黃金町) 渡邊寫眞館(本町一)

寫眞材料
岡本商會(小型映畵專門)(櫻井町) 大澤商會京城支店(本町一)

カフェー
カフェー・ヒカリ(本町二) 菊水(黃金町二)

喫茶店
明治製菓京城賣店(本町二) 龜屋金剛山喫茶部(本町二)
京城驛構內喫茶部

百貨店
三越(本町一) 丁子屋(南大門通) 三中井(本町一)
和信商會(鐘路二) 平田百貨店(本町一)

遊廓
新町遊廓

券番
(藝妓) 本券番 新町券番
(妓生) 漢城券番 朝鮮券番

溫泉と潮湯
白川ホテル(朝鮮鐵道會社黃海線白川溫泉驛下車)
神井館(京南鐵道會社京南線溫陽溫泉驛下車)
潮湯ホテル(仁川月尾島)

접힌 상태 표지 뒷면

| 해제 |

이 자료는 1933년 경성관광협회에서 경성 관광에 필요한 다양한 정보(경성관광협회가 지정한 업소들, 주요 명소, 그리고 요금 정보) 등을 제공하기 위해 발행한 『경성관광안내도』라는 인쇄 팸플릿(리플릿)이다. 이 팸플릿은 좌우 3면(앞뒤 총 6면)으로 접혀 있는 상태이다.

경성관광협회는 1933년 경성부와 경성상공회의소의 협력을 통해 일본인 주도의 관민 합작 단체로 설립되었으며, 겉으로는 조선의 관광산업 진흥을 표방했지만, 실제로는 관광을 일본의 식민 통치를 강화하고 식민지 내 일본인의 소비 활동을 유도하기 위한 수단으로 활용하려는 의도를 내포하고 있었다.

자료의 표지면은 노란색 배경에 붉은색 글씨로 제목을 강조하여 시선을 끌고 있으며, 그 가운데에는 경회루의 사진을 배치하여 경성의 대표적인 명소로 소개하고 있다. 이러한 색상 대비의 디자인은 관광 안내 자료로서 사람들의 관심을 끌고, 경성의 주요 명소와 관광지에 대한 기대감을 불러일으키는 역할을 하기 위함으로 보인다. 접힌 면의 뒤표지에는 경성관광협회가 지정한 다양한 업소들이 나열되어 있는데, 여관, 택시, 토산품점, 일본요리점, 조선요리점, 카페 등 관광객이 이용할 수 있는 서비스와 업소들이 항목별로 분류되어 표로 정리되어 있다. 이 목록은 일본인 관광객들에게 경성에서의 편리한 여행을 위한 정보를 제공하려는 의도로, 일본인 중심의 관광 시장을 겨냥한 것으로 볼 수 있다.

한편, 내지면에는 「경성시가전도」가 실려 있다. 이 지도는 경성의 주요 명소들을 붉은 동그라미로 표시하고, 사거리나 삼거리 등 도로의 분기점은 정사각형으로 나타내어 관광객들이 경성 시내를 쉽게 이해하고 이동할 수 있도록 돕고 있다. 「경성시가전도」의 범례에는 경전(京電) 전차, 전차 환승장, 자동차 환승장, 관광도로가 표시되어 있다. 또한 전차, 버스, 유람버스, 택시 등 다양한 교통편의 요금과 안내인 요금까지 상세하게 기재되어 있어, 실용적인 여행 정보도 함께 제공하고 있다. 이 팸플릿은 1933년 경성관광협회가 설립된 해에 발행된 자료로, 당시 식민지 사회에서 일본인들의 관광산업이 본격적으로 형성되고 있음을 확인할 수 있다.

| 번역문 |

1) 경성관광협회지정

여관 (팁 폐지)	조선호텔(양식)	장곡천정(長谷川町)
	히젠야(備前屋)	장곡천정
	야마모토여관(山本旅館)	본정(本町) 2
	미도리야여관(綠屋旅館)	황금정 3
	천진루(天眞樓)	남산정 2
	대동관	남대문통
	우라오여관(浦尾旅館)	본정 2
	마쓰야여관(松家旅館)	본정 5
	시즈오카여관(靜岡旅館)	황금정 3
	오쓰카여관(大塚旅館)	어성정(御成町)[52]
	하야시야호텔(林屋ホテル)	고시정(古市町)[53] 3
	후타미여관(二見旅館)	고시정
	무라카미여관(村上旅館)	남대문통
	아사히노여관(朝日野旅館)	명치정 2
	와카바여관(若葉旅館)	약초정[54]
	나카지마여관(中島旅館)	황금정 3
	쇼후쿠여관(笑福旅館)	어성정
	오나리여관(御成旅館)	남대문통
	미에여관(三重旅館)	봉래정(蓬萊町)
	히후여관(一二旅館)	황금정 1
	도키와여관(常盤旅館)	북미창정(北米倉町)[55]

52 현 남대문로5가.

53 현 용산구 동자동.

54 현 중구 초동.

55 현 북창동.

분류	상점	위치
택시	경성택시	장곡천정
	아사히택시(朝日タクシー)	고시정
토산품점	조선미술품제작소	태평통
	우미이치상회(海市商會)	본정 2
	가메야상점(龜屋商店)	본정 2
	도미타(富田) 출장점[56]	본정 2
	조선관	본정 2
조선 인삼	낙천당제약회사	욱정(旭町) 1
	조선제약회사	장곡천정
	귀생당약방(貴生堂藥房)	본정 2
단밤(甘栗)	천일약방 본점(미삼[尾蔘])	예지동(禮智洞)
	겐무도(玄武堂)	욱정 1
	이케다상회(池田商會)	남대문통
사진 촬영	호리우치사진관(堀內寫眞館)	명치정(明治町)
	남대문사진관	남대문통
	가와라사진관(河原寫眞館)	욱정 1
	사카이사진관(酒井寫眞館)	본정 1
	미야코사진관(ミヤコ寫眞館)	황금정
	와타나베사진관(渡邊寫眞館)	본정 1
사진 자료[57]	오카모토상회(岡本商會) : 소형 영화 전문	앵정정(櫻井町)[58]
	오자와상회(大澤商會) 경성지점	본정 1
일본요리점	사쿠라기(咲良喜)	욱정 2
	지요신(千代新)	욱정 1
	하쿠수이(白水)	욱정 1
	가게쓰별장(花月別莊)	남산정 2
	교기쿠(京喜久)	욱정 2
	기라구(幾羅具)	남산정 2
	기시노료(岸の寮)	욱정 2
	남산장(南山莊)	서사헌정

56 도자기나 나전칠기 등의 일상용품을 판매하였다.

57 카메라 가게.

58 현 중구 인현동.

일본요리점	백운장(白雲莊)	청운동
	가모가와산장(加茂川山莊)	남산정 2
	지요모토(千代本)	욱정 1
	기쿠야(喜久家)	본정 2
	미야코도리(都鳥)	욱정 1
	교와테이(享和亭)	욱정 1
	가게쓰(花月) 본점	본정 2
조선 요리	명월관 본점	돈의동
	천향원(天香園)	인사동
식당	가게쓰식당(花月食堂): 일식	황금정
	가게쓰식당(花月食堂) 지점: 양식	장곡천정
	경성역 2층 식당	
카페	마루빌딩(丸ビル) 회관	명치정
	살롱 아리랑	아리랑 고개[59]
	카페 히카리(ヒカリ)	본정 2
찻집	기쿠수이(菊水)	황금정 2
	메이지제과 경성 매점	본정 2
	가메야(龜屋) 금강산 카페부(喫茶部)	본정 2
	경성역 구내 카페부(喫茶部)	
백화점	미쓰코시(三越)	본정 1
	조지야(丁子屋)	남대문통
	미나카이(三中井)	본정 1
	화신상회(和信商會)	종로 2
	히라타백화점(平田百貨店)	본정 1
유곽	신정유곽(新町遊廓)	
권번	예기	본권번(本券番)
		신정권번(新町券番)
	기생	한성권번(漢城券番)
		조선권번(朝鮮券番)
온천과 조탕(潮湯)	배천호텔(白川ホテル)	조선철도회사 황해선 배천호텔역 하차
	신정관(神井館)	경남철도회사 경남선 온양온천역 하차
	조탕호텔	인천 월미도

59 성북구 돈암동에서 정릉동으로 넘어가는 길에 위치한 고개.

2) 경성관광안내

○남대문

경성 4대문 중 가장 큰 성문으로 535년의 역사를 지니며 숭례문이라고도 한다.

○조선신궁

남산 중턱에 자리한 관폐대사(官弊大社)로 아마테라스 오카미(天照大神)와 메이지천황(明治天皇)을 모시고 있다.

○박문사(博文寺)

이토 히로부미(伊藤博文)를 추모하기 위해 건립된 조동종(曺洞宗) 사찰로 춘무산(春畝山) 박문사라 불린다.

○창경원

경성 부민에게 개방된 이왕가(李王家)의 정원으로 원내에는 동물원, 식물원, 이왕가박물관이 있다(입장료는 대인 10전, 소인 5전, 20명 이상의 단체는 50% 할인).

○비원

창경원으로 이어지는 이왕가의 정원이며 이왕직(李王職)의 허가를 받아야 관람할 수 있다.

○경학원(經學院)

조선시대 유림(儒林) 최고의 학부로서 공자를 기리는 사당이며, 매년 봄과 가을에는 송대(宋代)의 예법에 따라 석전(釋典)이 거행된다.

○파고다 공원

이곳은 원래 대원각사(大圓覺寺)가 있던 자리로 이곳에 세워진 13층 한수석탑(寒水石塔)은 매우 유명하다.

○조선총독부

조선을 통치하던 최고 관청으로 10년에 걸친 공사 끝에 1926년에 완공되었다. 총 634만 원의 공사비가 투입되었으며, 화강석과 철근콘크리트를 활용한 양식으로 지어졌다. 중앙 홀의 벽화는 신화를 주제로 한 것으로 화백 와다 산조(和田三造)의 작품이다.

○경복궁

궁전의 대표적인 건축물인 근정전(勤政殿)은 주요 의식이 거행되던 정전(正殿)이며, 경회루는 연회장으로 사용되었다.

3) 각종 관광 요금

○전차, 버스

시내와 교외선 각각 5전으로 균일. 시내와 교외 2구간 연결은 8전, 시내와 교외 3구간 연결은 11전. 학생과 단체는 할인 적용.

○유람버스

대인 2원 20전, 소인 1원 50전, 10명 이상 10% 할인.

○택시

시내 80전 균일.

○안내인 요금

하루 요금 1원 50전.

발행: 경성관광협회, 전화 광화문 2070번

경성 관광안내소, 경성역 구내, 전화 본국 4826번

1933년판, 조선인쇄주식회사 인쇄

[4] 관광의 대경성(觀光の大京城)

경성부청, 1936

집필·번역: 신동규

표지면

표지 뒷면

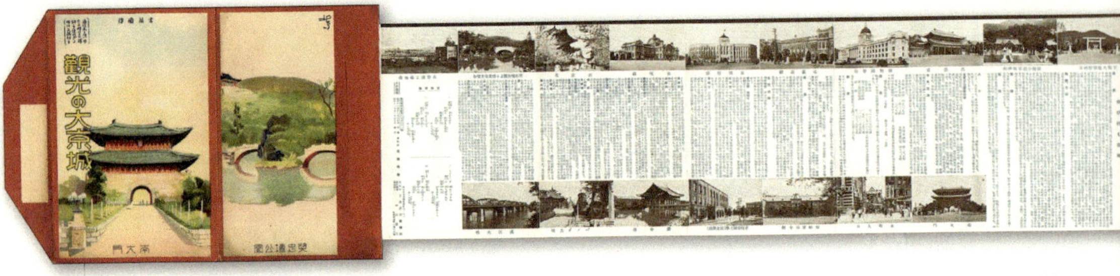

표지면 펼친 모습, 112㎜×168㎜, 753㎜×168㎜.

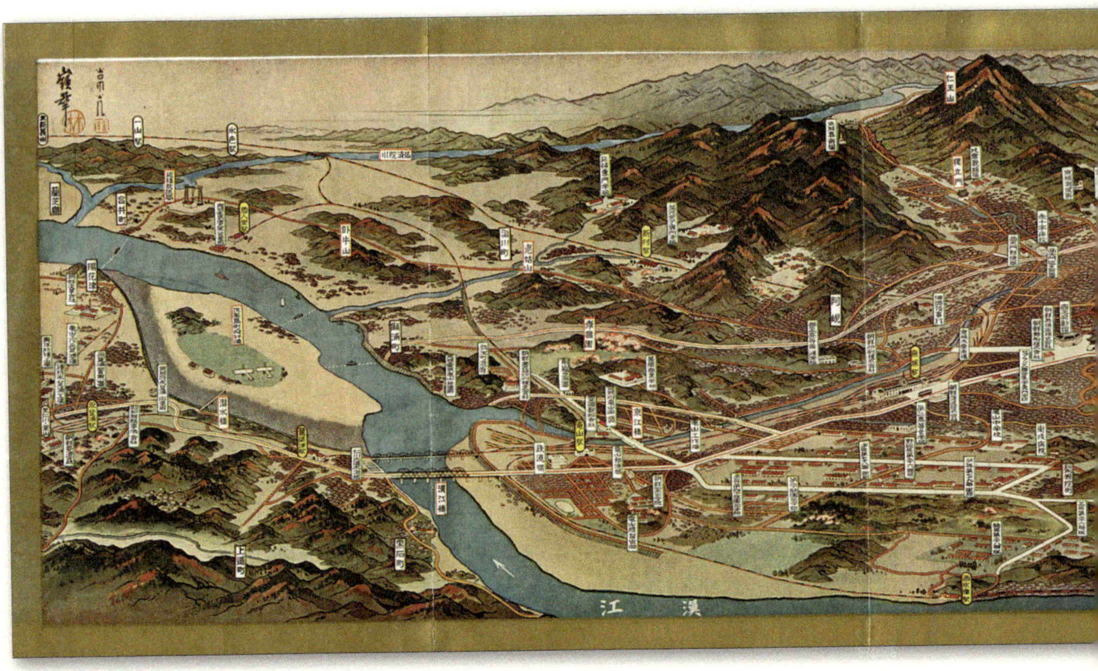

내지면 펼친 모습

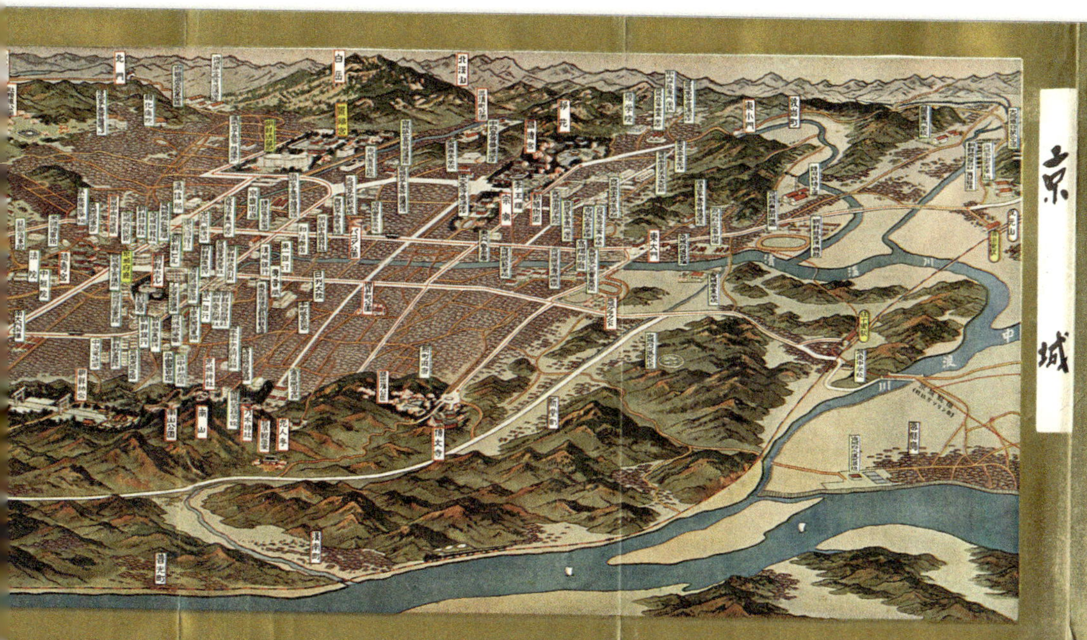

경성 조감도

| 해제 |

이 자료는 1936년 11월 30일에 경성부청(京城府廳)에서 발행한 『관광의 대경성(觀光の大京城)』이라는 명칭의 '서간도회(書簡圖繪)'로 편지를 써서 발송할 수 있게 제작된 관찬 조감도 팸플릿이다. 1930년대에 팸플릿 제작의 대표 격이라고도 할 수 있는 '일본명소도회사(日本名所圖繪社)'에서 인쇄한 것으로 저작권자 및 인쇄자는 고야마 요시미(小山吉三)이다. 표지에 조감도와 경성 홍보를 위한 '발전해 가는 경성'이라는 내용의 내지를 붙인 통상적인 조감도 팸플릿 양식으로 1929년 조선박람회 이후 경성의 관광 홍보를 위해 발행한 것이다. 우선, 표지를 보면, 경성 유적지의 첫 번째라고 할 수 있는 남대문이 수채화 식으로 디자인되어 있고, 그 뒷면에는 장충단공원을 인쇄하고 있다. 그것은 1934년 조선총독부가 고시 제430호 '조선보물고적명승천연기념물보존령'을 통해 보물 1호는 남대문(숭례문), 2호는 동대문(흥인지문) 등으로 지정하면서 남대문이 경성을 대표하는 건축물로 자리 잡고 있었기 때문이기도 하지만, 임진왜란 때 일본군이 남대문과 동대문을 통해 경성을 함락시켰다는 점에서도 그만큼 일본으로서는 의미 깊은 곳이기도 하다. 그 표지의 뒷면인 내지면 부분 쪽에는 「경성부 약도」와 함께 편지를 써서 보낼 수 있는 공간이 세로줄로 인쇄되어 있다.

한편, 표지면 전체를 펼치면, '발전해 가는 경성'이라는 제목하에 17매의 사진과 함께 경성의 연혁, 지세와 시가지, 면적, 기후, 인구, 주요 관공서와 회사, 토목, 교통, 재정, 교육, 산업, 명소와 고적 등을 소개하고 있다. 또한, 내지면 전체를 펼치면, 표지의 뒷면에는 「경성 조감도」가 인쇄되어 있는데 조감도 자체는 남동쪽 하늘에서 한강 이북의 경성을 내려다본 형식이다. 조감도의 왼쪽 위를 보면, 쓰네미츠(常光)와 레이카(嶺華)의 명문과 낙관이 있어 공동으로 그린 것으로 추측되는데, 조감도 화가 가네코 쓰네미츠(金子常光)는 확인되나 레이카가 어떤 인물인지는 불명확하다. 다만, 일본 내에서 각 지역의 조감도를 상당수 쓰네미츠와 공동 작업으로 그리고 있는 것은 확인되고 있어 앞으로의 규명이 필요하다. 조감도 자체에는 「경성(京城)」이라는 제명이 오른쪽 모서리에 기재되어 있고, 북한산과 인왕산을 배경으로 한강 이북을 중심으로 그리고 있는데, 오른쪽 끝은 청계천, 중랑천, 경성제국대학 예과(현, 서울대학교병원)와 청량리, 뚝섬, 경성 수도수원지 등을 축약하여 표시했다. 왼쪽 모서리에는 마찬가지로 수색역, 일산역을 거쳐 신의주로 가는 철로, 난지도(蘭芝島), 양화진, 조선피혁회사, 동양방직, 영등포역 주변의 산업체 등을 그려 넣고 있다. 특히 여의도에는 당시의 공항과 비행기 모습까지 그리고 있으며, 선로, 도로, 경성궤도(京城軌道, 경철[輕鐵]), 한강교, 공장, 관공서, 학교, 명승·유적, 군부대, 공공기관과 행정 시설 및 경성의 주요 시설을 가능한 한 표시하고 있어 충실한 관광 팸플릿이라고 말할 수 있다. 일제강점기 경성 전체의 구도를 확인할 수 있는 귀중한 자료이며, 자료 자체는 7면(전체 14면)으로 접혀 있는 상태이다.

| 번역문 |

발전해 가는 경성

1) 연혁

경성은 지난 옛날 중국 후한의 영토 낙랑군(樂浪郡)에 예속되어 있었는데, 군(郡)이 남북으로 양분되고 나서부터 대방군(帶方郡)에 편입되었다. 그 후 조선에 [한반도에] 고구려·백제·신라 삼국이 정립할 무렵에는 백제의 영지가 되었다. 백제가 수도를 남쪽의 공주로 옮기게 되자 [경성은] 고구려의 남평양이 되었고, 신라가 북진하자 최초로 신라 영역의 북단이 되었다. 신라가 망하고 고려에 들어와 문종왕(文宗王) 때 처음으로 하나의 집락지(集落地)가 되었으며, 이래로 오늘날에 이르기까지 860여 년이 경과하고 있다. 고려 말기에는 2회에 걸쳐 천도가 행해져 단기간이기는 하지만 수도가 된 적도 있었다. 조선시대 제1대 태조왕(太祖王)은 1394년 개성(開城)에서 이 지역으로 천도하여 한양부(漢陽府)를 두었고, 그 이후에 한성부(漢城府)로 개칭하였다. 후에 일시적으로 한성관찰부(漢城觀察府)라고 칭한 때도 있었지만, 1910년 한국병합과 동시에 경성부(京城府, 일본의 도시급)라고 개칭했다. 1880년 4월 일본공사관 설치 이래 일본인의 거주를 보면, 거류민 전체를 대표하는 총대(總代), 또는 민장(民長)을 두어 옛날의 명칭인 용산(龍山) 지역과 함께 각기 자치적으로 행정을 시행하였고, 1906

년 이후 두 지역에 거류민단을 설치하여 제반의 행정을 시행했는데 1910년 두 민단은 합병되었다. 1914년 부관제(府官制)의 발포가 있었고, 일본과 조선 양자의 행정기관을 1개의 단(團)으로 함과 동시에 경성부윤(京城府尹, 시장 [市長]) 아래로 통일했다. 다만, 교육에 관한 것은 각별하게 기관을 설치했다. 1920년 부제(府制)의 개정에 따라 민선의 협의회(協議會)를 두었고, 부(府)의 자문기관으로 삼아 자치 의정(議政)의 계기를 이루었다. 1931년 지방제도의 개정으로 부회(府會)를 설치해 결의기관으로 삼았다. 다만, 일본인 교육은 제1부 특별경제 [일종의 특별재정], 조선인 교육은 제2부 특별경제를 두었고, 일반 경제는 부회 의원 전원에게, 교육에 대해서는 각자 일본인과 조선인에게 개별적으로 이를 논의토록 하고, 부윤은 양쪽 모두의 의장이 되는 제도였다. 1936년 4월 1일에 이르러 행정구역을 크게 확장하였고, 다음에 기재하는 동서·남북의 넓이 및 인구를 포옹하기에 이르렀다.

2) 지세와 시가지

경성은 북으로는 남화(南畵) 그 자체의 웅장한 모습을 보여주는 북한산이 우뚝 솟아 있고, 그 한 줄기는 삼각형의 북악(北岳, 또는 백악 [白岳])이고, 이를 마주 보고 있는 목멱산(木覓山, 속칭 남산 [南山])이 사조파(四條派)[60]와 같은 아름다운 진한 비취색의 녹음을 띠며 옆으로 누워있다. 또한 서쪽으

60 '사조파(四條派)'는 일본 미술계의 자연주의 화파이다. 에도시대 중기인 18~19세기에 서양화의 투시 도법과 중국화의 사생화법의 영향을 받아 교토를 중심으로 나타났다.

로 인왕산의 동북쪽에 낙타(駱駝, 낙타가 아님) 등의 여러 산이 있으며, 모두 서로 연결되어 고리처럼 둥그런 모양을 이루고 있다. 이렇게 이어진 산들의 안쪽이 바로 고도 경성의 이른바 성안(城內)이다. 그리고 조선 5대강의 하나인 한강은 망망하게 경성 동남서의 세 방향으로 흐른다. 이 큰 강과 고리를 이루고 있는 산악은 서로 어울려 문자 그대로 '산하금대(山河襟帶)'[61]의 자연적인 성곽을 형성하고 있다. 조선시대 제1대 태조왕이 도성을 특히 이 지역으로 선택한 까닭도 쉽게 수긍할 수 있다. 태조왕이 천도하자 이들 산봉우리를 연결해 성벽을 쌓고, 사방에 사대문(四大門)과 사소문(四小門)을 만들었다. 지금의 흥인지문(興仁之門, 속칭 동대문), 숭례문(崇禮門, 속칭 남대문), 창의문(彰義門, 속칭 북문 [北門])만이 남아 있는데, 이외의 것은 도로를 개수할 때 전부 훼손되었다. 부내(府內)를 종횡으로 뻗은 광화문통, 남대문통, 종로, 황금정(黃金町), 태평통(太平通), 한강통(漢江通), 원정(元町) 등 중에서 광화문통, 종로, 남대문통은 구 교토의 주작대로(朱雀大路)에 비교할 만한 것으로 나라를 세울 당시부터 지금과 마찬가지의 도로 폭이다. 이들 주요 도로는 지금 완전하게 포장되어 옛날의 지저분하고 초라한 모습은 사라지고, [도로] 양쪽의 가로수와 고층 건축물 등은 완전히 현대 도시의 위용을 갖추고 있다. 나아가 1936년의 확장은 그 이상의 지역으로까지 발전하여 옛 도시 경성의 서남방, 남산 뒤쪽 및 한강의 왼쪽 언덕에까지 이르렀고, 또한 세계 항공계의 중요한 길목이라고 할 수 있는 여의도와 장래에 커다란 공업지가 될 수 있는 영등포 및 여기에 이어지는 동쪽 일대를 포괄하기에 이르렀다. 시가지 중에서 가장 번화한 도심

61 '산하금대(山河襟帶)'는 주변의 산과 강물에 둘러싸인 요충지를 의미한다.

은 남산의 북쪽 기슭을 동서로 좁은 길이 뻗쳐 있는 본정(本町 [일본어로 '혼마치']) 으로 일본인 상가가 즐비하고 밤낮으로 [사람들의] 왕래가 끊이지 않으며, 도쿄(東京) 긴자 거리(銀座通)에 비교될 만큼 '긴브라(銀ブラ)'[62] 대신에 '혼부라(本ブラ)'[63]라는 말을 탄생시켰다. 미쓰코시지점(三越支店) 앞의 광장을 중심으로 여러 방향으로 뻗어나간 시가지에는 대형 은행과 회사, 굴지의 큰 건축물들이 우뚝 솟아 있어 확실히 대도시의 모습을 갖추고 있다.

3) 면적

8.68방리(方里),[64] 동서는 4리(里) 12정(町) 정도이고, 남북이 3리 9정 정도로 경성부 구역 확장 전의 약 4배 정도이다. 고베시(神戸市)보다 조금 넓고, 요코하마시(横濱市)보다 약간 좁은 전국 대도시 중의 6위 [일본을 합쳐서] 이다.

4) 기후

최고 기온은 33.5도(1935년 8월), 최저는 영하 16.9도(1935년 12월)이며, 평균 11.4도이다. 기후는 대륙적으로 한서의 격차가 심하지만, 습도가

62 '긴부라(銀ブラ)'는 도쿄의 긴자(銀座) 거리를 어슬렁어슬렁하며 산책하는 것을 의미한다. 일본어로 '부라부라(ぶらぶら)'라는 말은 '어슬렁어슬렁, 빈둥빈둥'의 의미를 가지는 부사어로 '긴자'와 '부라부라'를 합쳐서 만든 당시의 신조어이다.

63 '혼부라(本ブラ)'는 본정(本町), 즉 '혼마치(현재의 명동)' 거리를 어슬렁어슬렁하며 산책하는 것을 의미함.

64 가로세로 1리의 면적이 1방리이며 약 15㎢이다.

낮아 여름에 견디기 좋고, 겨울에도 또한 보통 '삼한사온'이라고 하여 변화가 있기 때문에 기온이 그다지 낮게 느껴지지 않는다. 특히, 근년에 들어와 호수(戶數)가 증가했기 때문인지 일본의 기후에 가까워지고 있다고 말하고 있다.

5) 인구

63만 6,955명, 그중에서 일본인은 12만 1,309명, 조선인이 50만 8,535명, 외국인이 7,111명(1935년 12월 말)으로 요코하마시보다 조금 적은데 전국 대도시 중의 제7위[일본을 합쳐서]이다.

6) 주요 관공서·회사 등

조선총독부, 동(同) 체신국, 동 철도국, 동 전매국, 이왕직(李王職),[65] 중추원, 고등법원, 복심법원, 지방법원, 조선군 사령부, 조선헌병대 사령부, 제20사단 사령부, 제40여단 사령부, 경기도청(일본의 현청[縣廳]), 경성부청(일본의 시청[市廳]), 각 도서관, 상공회의소, 상공장려관, 영국·중국·미국·프랑스·러시아의 영사관, 은사과학관(恩賜科學館), 제국대학, 제국대학 예과, 법학전문학교, 고등상업학교, 고등공업학교, 의학전문학교, 조선우선회사(朝鮮郵船會社), 동양척식회사, 경성주식현물거래시장, 조선맥주주식회사, 기린맥주주식회사, 가네가후치방적주식회사(鐘淵紡績株式會社),[66] 경성

65 일제강점기에 궁내부에 소속되어 조선 왕가의 일을 맡아보던 관청을 말함.

66 일본 최대의 방적회사로 전신은 1886년에 설립된 도쿄면상사(東京綿商社)이다.

방직주식회사, 조선피혁주식회사, 경성일보사, 조선신문사 등.

7) 토목·교통

지난 옛날 경성부 도로의 대부분은 꾸불꾸불하고 좁은 미로와 같은 곳이 많았는데, 1914년 부제 시행 후 수부(首府)의 면목상 도로·수도·방수 등에 대해서 근본적으로 계획을 수립하였고, 20여 년간에 2,500만 원을 투자해 이것으로 시설을 갖추었다. 때문에 도로 총연장 486㎞, 수도수원지의 송수량은 36,300㎥가 되었으며, 도시는 전부 면목을 일신했다. 경성은 수부이며, 동시에 반도의 중앙에 있기 때문에 교통의 중심지인 것은 물론, 반도 각 주요 지역과의 사이에는 다음과 같은 철도와 연결되어 있다.

- 경성 ↔ 부산: 450.5㎞
- 경성 ↔ 목포: 427.7㎞
- 경성 ↔ 신북청: 241.3㎞
- 경성 ↔ 신의주: 496.7㎞
- 경성 ↔ 인천: 38.9㎞

1888년에 가네가후치방적(鐘淵紡績)으로 개칭하였고, 러일전쟁 후에는 직포업(織布業)과 견사방적업(絹絲紡績業)을 운영하였으며, 제1차 세계대전 후에는 종합섬유기업, 제2차 세계대전 무렵부터는 중화학공업에도 진출하였다. 1971년에 회사명을 그 이전부터 약칭으로 불렀던 가네보(鐘紡)로 개칭하였고, 2001년에 '가네보(カネボウ)'로 변경하였는데, 2007년에 회사 해산을 결의하여 사업은 몇 개의 회사로 분할·계승되었다.

부내 주요한 교통기관으로는 경성전기주식회사가 경영하고 있는 전차 및 버스가 있다.

• 전차의 궤도 길이: 35㎞, 승합버스 통로: 25㎞

8) 재정

1936년 4월 행정구획의 확장에 따라 [재정이] 갑자기 팽창했다. 같은 해의 예산은 다음과 같다. 한편, 1935년도의 예산 총액은 674만 3,139원이었다.

항목	액수	기타
일반회계	6,112,607 원	
특별회계	137,313 원	부민병원 및 공익전당포의 경비
제1부 특별경제[특별재정]	1,781,253 원	
제2부 특별경제[특별재정]	1,201,674 원	
총액	9,232,847 원	

9) 교육

1922년 일본과 동일한 학제(學制)가 조선에 선포되고 나서 교육은 매년 확충되었고, 지금 경성에서는 대학 교육에 이르기까지 각 기관의 설치를 완수하기에 이르렀다. 단지, 보통교육은 언어와 풍속이 다르기 때문에 일본인과 조선인을 구별하고 있을 뿐이다. 경성부가 경영하고 있는 교육기관은 다음과 같다.

- 소학교 12, 보통학교(조선인 수용) 24, 여자중등학교 3, 남자중등학교 2, 유치원 1, 실업보습학교 2개교.

이 이외에 관·공립학교로서는 대학 1, 대학 예과 1, 전문학교 4, 사범학교 2, 실업학교 5, 중학교 2, 고등보통학교 2, 여자고등보통학교 1, 보통학교 2, 소학교 2, 유치원 1개교가 있으며, 사립학교로서는 유치원부터 전문학교에 이르기까지 약 100개교를 헤아린다.

10) 산업

원래 경성은 정치적인 도시이며 소비도시였는데, 새롭게 공업지대인 영등포 방면을 편입한 결과, 앞으로 산업 방면으로의 발전이 이루어질 것이다. 산업에 관한 1935년 말의 조사는 다음과 같다.

배급기관에 대해서는 공·사설의 시장 27개소를 시작으로 5개의 백화점 8,000호(戶)의 상점이 있으며, 시장의 거래액은 1,200만 원, 상점의 매상고는 2억 1,020만 원에 달한다. 공장은 800여 개소가 있으며, 연 생산액 8,500만 원이고, 수이입(輸移入)은 2억 5,900만 원, 수이출 2,700만 원이다. 경성부 구역 확장의 결과, 종전 농경지는 단지 불과 160정보(町步)였을 뿐이었는데, 급격하게 1만여 정보가 더 늘어나 종래의 부 자체에서는 공급이 전혀 없었던 농산물도 조금씩 자급의 영역으로 더 한 발 나아갈 수 있게 되었다.

11) 명소·고적

○ 조선신궁(朝鮮神宮)

남산의 중턱에 위치한 아마테라스 오카미(天照大神)와 메이지천황(明治天皇)을 제사 지낸다. 신사의 격은 관폐대사(官弊大社)이고, 한반도 [원문: 조선반도] 진호(鎭護)의 신으로 받들고 있다. 궁전(宮殿)은 신궁(神宮)과 같이 만들었는데, 1925년 10월 15일 진좌제(鎭座祭)[67]를 거행하여 매년 10월 17일을 예제일(例祭日)[68]로 삼았다. 신역(神域)은 그 위치가 높아 경성부의 대부분을 한 눈 아래에 내려다볼 수 있고, 노송들은 길고 짧아 들쭉날쭉한데 신을 모신 전각의 삼엄함은 그 자체가 사람들의 드러나지 않은 마음속을 바르게 한다.

관폐대사 조선신궁

국폐소사 경성신사

창덕궁

○ 남산공원·왜성대(倭城臺)

조선신궁에서 남산 중턱의 동쪽 참도(東參道)를 가면 남산공원에 다다

67 신사에서 새롭게 신을 모시는 건물(社殿)을 건설한 후 신령을 모시는 제사를 말함.

68 공식적인 제사 날짜 이전에 미리 본보기로 지내는 제사를 말함.

른다. 노송이 울창하고 눈 아래에 구 경성 시가지를 내려다볼 수 있으며, 멀리 북방에 북한산을 조망할 수 있어 매우 아름답다. 공원 안과 부근에는 국폐소사(國幣小社) 경성신사(京城神社), 노기신사(乃木神社), 텐만구(天滿宮),[69] 하치만구(八幡宮),[70] 갑오전승기념비(甲午戰勝記念碑), 은사과학관 등이 있다. 과학관의 부근을 왜성대라고 말한다. 왜성대는 '분로쿠의 역(文祿の役)' [임진왜란][71] 때 마시타 나가모리(增田長盛)가 진을 두었던 곳이다.

○덕수궁(德壽宮)

경성부 청사의 서쪽에 있는 궁전이다. 조선시대 제4대 세종(世宗)의 형 월산대군(月山大君)[72]의 사저였는데, 제14대 선조(宣祖) 때에 일시적으로 왕궁이 되었다. 1897년 이태왕(李太王)[고종] 전하 당시 행궁이었던 러시아 대사관에서 이곳으로 옮기고 나서부터 경운궁(慶運宮)이라고 칭하였고, 1907년 전하가 양위한 후에 덕수궁이라고 개칭하였다. 1919년 전하는 이 궁에서 붕어하셨다. 제일 바깥의 정문을 대한문(大漢門)이라고 칭하였고, 성내의 양풍 건축을 석조전(石造殿)이라고 한다. 지금은 일반에 개방하고 있다.

69 스가와라노 미치자네(菅原道眞)를 제신으로 모시는 신사를 말한다. 스가와라노 미치자네는 일본 헤이안시대(平安時代)의 귀족인 동시에 학자이고 정치가인데, 충신으로 이름이 높다.

70 하치만신(八幡神)을 제신으로 모시는 신사를 말한다. 하치만신은 일본의 전통적인 신으로 오진천황(應神天皇)을 주좌로 하여 활과 화살·무도의 신으로 신앙되어 왔다.

71 임진왜란을 의미하는 것으로 자료에 따라서는 '분로쿠(文祿)', 또는 '분로쿠역(文祿役)', '분로쿠의 역(文祿の役)'으로 표기되어 있다. 이후 원문 대로 표기한다.

72 월산대군은 제4대 세종의 형이 아니라 제9대 성종(成宗)의 형이다.

○경복궁(景福宮)

조선시대 제1대 태조는 개성에서 경성으로 천도하여 북악(北岳)의 남쪽에 궁전을 세웠는데, 이것을 경복궁이라고 한다. '분로쿠의 역(文祿の役)' [임진왜란]때 일본군의 입성에 앞서 난민(亂民)들의 방화에 의해 불에 타버려 재가 되어버렸고, 이래로 270년간 완전히 황폐한 상태였다. 이태왕 전하의 친부 대원군이 섭정하고 있었을 무렵 황실의 위를 떨치기 위해 옛터를 근거지로 재건했다. 1896년 이태왕 전하가 러시아 공사관에 잠행한 후에 다시 폐궁이 되었고, 후에 주요 건물인 근정전(勤政殿)·사정전(思政殿)·경회루(慶會樓)·광화문(光化門) 등을 제외한 대부분은 다른 곳으로 옮겨 짓거나 훼손되었다. 1915년 이 궁지에서 개최했던 공진회(共進會) 일부는 박물관 일부로 현존하고 있으며, 공진회 본관 터에는 조선총독부 청사를 건축했다.

○창덕궁(昌德宮)

조선시대 제3대 태조 때인 1396년[73]에 조영된 것으로 이후에 몇 번인가 변천을 거쳐 1907년 이래 고 이왕(李王) 전하[순종]의 황거가 되었다. 정문을 돈화문(敦化門)이라 하고, 인정전(仁政殿)·선정전(宣政殿)을 시작으로 다수의 궁전이 있으며, 궁전의 정원은 광대하여 깊고 그윽한 지역이다. 돈화문은 경성 최고 건물의 하나이다.

73 창덕궁은 태종 5년인 1405년에 경복궁의 이궁(離宮)으로 창건되었다.

○창경원(昌慶苑)

창경궁이 있는 곳으로 지금은 이왕가(李王家)의 정원으로 사용되고 있다. 정문이 홍화문(弘化門), 다음이 명정문(明政門), 그 안쪽이 명정전(明政殿)이다. 이 세 건축과 남대문, 창덕궁의 돈화문이 경성에서 최고의 건축물로서, 500년의 역사와 모습을 그대로 간직하고 있다. 정원 안에는 식물원·동물원·박물관이 있다. 동물원에는 일본에 서식하지 않는 산고양이·늑대·노루 등의 동물이 있다. 식물원 안에 있는 온실은 건설 당시에는 동양 제일이라고 칭해질 정도의 규모였다. 박물관에는 조선 고대의 미술품을 진열하고 있다. 뒤쪽에는 자줏빛 산과 깨끗한 물로 경치가 아름다운 비원(祕苑)이 있는데, 특별히 접수하면 관람할 수도 있다.

조선총독부

경기도청

경성부청

경성역

창경원

장충단공원에서 본 박문사

○조선총독부 청사

공사비 630여만 원을 투자하여 1916년 이후 10개년의 세월을 거쳐 완성했다. 르네상스식 5층 건축의 화강암 철근콘크리트 구조로 각 계단의 총건평은 거의 1만 평이다. 현관 복도의 대형 홀은 다양한 색채의 아름다운 조선산 대리석으로 장식하였고, 홀의 벽면에는 '내선융화(內鮮融和)'의 표상이라고 할 수 있는 '선녀와 나무꾼 전설(羽衣傳說)'과 조선·일본의 풍속 등을 그린 와다 산조(和田三造)[74]의 작품이 걸려 있다.

○경성부 청사·부민관(府民館)

경성부청은 경성의 일반 정무를 관장하는 곳으로 일본의 시청(市役所)에 상당하는 곳으로 1926년 10월에 낙성하였다. 공사비는 130만 원에 4층 건물로 총 연평은 2,844평, 66개 실로 구분되어 있다. 부민관은 경성부 소속의 공회당으로 1935년 12월에 낙성하였다. 총 연평은 1,717평이고, 3층의 철근콘크리트 구조로 근대식 건물이다. 안에는 대·중·소의 강당, 그 밖에 여러 종류의 공간이 있으며, 최신식의 난방과 냉방, 환기 및 조명 등의 장치가 완비되어 있다. 높이 144척의 옥상 탑은 총독부 첨탑의 뒤를 잇고 있다.

영등포 공장지대

남대문

본정 입구

74 와다 산조(和田三造, 1883~1967)는 메이지·다이쇼·쇼와 시대 일본의 서양화가·판화가이다. 1953년 일본 영화 '지옥문(地獄門)'에서 색채 디자인과 의상 디자인을 담당하기도 했으며, 이 작품으로 1954년에 제27회 아카데미 의상 디자인상을 수상하였다.

조선군 사령부

경성제국대학(법문학부)

경회루

파고다공원

한강대교

○환구단지(圜丘壇址)

환구단은 현재 조선호텔이 위치한 곳에 있다. 단은 1898년 이태왕 전하의 황제 즉위 의식이 거행되었을 때의 제단이다. 지금 호텔의 뒤쪽에 남아 있는 팔각당(八角堂)의 높은 누각 황궁우(皇穹宇)는 1899년 건설한 신위(神位)의 봉안당이다.

○파고다공원

고려시대 흥복사(興福寺) 터에 세운 조선시대 대원각사(大圓覺寺)의 유적지이다. 공원 안에 있는 13층의 한수석탑(寒水石塔)은 가장 유명한 것으로 주위의 불상과 화조(花鳥) 등을 조각하여 조선시대 예술 중에서도 희귀한 일품이다.

○ 백송(白松)

통의동(通義洞) 창의궁(彰義宮) 터에 있는 백송은 매우 저명한데, 가지와 줄기는 흰 눈이 내려 쌓여 있는 듯하고, 조선에서는 매우 보기 드문 희귀한 나무이다. 경성부 안에는 또한 다른 곳에 6그루의 백송이 있다.

○ 수표교(水標橋)

조선시대 초기에 성안을 동서로 관류하는 하수도에 걸쳐서 만든 석교이다. 세종 때에 수표(水標)[75]를 그 서쪽에 세워두었는데, 이것이 다리 명칭의 유래가 되었다.

○ 경성운동장(京城運動場)

1925년 10월 개장한 경성부청이 경영하는 공설종합운동장으로 경성부가 동궁전하 [후에 쇼와천황] 결혼 기념 사업으로서 설립한 경성 유일의 운동장이다.

○ 춘무산(春畝山)[76] 박문사(博文寺)

본사는 고 제1대 통감(統監) 이토 히로부미(伊藤博文) 공이 한국의 보호에 진력한 큰 공로를 오랫동안 후세에 전하기 위해 건설한 사찰이다. 구조는 철근콘크리트 2층 건물 약 400평으로 가마쿠라시대(鎌倉時代) 양식을 모방하였고, 여기에 조선의 색채를 가미한 것이다. 총 공사비는 27만여

75 강 또는 저수지 등의 수위를 측정하기 위해 만든 표지를 말한다.

76 춘무(春畝)는 이토 히로부미의 호이고, 춘무산(春畝山)은 이토 히로부미를 추모하기 위해 세운 박문사(博文寺)라는 절이 위치한 언덕에 대한 호칭이다.

원으로 1932년 10월 낙성하여 입불(入佛)했다. 위치는 장충단공원의 동쪽 노송이 짙푸른 높은 지대 4만 2,000평의 지역이며, 눈 아래로는 공원을 조망할 수 있고, 저 멀리로는 북한산과 경성 시내를 전망할 수 있는 경성부에서 하나의 경승지이다.

○사직단(社稷壇)

조선시대 태조가 건축한 곳으로 사단(社壇)은 국가로서 국토, 직단(稷壇)은 곡물에 대해 제사 지내는 것이다. 토지와 곡물이라는 것은 국가의 커다란 근본이기에 제사를 지내는 제도는 중국의 예법을 따랐으나, 현재 중화민국에는 남아 있지 않다.

○독립문(獨立門)

조선은 청일전쟁의 결과 중국으로부터의 고삐에서 벗어나 독립국이 되었다. 그 기념으로 세운 것이 바로 이 문이다. 그 부근에는 구 한국시대에 중국으로부터의 칙사를 맞이하는 영은문(迎恩門)이 있었는데, 독립문 건립 직전에 부서트려서 헐어버렸다. 그 무렵에 재주하고 있던 러시아인 기사(技師) 사바틴[77]이 프랑스 파리의 개선문을 모방하여 설계한 것으로 동양에서는 볼 수 없는 형식을 갖추고 있다. 1936년 영은문의 문주(門柱)와 함께 [문화재로] 지정되었다.

77 『경성부사』에서도 러시아인 사바틴이 설계하고 조선인 심의석(沈宜錫)이 공사를 하였다고 기술되고 있지만, 독립문의 설계나 공사허가 등 그 어떤 1차 자료에도 사바틴의 이름은 확인되지 않아 아직도 논란이 되고 있다. 그렇기에 문화재청은 사바틴이 독립문의 설계에 참여했다는 주장을 한 번도 공식적으로 인정하지 않았다.

○ 한강(漢江)

조선 5대강의 하나로 그 길이는 125리, 70리 사이에 선박으로 화물을 나르는 주운(舟運) 편이 있으며, 구 경성부의 남쪽 근교를 환류(還流)한다. 물의 흐름은 완만하고, 봄·여름 두 계절에는 투망과 뱃놀이에 적합하며, 겨울에는 스케이트장이 되고 있다. 지금은 그 위에 경성과 인천의 가도를 연결하는 한강대교가 가설되어 있다.

○ 육신묘(六臣墓)와 육신묘비(六臣墓碑)

한강의 왼쪽 언덕에 노량진(鷺梁津)이 있다. [이곳에는] 제7대 세조 무렵에 전대의 왕 단종을 위해 충절을 지키다 결국 비운의 죽음으로 끝난 성삼문(成三問) 등 육충신의 묘가 있다. 후세에 그 충절을 표창하여 비를 세웠다. 그렇기에 이 묘비를 육신묘비라고 부른다. 이 비는 일본의 미나토가와(湊川)에 있는 난코우(楠公)[78]의 묘와 마찬가지로 일반에게 깊은 존숭의 대상이 되어 있다. 또한 이 부근에는 육신을 위해 세웠던 민절서원(愍節書院)의 터, 제20대 경종(景宗) 때의 충신 김창집(金昌集) 등 사충신을 위해 세운 사충서원(四忠書院)의 터를 비롯해 제15대 숙종 때의 충신 박태보(朴泰輔)를 위해 세운 노강서원(鷺江書院), 제22대 정조(正祖)의 이궁(離宮) 용양봉저정(龍驤鳳翥亭)[79]의 터 등이 있다.

78 구스노키 마사시게(楠木正成, 1294[?]~1336)를 말한다. 가마쿠라시대부터 남북조시대(南北朝時代)의 무장으로 일본에서는 충신의 대표적 인물로 평가된다. 남북조 동란 당시 정통이라 할 수 있는 남조 천황에게 대항한 세력(북조)이 많았던 일본에서 남조 황실에 끝까지 충성을 바쳤기에 충성심의 상징이 되고 있다.

79 조선시대의 행궁으로 현재 동작구 노량진로32길(본동)의 한강 변에 있었다. 한강 이북의 산봉우리들이 마치 "용(龍)이 머리를 들며(驤) 솟아오르고, 봉황(鳳)이 날아

○ 영등포(永登浦)

1936년 4월 이래 경성부로 편입된 한강 왼쪽 언덕의 넓은 지역으로 경인·경부 두 철도 선로의 분기점이다. 러일전쟁 당시 비로소 일본인의 왕래가 시작된 곳이지만, 근년에 급격히 반전하여 대공장 지대가 되었다. 기린맥주주식회사, 조선맥주주식회사, 가네가후치방적주식회사, 경성방직주식회사, 조선피혁주식회사 등을 시작으로 각종 공장이 건설되고 있는 중이다. 장래에 경성이 산업도시로 될 만한 중심부이다.

○ 벽제관(碧蹄館) 옛 전쟁터

경성의 북쪽으로 5리의 거리에 벽제관이 있다. 벽제관까지의 도중에 광석령(礦石嶺) 남북쪽의 넓은 들판은 '분로쿠의 역(文祿の役)' [임진왜란] 때에 고바야카와 다카카게(小早川隆景)를 비롯한 그 외의 연합군이 명장 이여송(李如松)의 대군을 격파한 곳이다. 당시 벽제관은 고양(高陽) 평원의 북쪽에 있었는데, 그 후에 지금의 지역으로 옮겼다. 그러한 것으로부터 지금의 벽제관이 전쟁이 벌어졌던 곳이라고 해석되고 있다.

12) 경성부가(京城府歌)

1. 한양의 옛 모습을 이어받은
   반도의 영광스러운 수도여.
   우리들 부민(府民)들은

오르는 것(翥) 같다."고 하여 붙여진 이름으로 조선 제22대 정조가 아버지 사도세자의 능인 현륭원에 참배하러 행차할 때 잠시 쉬어가기 위해 지었던 곳이다.

영원한 행복을 기뻐하네.

오, 대경성이여.

2. 북악의 하늘은 높이 솟아 있고,

남산의 푸르름도 깊네.

우리들 부민(府民)들은

끝없는 번영을 노래하네.

오, 대경성이여.

3. 영원히 흐름이 멈추지 않는

한강의 물도 풍부하네.

우리들 부민(府民)들은

부(府)를 생각하니 진심이 넘쳐나네.

오, 대경성이여.

4. 새 아침의 환희

붉게 물든 떠오르는 태양처럼.

우리들 부민(府民)들은

높은 이상(理想)으로 살아가리라.

오, 대경성이여.[80]

80 원문을 소개하면 다음과 같다.
1. 漢陽の昔をつぎて, 半島の栄光ある都府. 我等府の民, 永劫の幸福を悦ぶ. おお大京城.
2. 北嶽の天そそり立ち, 南山の翠も深く. 我等府の民, 限りなき殷賑を謳ふ. おお大京城.
3. とこしへに, 流れてつきぬ. 漢江の水もゆたかに. 我等府の民, 府をおもふ, 赤誠はあふる. おお大京城.
4. 新しき朝の歓喜. 茜さす, 昇る陽のごと. 我等府の民, 高遠の理想に生きむ.

복제 불허

서간도회(書簡圖繪) 등록 제275211호

1936년 11월 20일 인쇄

1936년 11월 30일 발행

발행소	경성부청
인쇄소	일본명소도회사(日本名所圖繪社)
	도쿄시(東京市) 니혼바시구(日本橋區) 하마쵸
	(濱町) 3-51
저작권자 겸 인쇄인	고야마 요시미(小山吉三)
전화번호	가야바쵸(茅場町) 3428번

おお大京城.

[5] 경성안내(京城案內)

조선총독부 철도국, 1933

집필·번역: 신동규

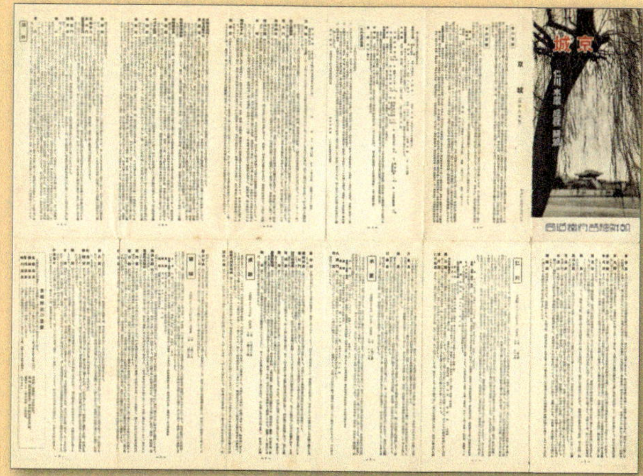

표지면 펼친 모습, 123.58㎜×89.84㎜

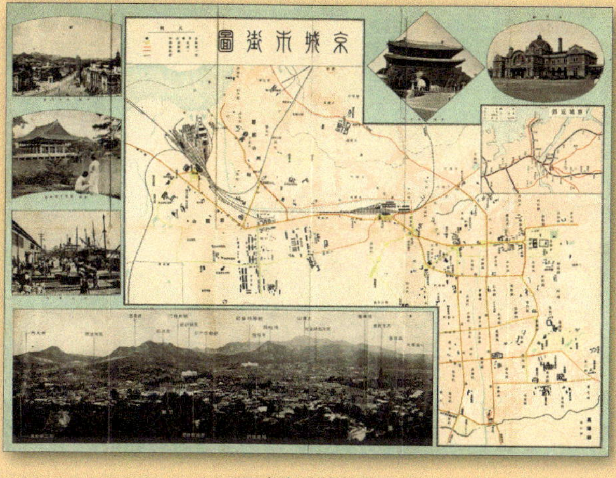

표지면 펼친 모습

접힌 상태(원상태) 앞표지

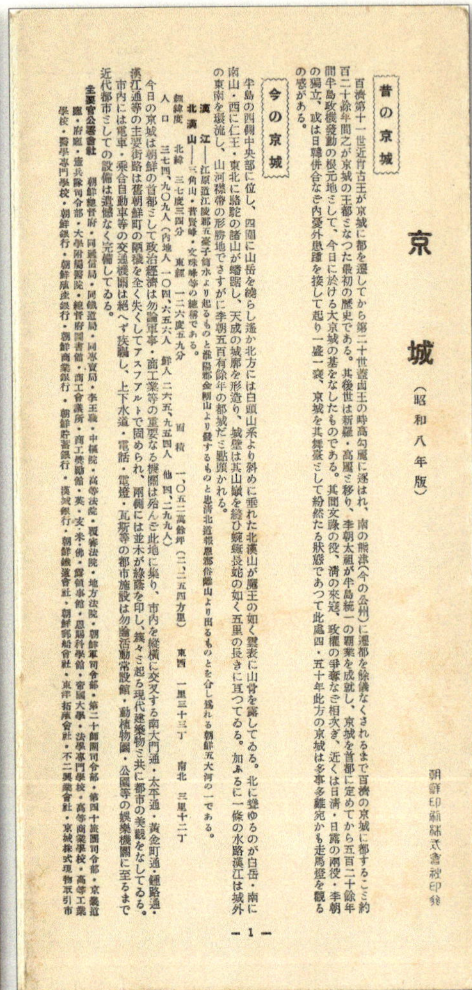

京城（昭和八年版）

朝鮮印刷株式會社印刷

昔の京城

百濟第十一世近肖古王が京城に都を遷してから第二十世蓋鹵王の時高勾麗に逐はれ、南の熊津（今の公州）に遷都を餘儀なくされるまで百濟の京城に都すること約百二十餘年間之が京城の王都となつた最初の歷史である。其後世は新羅・高麗と移り、李朝太祖が半島統一の覇業を成就し、京城を首都に定めてから五百二十餘年間半島政機發動の根元地として、今日に於ける大京城の基をなしたものである。其間文祿の役、淸の來寇、政權の爭奪など相次ぎ、近くは日淸・日露の兩役・李朝の獨立、或は日韓併合など內憂外患踵を接して起り一盛一衰、京城を其舞臺として紛然たる狀態であつて此處四・五十年此方の京城は多事多難宛かも走馬燈を観るの感がある。

今の京城

半島の西側中央部に位し、四圍に山岳を繞らし遙か北方には白頭山系より斜めに垂れた北漢山が魔王の如く雲表に山骨を露してゐる。北に聳ゆるのが白岳・南に南山・西に仁王・東北に駱駝の諸山が蟠踞し、天成の城廓を形造り、城壁は其山嶺を縫ひ蜿蜒長蛇の如く五里の長きに亘つてゐる。加ふるに一條の水路漢江は城外の東南を環流し、山河襟帶の形勝地でさすがに李朝五百有餘年の都城だと點頭かれる。

漢江——江原道江陵郡五臺子筒水より起るものと淮陽郡金剛山より發するものと忠淸北道報恩郡俗離山より出るものとを合し纏れる朝鮮五大河の一である。

北漢山——三角山・普賢峰・文殊峰等の總稱である。

經緯度　北緯　三七度三四分　東經　一二六度五九分　面積　一、〇五二萬餘坪（二、二五四方里）　東西　一里三十三丁　南北　三里十二丁

人口　三七四、九〇九人（內地人　一〇四、六五六人　鮮人　二六五、九五四人　他　四、二九九人）

今日の京城は朝鮮の首都として政治經濟は勿論軍事・商工業等の重要なる機關は殆んど此地に集り、市內を縱橫に交叉する南大門通・太平通・黃金町通・鍾路通・漢江通等の主要街路は舊朝鮮町の陋穢を全く失くしてアスフアルトで固められ、兩側には並木が綠蔭を印し、簇々と起る現代建築物と共に都市の美観をなしてゐる。市內には電車・乘合自動車等の交通機關は絕へず疾驅し、上下水道・電話・電燈・瓦斯等の都市施設は勿論活動常設館・動植物園・公園等の娛樂機關に至るまで近代都市としての設備は遺憾なく完備してゐる。

主要官公署會社　朝鮮總督府・同遞信局・同鐵道局・同專賣局・李王職・中樞院・高等法院・覆審法院・地方法院・朝鮮軍司令部・第二十師團司令部・第四十旅團司令部・京畿道廳・府廳・憲兵隊司令部・大學附屬醫院・總督府圖書館・商工會議所・商工奬勵館・英・支・米・佛・露領事館・恩賜科學館・帝國大學・法學專門學校・高等商業學校・高等工業學校・醫學專門學校・朝鮮銀行・朝鮮殖產銀行・朝鮮商業銀行・朝鮮貯蓄銀行・漢城銀行・朝鮮鐵道會社・朝鮮郵船會社・東洋拓殖會社・不二興業會社・京城株式現物取引市

— 1 —

접힌 상태(원상태) 뒤표지

| 해제 |

이 자료는 1933년에 조선총독부 철도국에서 식민지 조선의 관광 진흥을 위해 발행한 『경성-인천·수원·성환·개성(京城-仁川·水原·成歡·開城)』이라는 명칭의 인쇄 팸플릿(리플릿)이다. 수도 경성(京城)을 중심으로 인천, 수원, 성환, 개성의 연혁과 함께 명소 및 유적지를 소개하고 있는데, 자료 자체는 상하좌우 12면(앞뒤 24면)으로 접혀 있는 상태이다.

조선총독부 철도국은 1910년 10월 1일 조선총독부 관제의 시작과 함께 설치되었는데, 1917년 7월 31일 조선의 철도가 남만주철도(南滿洲鐵道)에 위탁되면서 조선총독부 총독관방(總督官房)으로 편제되었다가 1919년 8월 20일 '조선총독부관제개정(칙령 제386호)'에 의해 철도부(鐵道部)로 개정되었다. 1925년 3월에 남만주철도의 위탁운영이 해제되어 다시 조선총독부 철도국이 신설되었고, 4월 1일에 '조선총독부철도국관제(칙령 제84호)'가 시행되었으며, 1943년 12월 1일에 조선총독부 관제 개정에 따라 철도국이 폐지되어 교통국(交通局)이 설치되었다. 이렇게 여러 차례 개편이 이루어진 과정 중에도 조선을 홍보하기 위한 다양한 종류의 팸플릿은 철도 관련의 기관을 중심으로 상당량이 발행되고 있었는데, 기본적으로 식민지 관광을 표면적으로 선전하고는 있지만, 그 내면에는 자원개발과 운송, 대륙침탈을 전제로 하고 있다. 청일·러일전쟁 이후 한반도의 식민지화는 대륙진출의 교두보였고, 이를 위해 한반도에서의 철도 부설을 통한 만주와 중국, 남중국 지역과 동남아시아, 나아가 시베리아와 유럽으로의 진출이 연결되기 때문이다. 그렇기에 다른 무엇보다 철도의 증설은 일본 제국주의의 팽창을 위한 선제적인 작업이었고, 이를 선전하기 위해서도 팸플릿은 유용한 도구였으며, 특히 한국에서의 관련 팸플릿은 일제의 식민 지배를 합리화하기 위한 프로파간다였다고 말할 수 있다.

우선, 이 자료의 표지면의 내용을 간단히 살펴보면, 먼저 경성의 역사적 내력과 현재의 경성을 비교하여 식민지 이후 빠른 발전상을 언급한 동시에 경성의 관공서와 회사, 교통, 유람자동차, 인력거, 호텔, 여관, 유곽 등을 소개하고 있다. 경성의 명소와 유적지를 언급하면서 전차와 자동차를 이용하는 코스를 소개하고 있으며, 경성역, 상공장려관(商工獎勵館), 남대문, 조선신궁, 남산공원, 본정(本町), 조선호텔, 덕수궁, 경성방송국(JODK), 미술품제작소, 경복궁, 박물관, 조선총독부, 보신각, 파고다공원, 창덕궁, 창경원, 경학원, 경성제대, 동대문, 장충단공원, 독립문, 박문사(博文寺), 용산, 한강, 청량리, 동구릉, 금곡릉, 우이동, 망월사, 마포, 봉산공원(鳳山公園), 세검정, 벽제관 등을 설명하고 있는데, 주로 조선을 대표하거나 일본과 관련 있는 유적지들이다. 더불어서 인천, 수원, 성환, 개성 부분에서는 각 도시의 간단한 역사적 연혁과 함께 인구, 관공서, 교통, 여관, 특산품, 관광 순서 등을 기재하고 있다. 인천에서는 서공원, 동공원, 인천 선거(船渠), 월미도, 조탕, 강화도를, 수원에서는 팔달문(八達門), 행궁(行宮), 화령전(華寧殿), 화성장대(華城將臺), 화홍문(華虹門), 방화수류정(訪花隨柳亭), 봉로대(烽爐臺), 서호(西湖), 농사시험장, 화산(華山)을, 성환에서는 마쓰자키(松崎) 대위 충혼비, 성환목장, 직산금광을, 개성에서는 철도공원, 전매국 출장소, 남문루(南門樓), 선죽교(善竹橋), 목청전(穆淸殿), 만월대(滿月臺)를 소개하고 있다.

한편, 내지면에는 중앙부에서 오른쪽에 걸쳐 「경성시가도」가 인쇄되어 있는데, 주요 건조물, 관광도로, 전차와 버스 노선, 성벽 등이 표시되어 있고, 이외에 행정 구역명, 관공서, 명소 및 주요 건물의 배치가 표시되어 있다. 또한 이 지도의 오른쪽 위에는 작은 박스 안에 「경성 근교」라고 하여 경성 주변 시외지역의 산, 절, 온천, 폭포, 능, 산책지를 비롯해 '고전장(古戰場)'이라고 하여 임진왜란 때의 전투 장소인 벽제(碧蹄)까지도 표시하고 있다. 오른쪽 상단부에는 경성역과 남대문, 왼쪽 부분에는 남대문통, 경복궁 경회루, 인천 부두, 하단부에는 경성부 전경의 모습이 파노라마 사진으로 삽입되어 있다. 특히 경성부 전경 사진은 남산 정상 부근에서 서울을 내려다본 사진으로 주요 건물과 명소를 사진 위에 선을 그어 표시하고 있는데, 오른쪽부터 남산공원, 창경원, 창덕궁, 천주교회(현재 명동성당), 과학관, 동양척식주식회사, 북한산, 박물관, 경복궁, 식산은행, 조선총독부, 조선호텔, 경성우편국, 경성부청, 조선은행, 미쓰코시(三越), 방송국, 덕수궁, 고등법원, 남대문, 상공장려관을 강조하고 있다.

| 번역문 |

1. 경성(京城)

1) 옛날의 경성

백제 제11대 근초고왕이 경성으로 수도를 옮기고 나서부터 제20대 개로왕 대에 고구려에게 쫓겨나 남쪽의 웅진(熊津, 지금의 공주)로 천도할 때까지 백제의 수도로서 이때의 약 120년간이 경성이 왕국의 수도가 되었던 최초의 역사이다. 그 후대는 신라·고려로 이어졌고, 조선[81] 태조가 반도 통일의 대업을 성취하고, 경성을 수도로 정한 이래 520여 년간 반도의 정치기구 발동의 근원지로서 오늘날 대경성의 토대를 만들었다. 그 사이에 '분로쿠의 역(文祿の役)'[임진왜란][82], 청의 침구, 정권 쟁탈 등이 연이어졌고, 근래에는 청일·러일의 두 전쟁과 조선의 독립, 또 '한국병합'[83] 등의 내우외환이 꼬리를 물고 일어나 일성일쇠(一盛一衰)였는데, 경성을 그 무대로 하여 혼란한 상태였기에 요사이 4·50년 이곳 경성의 다사다난함은 마치 주마등을 보는 듯한 느낌이다.

81 원문에는 '이조(李朝)로 표기되어 있으나 '조선'으로 표기함.

82 임진왜란을 의미하는 것으로, 자료에 따라서는 '분로쿠(文祿)', '분로쿠역(文祿役)', '분로쿠의 역(文祿の役)'으로 표기되어 있다. 이후 원문 대로 표기한다.

83 원문에는 '일한병합'으로 되어 있으나, 본고에서는 '한국병합'으로 통일함.

2) 지금의 경성

반도의 서쪽 중앙부에 위치하고, 사방에 산악을 두르고 있으며, 저 멀리 북방에는 백두산으로부터 비스듬하게 내려온 북한산이 마왕(魔王)과 같이 구름 위로 산골(山骨)을 드러내고 있다. 북쪽으로 솟아오른 것이 백악(白岳), 남쪽으로는 남산(南山), 서쪽으로는 인왕(仁王), 동북으로는 낙타(駱駝)의 여러 산이 터를 잡아 천연의 성곽을 만들고 있으며, 성벽은 그 산꼭대기를 꿰어 꾸불꾸불한 긴 뱀과 같이 5리나 길게 걸쳐 있다. 그뿐만 아니라, 한 가닥의 수로인 한강은 성 밖의 동남쪽을 돌아 흘러 산하의 금대(襟帶)와 같은 형승지로 실로 조선 500여 년의 도성이라는 것을 수긍할 수 있다.

- 한강: 강원도 강릉군 오대산[84] 통수(筒水)에서 시작된 것과 회양군(淮陽郡) 금강산에서 시작되는 것, 그리고 충청북도 보은군 속리산에서 나오는 것이 합쳐져 이루어진 조선 5대강의 하나이다.
- 북한산: 삼각산(三角山)·보현봉(普賢峯)·문수봉(文殊峯) 등의 총칭이다.
- 경위: 북위 37도 34분, 동경 126도 59분.
- 인구: 37만 4,909명(일본인 10만 4,656, 조선인 26만 5,954, 기타 4,299).

오늘날의 경성은 조선의 수도로서 정치·경제는 물론 군사·상공업 등의 중요한 기관은 거의 이 지역에 모여있다. 시내를 종횡으로 교차하는

84 원문에는 '오대자(五臺子)'로 표기.

남대문통(南大門通)·태평통(太平通)·황금정통(黃金町通)·종로통(鍾路通)·한강통(漢江通) 등의 주요 가로에는 옛 조선 도시의 좁고 난잡함이 완전히 사라져 아스팔트가 깔려있고, 가로의 양쪽은 가로수의 녹음이 어우러져 있고, 빽빽하게 들어서 있는 현대 건축물과 함께 도시의 미관을 이루고 있다. 시내에는 전차·승합자동차 등의 교통기관이 끊임없이 질주하고 있으며, 상하수도·전화·전등·가스 등의 도시시설은 물론, 활동 상설관과 동·식물원, 공원 등의 오락시설에 이르기까지 근대 도시로서의 설비가 유감없이 완비되어 있다.

○주요 관공서·회사

조선총독부, 동 체신국, 동 철도국, 동 전매국, 이왕직(李王職), 중추원, 고등법원, 복심법원(覆審法院), 지방법원, 조선군사령부, 제20사단사령부, 제40여단사령부, 경기도청, 부청, 헌병대사령부, 대학부속의원, 총독부도서관, 상공장려관(商工獎勵館), 영국·중국·미국·프랑스·러시아영사관, 은사과학관(恩賜科學館), 제국대학, 법학전문학교, 고등상업학교, 고등공업학교, 의학전문학교, 조선은행, 조선식산은행, 조선상업은행, 조선저축은행, 한성은행, 조선철도회사, 조선우선회사(朝鮮郵船會社), 동양척식회사(東洋拓殖會社), 후지흥업회사(不二興業會社), 경성주식현물거래시장, 경성일보사, 조선신문사 등.

○시내의 교통

전차와 승합자동차: 시내(용산 포함) 5전 균일, 교외 5전(전차와 버스의 승계 자유).

자동차와 택시: 시내 80전 균일, 전세 30분 1원 50전, 1시간 3원, 1일

25원.[85]

○시내 유람 자동차

시내의 명소를 일주하고 경성역에 귀착한다. 1인 2원 20전, 단체는 특별 할인이 있음.

○인력거(경성역 출발)

전세 1시간 40전, 반일(5시간) 2원 50전, 1일(10시간) 4원.

조선신궁까지 40전, 조선호텔까지 35전, 조선은행까지 25전, 은사과학관까지 45전, 총독부와 경기도청까지 25전, 중앙시험소까지 70전, 대학부속의원까지 65전, 광화문까지 65전, 황금정(黃金町)과 영락정(永樂町)까지 35전.

○호텔

조선호텔(장곡천정[長谷川町]): 숙박 요금(미국식 1박 3식) 9원 이상, 서구식(대실료) 3원 이상.

○일본식[86] 여관

천진루(天津樓)는 남산정(南山町), 경성호텔·야마모토여관(山本旅館)·우라오여관(浦尾旅館)·히라타여관(平田旅館)은 본정(本町), 도키와여관(常盤旅館)은

85 당시의 화폐 단위는 '엔(圓/円)·센(錢)'이지만, 편의상 '원·전'으로 표기한다.

86 원문에는 '내지식(內地式)'으로 기재되어 있으나, 이후 '내지'라는 용어는 '일본'으로 표기함.

남대문통, 시라누이여관(不知火旅館)은 욱정(旭町), 오나리여관(御成旅館)·쇼후쿠여관(笑福旅館)·오쓰카여관(大塚旅館)·무라카미여관(村上旅館)·다이토칸(大東館)·히로사와여관(廣澤旅館)은 남대문 밖, 히젠야여관(肥前屋旅館)은 장곡천정(長谷川町),[87] 후타미여관(二見旅館)·미에여관(三重旅館)·하야시야여관(林屋旅館)·다이쿄여관(大京旅館)은 경성역 앞, 히노모토여관(日の本旅館)은 용산역 앞, 나가사키야여관(長崎屋旅館은 한강통[漢江通]).

숙박 요금: 1박 2식(팁 폐지) 3원~7원.

○요리점

지요모토(千代本)·교키쿠(京喜久)·지토세(千歳)·하쿠스이(白水)는 욱정(旭町), 가게쓰(花月)는 본정(本町), 남산장(南山莊)은 서사헌정(西四軒町) 등(이상 일본요리). 명월관(明月館)은 돈의동(敦義洞), 식도원(食道園)은 삼각정(三角町) 등(이상 조선요리), 금곡원(金谷闘)은 장곡천정, 봉래각(蓬萊閣)은 북미창정(北米倉町), 아숙원(雅叔園)은 황금정(黃金町) 등(이상 중국요리).

○유곽

신정(新町)·미생정(彌生町).

87 장곡천정(長谷川町)은 현재 중구 소공동 일대의 일제강점기 때 명칭이다. 1914년 4월 1일 경성부 구역 획정에 따라 이 명칭이 시작되었는데, 1904년 러일전쟁 당시 조선군 사령관이었던 하세가와 요시미치(長谷川好道)가 거주했던 것에서 유래한다. 1946년 10월 1일 일제식 지명을 지명으로 바꿀 때 소공동으로 개칭되었다. 이하, 본서에서 경성 지명은 『서울지명사전』(서울특별시사편찬위원회[현 서울역사편찬원], 2009)를 참조.

- 전차를 이용하는 경우: 정거장(도보) → 상공장려관 → 남대문(도보) → 조선신궁(도보) → 남산공원(도보) → 은사과학관(恩賜科學館) → 영락정(永樂町, 전차) → 창덕궁 → 창경원(점심, 전차) → 파고다공원(전차) → 총독부 → 경복궁(도보) → 미술품제작소(도보) → 조선은행(저녁 식사 후에 본정[本町]의 야경).
- 자동차를 이용하는 경우: 정거장 → 상공장려관 → 남대문 → 조선신궁 → 남산공원 → 은사과학관 → 미술품제작소 → 총독부 → 경복궁 → 파고다공원 → 창경원 → 중앙시험소 → 장충단·박문사(博文寺)[88] → 청량리(이진[李晋][89] 전하 능) → 임업시험소 → 장충단(奬忠壇)[90]에서 돌아와 저녁 식사 후에 본정 야경.
- 유람자동차: 경성 시내의 명소와 옛 유적지를 모두 주유할 수 있는

88 1932년 장충단공원 안에 세운 이토 히로부미(伊藤博文)을 추모하는 사찰이며, 명칭은 이토의 이름 '히로부미(博文)'에서 따온 것이다. 이 절은 이토의 23주기 기일인 1932년 10월 26일에 완공되었는데, 그 건축에는 광화문의 석재, 경복궁의 선원전과 남별궁의 부속 건물과 재료들이 투입되었으며, 경희궁의 정문인 흥화문을 이전하여 정문으로 삼았다. 제국주의 선전장이었으며, 이토를 비롯해 송병준·이완용 등의 위령제가 열리기도 한 친일 반민족의 장소이기도 하다. 대한민국 수립 이후 철거되었고, 부속 건물은 한국전쟁으로 파괴되었으며, 현재 그 터로 여겨지는 자리는 신라호텔 영빈관이 들어서 있다.

89 이진(李晋, 1921-1922)은 대한제국 황태자였던 영친왕의 장남으로 이구(李玖)의 형이다. 순종 황제 생전에 출생한 왕세손이었으나, 탄생 후 1년도 안 되어 병으로 사망했다.

90 장충단(奬忠壇)은 을미사변 때 피살된 시위연대장 홍계훈, 궁내부대신 이경직을 기리기 위해 고종황제가 건축한 제단이지만, 1919년 조선총독부가 항일의 상징적인 장소라고 하여 1919년 장충단 자리를 공원으로 변경하였다.

유람 승합자동차의 이용은 시간과 비용에서도 편리하다. 여성 안내인이 동반하여 명쾌하고 친절하게 설명해 준다.

- 발차 장소: 경성역 앞, 장곡천정 조선은행 옆.
- 사용 자동차: 16인승 전망식 고급차.
- 요금: 대인 2원 20전, 소인 1원 50전(단체 10인 이상 10% 할인).
- 발차 시각: 오전 8시, 오후 1시(겨울에는 오전 9시 30분 1회).
- 유람 소요 시간: 약 4시간.

○ 경성역(京城驛)

경성의 현관으로서 1일 약 1만 명이 드나드는 경성역은 옛 성벽인 남대문의 바깥인데, 북쪽에는 경성의 중심 시가지이고, 남쪽으로는 용산 시가지를 끼고 있어서 마치 옆으로 누워있는 표주박의 매듭에 해당한다.

역의 청사는 르네상스식의 석재 벽돌과 철근콘크리트를 병용한 건축으로 바깥쪽은 2층, 승강장 쪽은 3층 구조로 세웠고, 2층의 오른쪽에는 사무실, 왼쪽에는 식당을 배치하였으며, 플랫폼 쪽으로는 한 층을 내려가는 것으로 되어 있다. 약 3년의 시간과 140만 원의 경비를 투입한 동양 유수의 큰 역이다.

○ 상공장려관(商工奬勵館)

남대문의 왼쪽에 보이는 벽돌로 세워진 웅장한 건물이 바로 이것으로 총독부 식산국(殖産局)이 관리하고 있으며, 주로 조선의 생산품을 진열하고, 참고품으로 진열하고 있는 일본제품에 관한 질의응답, 생산품에 관한 조사 등의 의뢰에도 응대하고 있다. 조선 생산계의 일반을 알고 싶거나 또는 상품의 판매 확장을 모색하고 있는 사람이 반드시 방문해야 할 곳이다.

○남대문(南大門)

원래 명칭은 숭례문(崇禮門)이라고 하며, 주변의 당당한 서양식 건축물의 한가운데에서 홀로 500년의 이끼를 덮은 채 엄연하게 동양 예술의 정화를 보여주듯 우뚝 서 있다. 대문은 경성의 8개 성문 중의 하나인 동대문과 함께 꽤 웅장한 것이지만, 동대문보다는 기교와 정교성이 한층 뛰어나고, 연대도 약간 오래되었다.

○조선신궁(朝鮮神宮)

남대문에서 산 쪽으로 향하는 아스팔트 표참도(表慘道)의 384단으로 이루어진 돌계단을 올라가면 정면에 높은 관폐대사(官弊大社) 조선신궁의 가쓰오기(勝男木)[91]를 볼 수 있다. 제신은 아마테라스 오카미(天照大神)와 메이지천황(明治天皇)으로 황공하게도 두 영령을 반도 진호(鎭護)의 주신으로 받들고 있는 것이다. 신사 앞의 외원(外苑)은 원래 한양공원으로 세 방향이 트여있어 전망이 좋고, 시가지가 발아래 펼쳐져 있으며, 청량리의 숲과 한강의 장류도 지호지간과 같이 조망할 수 있는 더없이 빼어난 곳이다.

91 '가쓰오기(かつおぎ)'는 신사 본전 등의 마룻대 위에 옆으로 걸쳐놓은 원주형 장식 나무를 말함.

○남산공원(南山公園)

신궁의 외원(外苑)에서 노송 아래쪽으로 뚫려있는 이참도(裏慘道)를 내려가면 길은 자연히 남산공원으로 이어진다. 이 주변 일대의 질푸른 소나무가 고아하게 가지를 늘어트려 슬슬 거닐며 돌아다니기에는 최적지인데, [주변에는] 텐만구(天滿宮), 경성신사(京城神社), 갑오전승기념비(甲午戰勝記念碑), 은사과학관 등이 있다.

○본정(本町)

남산 기슭에까지 뻗친 경성에서 가장 번성한 지역으로 양측에는 일본인이 운영하는 큰 상점들이 늘어서 있고, 그 거리의 폭이 좁아 사람들로 천을 엮듯 왕래하는 사람들이 많은데, 오사카(大阪) 신사이바시(心斎橋) 거리를 방불케 한다. 1정목(丁目)[92]에서 5정목에 걸친 긴 본정 거리의 북쪽 끝은 유곽이 있는 신정(新町), 남쪽 끝에는 조선은행 앞의 대광장이 있고, 이 광장에서 욱정(旭町)·남대문통·장곡천정·본정의 크고 작은 가로(街路)가 방사형으로 뻗어 있다. 또한 이 부근에는 우편국, 조선은행, 상업은행, 상공회의소, 조선호텔, 미쓰코시(三越), 조지야(丁字屋) 등 경성 시내에서 굴지의 대건축물이 옹립해 있어 시가지의 미관이 구미 도시와 비교해 보아도 부끄럽지 않다.

92 일본어로는 '초메(丁目)'라고 하는데, 지역을 구분하는 단위로서 번지보다 크게 구분하여 숫자를 붙여서 거리의 명칭으로 부른다. 본서에서는 편의상 한자의 한글음을 사용한다.

○ 조선호텔

장곡천정의 높은 지대에 우뚝 서 있는 조선호텔은 객실 수가 약 80개 정도, 식당·주점·연예실·독서실 등의 설비가 완전한 동양 유수의 큰 호텔로 요금도 매우 저렴하다. 호텔 대지는 환구단(圜丘壇)이라고 불리는데, [이는] 고 이왕 전하 즉위의 큰 행사를 거행했던 유서 깊은 곳으로 당시 유물의 하나이다. 단청을 칠한 일화루(一畫樓)[皇穹宇]를 중앙에 배치하여 만들었고, 숲과 샘물로 이루어진 정원의 아름다움은 여정을 편안히 풀기에 충분하다.

○ 덕수궁(德壽宮)

경성부 청사의 왼쪽에 대한문(大漢門)이라는 현판이 걸린 큰 적색의 대문이 바로 그것이다. 원래 경운궁이라고 불렸고, 고 민후(閔后)[93]의 저택이었지만 이전에 고 이태왕(李太王) 전하[94]가 러시아 공사관으로 잠행한 이후 정궁(正宮)을 이곳으로 옮겨 덕수궁이라고 칭하였는데, 약 9년간 반도의 정부 기관으로서 권력 발동의 근원이었다. 궁내의 서양식 석조전은 황족 등이 방문하였을 때 숙소 등으로 사용했던 곳이다.

○ 경성방송국(JODK)

덕수궁의 뒤쪽에 하늘 높이 솟아 있는 2개의 철탑이 서 있는 곳이 경성방송국으로 조선 특유의 방송은 듣는 사람들을 즐겁게 하고 있다.

93 명성황후를 말함.

94 고종을 말함.

○미술품제작소(美術品製作所)

태평통(太平通)에서 종로통(鍾路通)에 가까운 곳에 있다. 금·은·옥석 등을 조선풍으로 꾸민 것과 필지(筆紙)·문구·가구 등 조선 특유의 것을 진열·공개함과 동시에 일반에게 판매하고 있다.

○경복궁(景福宮)

조선 태조가 개성에서 경성으로 도읍을 옮겨 백악(白岳) 남쪽 기슭에 처음으로 궁전을 세우고 경복궁이라고 칭하였다. 당시에는 넓고 크며 매우 아름다워 상당히 장엄한 것이었는데, '분로쿠의 역(文祿の役)'[임진왜란] 때 일본군의 입성에 앞서 난민(亂民)에 의해 불태워진 후, 약 270년간 버려진 폐궁처럼 되어 초목이 무성한 채로 있었다. 이에 섭정 대원군이 궁중의 관청이 매우 보잘것없음을 한탄하여 재건을 꾀하였고, 1867년에 준공하기에 이르러 다시 왕궁이 되었다. 그 후 1896년 이태왕이 러시아 공사관으로 잠행했을 때 다시 폐궁이 되었고, 근정전(勤政殿)·사정전(思政殿)·경회루(慶會樓) 등의 주요 건축이 남아 현존하고 있으며, 다른 것들은 이전(移轉) 또는 철거되어 지금에 이르고 있다. 당시의 궁전은 주위 약 30정(丁)[3.27㎞]의 큰 성벽으로 둘러싸여 있었으며, 대지의 면적은 13만 평에 달하였고, 정문은 광화문이라고 칭하는데, 지난해 동쪽으로 이축되어 지금도 엄연하게 옛일들을 말해주고 있다. 높은 용마루의 근정전은 조현(朝見)[95]의 대례를 거행하는 곳으로 뒤쪽의 경회루와 함께 조선시대 말기 대표적 건축의 하나이다.

95 신하가 조정에 나아가 임금을 뵙는 일을 이르던 말.

○조선총독부 박물관(朝鮮總督府 博物館)

경복궁의 구내에 있다. 낙랑(樂浪)·삼한(三韓)의 발굴물, 신라시대의 불상·왕관, 고려시대의 도자기·서화 등을 진열하고 있다(입장료 1인 5전, 월요일 휴관).

○조선총독부(朝鮮總督府)

광화문통의 정면에 화강암으로 만들어진 장대한 하얀색의 건물은 반도 통치를 총괄하는 곳으로 630여만 원을 투입하여 10년의 세월을 거쳐 완성한 것이다. 청사의 현관·복도·회의실 등은 색채가 아름다운 조선산의 대리석으로 장식하였고, 특히 대형 홀의 벽화는 와다 산조(和田三造)[96] 화백이 그린 내선융화(內鮮融和)를 대표하는 신화가 그려져 있는데 대단한 걸작이다.

○보신각(普信閣)

남대문통과 종로통 사거리의 남쪽 끝에 하나의 조선식 누각이 바로 이것이다. 안에 있는 거종(巨鐘)은 높이 1장(丈)[3.03m], 둘레 2장[6.06m] 정도인데, 지금으로부터 440여 년 전인 1789년(정조13)에 주조된 것으로 남대문 누각 위에 두고 아침저녁으로 각 성문의 개폐 시각을 알려주는 것으로 이용하고 있었다고 한다. 종로통은 경성부 내에서 가장 번화한 조선거리로 조선시대에는 관상들의 가게가 즐비하게 늘어서 있는 가장 큰 거

96 와다 산조(和田三造, 1883-1967)는 근현대 일본의 화가로 제국미술원의 회원이었다. 1953년 '지옥문(地獄門)'이라는 영화에서 색채와 의상 디자인을 담당하였고, 이 작품으로 1954년 제27회 아카데미상에서 디자인상을 수상하기도 했다.

리였다고 전해지고 있다.

○파고다공원

보신각의 동쪽에 파고다공원으로 불리는 탑동공원(塔洞公園)이 있다. 이곳은 원래 대원각사(大圓覺寺)의 터였는데, 공원 안에는 유명한 13층의 한수석탑(寒水石塔)이 있다. 탑은 원각사 건립과 함께 고려의 경천사(敬天寺) 석탑을 모방하여 세운 것으로 주위의 한 면에는 불상 등을 조각하였고, 석질과 기교 모두 희귀한 일품이다.

○창덕궁(昌德宮)

종로 거리에서 왼쪽으로 멀리 보이는 돈화문(敦化門)은 이태왕비 전하가 계신 창덕궁이다. 궁은 조선 태종이 1405년(태종5)에 이궁(離宮)으로 세운 것으로 그 후 여러 차례 화재를 입었는데, 지금의 건물은 '분로쿠의 역(文祿の役)'[임진왜란] 후에 재건한 것이다. 정문인 돈화문으로 들어가면, 오른쪽에 이왕직(李王職), 왼쪽에는 인정전(仁政殿)에 이어서 선정전(宣政殿)이 있고, 궁궐 깊은 곳에는 일상의 거처로 사용되는 대조전(大造殿)이 있는데, 이곳은 보통 일반에는 개방하지 않는다.

○창경원(昌慶苑)

이왕가(李王家)가 경성의 부민(府民)을 위하여 정원 일부를 개방한 것으로 원내에는 박물관과 동·식물원 등의 설비를 갖추고 있으며, 지금은 사계절 경성 부민들의 유일한 오락 지역이 되고 있다. 이곳은 원래 수강궁(壽康宮)이라고 불렀던 궁지로서 정문을 들어가면 마주하는 곳에 명정전

(明政殿)이 있다. 고려 말기의 건물로 전각이 동쪽을 향해 세워져 있다는 점, 경성 최고의 건축물이라는 점에서 옛 유물과 유적을 연구하는 취미가들의 주의를 끌고 있다. 명정전 부근의 이곳저곳에 산재해 있는 몇 동의 옛 건물터에는 박물관과 함께 신라 이래의 옛 기물(器物)·불상·무구·서화 등 반도 고금 문화의 일단을 엿보는데 충분한 자료들을 진열하고 있다. 동물원·식물원은 모두 다양하고 진기한 동식물을 모아놓고 있으며, 특히 동물원에서는 하마가 유명하다. 숲과 샘물의 아름다움으로 알려진 비원(祕苑)은 식물원에서 안쪽 배후에 있는 응봉(鷹峰)의 기슭으로 구릉이 구불구불 이어져 있고 수령이 많은 나무들의 녹음이 짙으며, 산뜻한 단청의 누각과 정자들이 그 사이 사이에 산재해 있어 실로 유수의 경지를 이루고 있다. 비원은 이왕직의 허가를 받으면 목요일을 제외하고 매일 관람이 가능하다.

○경학원(經學院)

창경원 앞에서 북쪽으로 약 5·6정(町)의 거리에 있다. 경학원은 문묘(文廟)를 중심으로 유림의 학당(學堂)이고, 묘(廟)에는 공자를 주좌로 하여 안자(顔子)·사자(思子)·증자(曾子)·맹자(孟子) 등의 성철을 제사하고, 명륜학원(明倫學院)이 부속되어 있다. 조선 태조가 창건하였으며 건물은 화재로 인해 개축하였지만, 역대 전사(典祀)를 끊임없이 지내고 있었는데, 지금도 봄가을 2회에 걸쳐 거행되는 제전(祭典)은 조선 연중행사의 하나가 되고 있다. 가장 고전적인 조선 고악(古樂)이 이곳에만 전해지고 있다.

○경성제대(京城帝大)

경학원에서 동대문으로 나가는 새로운 도로의 양쪽에는 경성의 학교 거리로 경성제대·고등상업·의전(醫專) 등의 여러 건물이 늘어서 있다.

○동대문(東大門)

남대문 다음으로 장려(壯麗)한데, 대문의 성 밖에는 유명한 조선 시장과 관우(關羽)를 제사 지내는 동묘(東廟) 등이 있다.

○장충단공원(奬忠壇公園)

남산 북쪽 기슭에 푸른 소나무가 무성하고 시냇물이 흐르는 곳이 있는데, 언덕이 있어서 시가지를 벗어난 한적한 공원으로 봄가을철에는 많은 시민들이 방문하여 산책하고 있으며, 고 이토(伊藤) 공의 보리사(菩提寺)인 박문사가 있다. 이곳에서 언덕 하나를 넘어가면 거리로 나가는데, 바로 유곽이 있는 신정이다. 여기서 대화정(大和町) 안쪽의 남산 기슭으로 더 가면 1894년경 오토리(大鳥)[97] 공사가 한국 조정의 중신과 회동하여 시국에 대해 상의를 거듭했던 산장의 노인정이 있다.

○독립문(獨立門)

의주통(義州通)에 있는 이 석문은 청일전쟁(日淸戰爭)의 결과로 조선이 독립국이 되어 중국의 속박에서 완전히 벗어난 것을 기념하여 세운 것이다.

97 원문에는 '오시마(大鳥)'라고 표기되어 있으나 '오토리(大鳥)'의 오기이다.

○박문사(博文寺)

고 이토 히로부미(伊藤博文) 공의 덕풍(德風)을 존경하여 우러르고 혁혁한 권업(勸業)을 오랫동안 후세에 전함과 동시에 공을 추복(追福)하기 위해 공과 연고가 깊은 장충단공원 송림의 경승지에 세워진 가마쿠라시대(鎌倉時代) 풍의 가람(伽藍)이다. 그 건축 양식은 절로서는 유례가 없는 철근콘크리트 2층 구조물로 굉장한 것이다. 총공사비 27만여 원이 들었고, 본당 정면에 걸려 있는 춘무산(春畝山)의 편액은 이왕 전하의 휘호(揮毫)이다.

○용산(龍山)

용산은 경성역에서 남방 일대 시가지의 총칭이며, 또한 구 용산과 신 용산 두 개의 구역으로 나누어 불리고 있다. 경성역에서 출발한 전차가 연병정(練兵町)에서 갈라지는데, 오른쪽 노선은 구 용산 시가를 관통하여 한강의 강기슭으로, 직진하는 선은 신 용산을 관통하여 한강 인도교의 중앙까지 이르고 있다. 전차의 분기점인 연병정 일대는 '분로쿠의 역(文祿の役)'[임진왜란] 때 가토 기요마사(加藤清正)가 진을 쳤던 곳이며, 지금의 육군 창고 주변은 식량창고가 있던 곳이다. 구 용산 시가는 옛날부터 배를 대던 용산진(龍山津)으로 번창했던 곳이며, 그곳에는 도서인쇄회사(圖書印刷會社), 경성전기회사(京城電氣會社)의 발전소, 가스 돔, 효창원(孝昌園), 미생정 유곽(彌生町遊廓)[98] 등이 있다. 신 용산은 1904년 경의철도(京義鐵道)의 출발점이 된 이래로 철도의 여러 기관을 비롯해 주택 등이 이곳에 들어섰

98 '미생정 유곽(彌生町遊廓)'은 원래 '도산유곽(桃山遊廓)'으로 불렸는데, 1906년에 하타야에몬(畑彌右衛門)의 주도로 조성된 곳이다. 1914년 시구(市區)의 개정으로 명칭이 미생정(彌生町)으로 바뀌면서 미생정유곽(彌生町遊廓)으로 명칭이 변경되었다.

다. 지난날 모래사장이었던 곳이 순식간에 시가지로 바뀌었고, 후에 육군에서 여러 관아를 설치함에 따라 더 한층 발전을 보이고 있는데, 현재는 역사 깊은 구 용산의 번영을 능가하는 성황을 보여주고 있다. 이쪽에는 군사령부와 사단·여단 사령부, 보병 제78·79연대, 철도국, 철도공장, 용산역, 총독 관저(특별한 경우에 사용) 등이 있다.

○한강(漢江)

한강은 조선 5대강의 하나로서 경성의 남쪽 교외를 환류하고 있다. 상류의 충주에서는 경기의 농산물, 하류의 인천에서는 바다의 산물을 경성에 반입하는 조선 선박의 수로로 이용되고 있으며, 경부 가도의 교통에 편리한 인도교도 부설되어 있다. 이 다리에서 구 용산 강기슭에 걸쳐 있는 강줄기는 봄과 여름에 투망을 던진다거나 낚시, 또는 뱃놀이에 적합하며 겨울에는 호쾌하기 그지없는 스케이팅의 활주장이 되고 있다.

○청량리(淸凉里)

경성의 동남쪽 바깥을 우회하는 경원선(京元線) 청량리역 부근의 총칭으로 동대문에서 전차 편이 있다. 이 부근 도로의 양쪽에는 수양버들 나무가 가지를 늘어트리고 있으며, 기복이 있는 구릉에는 소나무가 무성하여 그 시원시원함이 실로 청량(淸凉)이라는 이름에 거슬리지 않고, 산책하기에 쾌적한 곳으로서 제국대학 예과, 임업시험소(林業試驗所), 농업학교, 청량사(淸凉寺) 등이 있다. 도로에 접한 곳에서 왼쪽으로 꺾어 조금 들어가면 소나무 숲 가운데 진(晉) 전하의 능묘가 있다.

○동구릉(東九陵)

청량리에서 춘천 가도로 나아가 망우리 고개를 지나서 왼쪽으로 꺾어 10정(丁)[1.09㎞] 정도 가면 구릉산(九陵山) 산허리의 노송이 울창한 곳에 조선 태조 이하 7왕 2비의 능묘가 있다. 부근의 계곡물은 그늘에서 잔잔히 소리를 내어 자못 그윽하고 심오한 경지를 만들어 내고 있다.

○금곡릉(金谷陵)

동구릉에서 춘천 가도를 따라 2리[7.85㎞] 정도를 가면 금곡릉에 이른다. 고 이태왕과 왕비의 능묘로 경성에서는 춘천행 승합자동차로 도중까지 이용할 수 있다.

○우이동

동대문에서 2리[7.85㎞] 정도인데 철로로는 경원선을 이용하면 창동역에서 30정(町)[3.27㎞] 정도의 거리이다. 뒤쪽으로는 북한산의 준봉을 등지고 있으며, 기이한 바위와 이곳저곳의 계곡에는 잔잔하게 흐르는 물이 있어 뛰어난 경치를 만들고 있다. 홍양호(洪良浩)라는 사람이 은거했었던 거의 사람이 살지 않는 곳으로 홍 씨가 일본에서 옮겨 심었던 벚나무로 인해 벚꽃의 명소가 되어 벚꽃이 피는 계절에는 경성 시민들이 술병을 들고 벚꽃놀이를 위해 찾아오는 사람들이 많다.

○망월사(望月寺)

경원선의 창동과 의정부 사이에 있는 망월천(望月川)의 임시정거장에서 개천을 따라 작은 길을 약 30정(丁)[3.27㎞] 정도 올라가면, 도봉산의 험준하게 우뚝 선 암석 바로 아래쪽의 뛰어난 경승지에 망월사가 있다. 가는 길 30정의 산길이 즐겁지만은 않지만, 경치 좋은 계곡물을 따라 올라가기 때문에 그 산수의 아름다움에 황홀해져 고통을 잊을 정도이다. 경성에서 봄가을에 하루 정도 교외로 산책하기에 아주 좋은 지역이다.

○마포(麻浦)

한강 5개 나루터 중의 하나로 가옥은 1,000여 채가 있으며 조선인을 위한 일용물자의 출입이 활발한 상업지역이다. 건너편 언덕에는 율도(栗島)의 백사장이 이어져 있고, 초록빛의 버드나무가 운치 있게 보이는 경승지로서 부근 일대는 배를 타고 투망과 낚시를 하기에 아주 좋다.

○봉산공원(鳳山公園)

한강 인도교 건너의 맞은편 산언덕에 만들어진 것으로 공원으로서의 설비는 아직 완비되어 있지 않지만, 봄에 벚꽃이 필 무렵부터 여름에 걸쳐 방문하는 시민들이 많고, 산으로 이어진 한강신사(漢江神社)의 높은 곳에서는 남산의 동남쪽 기슭과 서빙고(西氷庫) 주변을 전망할 수 있어서 그 조망이 대단히 좋다. 다리가 끝나는 지점에 있는 높은 굴뚝은 인천 수도(水道)의 수원지이고, 그 서쪽에는 연료시험소가 있다.

○세검정(洗劍亭)

경복궁의 뒤쪽 북문에서 언덕을 북쪽으로 약 10정(町)[1.09㎞] 정도 내려가 시냇물이 급류를 이루는 가파른 언덕에 세워져 있다. 이귀(李貴)[99]·김류(金瑬)[100] 등의 지사가 광해군을 폐하고, 인조를 옹립하려고 이곳에 모여 군의(軍議)를 함께했던 곳으로 세검정이라는 것은 당시 의사(義士)들이 피를 내어 조금씩 마신 후 칼을 갈았던 것에서 유래한다고 한다. 또한 이 부근에는 백불(白佛)[101]·홍지문(弘智門)·칠간수(七間水)[102] 등 볼만한 곳이 있다.

○북한산(北漢山)

경성의 북쪽으로 검을 세워 열을 지어놓은 것과 같은 준령들이 바로 북한산으로, 경성의 독립문에서 산성(山城)의 서문까지 약 4리[15.71㎞]에 걸쳐 있다(세검정에서 등반하는 길도 있음). 산은 경성의 진산(鎭山)으로 삼한시대부터의 역사를 지니고 있으며, 조선시대는 진성(鎭城)을 두었고, 그 성벽

99 이귀(李貴, 1557-1633)는 조선시대 이조참판, 대사헌, 좌찬성 등을 역임한 문신. 1592년 임진왜란 때 의병을 일으켜 평양으로 피신한 선조에게 방어책을 상소하였으며, 도체찰사 유성룡을 도와 군사와 병량미를 개성으로 운반하여 한성을 탈환하는 데 기여했다. 1626년 병조·이조의 판서가 되기도 했으나, 동년 김장생과 함께 인헌왕후의 상을 만 2년으로 할 것을 주장하다가 탄핵을 받아 벼슬에서 물러났다.

100 김류(金瑬, 1571-1648)는 문신으로 임진왜란 때는 복수소모사(復讐召募使) 김시헌(金時獻)의 종사관으로 호서·영남 지방에서 활약하기도 하였으며, 인조반정 때에 공을 세워 정사공신이 되었다. 1636년 병자호란 때 영의정으로서 주화파와 함께 청국에 대한 항복에 주도적 역할을 했고, 시문에도 뛰어나 공경(公卿)의 비문을 많이 썼다. 저서로는 『북저집(北渚集)』이 있다.

101 현재 서대문구 홍제천 개천가의 옥천암(玉泉庵) 보도각(普渡閣)에 있으며, 바위에 조각하여 백색을 칠한 마애보살좌상을 말한다.

102 '간수(間水)'라는 것은 물이 빠져나가는 통로를 의미하는데, 원문에는 '칠간수'로 되어 있어 그대로 번역하지만, 원래 홍지문에는 오간수(五間水)가 설치되어 있다.

은 지금도 또한 이곳저곳의 산꼭대기를 통과하고 있다. 산중에는 이궁(離宮), 중흥사(重興寺)[103] 터와 동장대(東將臺)[104]·만경대(萬景臺)[105] 등의 망루터도 있다.

○ 벽제관(碧蹄館)

의주통에서 4리[15.71㎞] 정도 떨어진 고양읍(高陽邑)에 있다. '분로쿠의 역(文祿の役)'[임진왜란] 때에 명장 이여송(李如松)과 고바야카와(小早川) 군대가 일전을 치렀던 옛 전장으로 당시의 벽제관은 나중에 지은 것인데, 문에 걸려 있는 벽제관이라는 현판은 당시의 것이라고 한다.

2. 인천(仁川)

• 경성역에서 38.9㎞. 기차 요금 2등석 1원 10전, 3등석 61전.

인천은 불과 50여 년 전까지 제물포(濟物浦)라고 불리는 황해안의 작은 어촌 마을에 지나지 않았다. 대원군 섭정 시기에 야소교(耶蘇教[천주교])를

103 중흥사(重興寺)는 고려 후기 승려 보우가 중수한 사찰로 창건연대는 알 수 없고, 임진왜란 이후 북한산에 위치한 여러 절의 승군을 관장하도록 승영(僧營)을 설치하여 승대장(僧大將) 1인을 임명하고, 팔도도총섭(八道都摠攝)을 겸임하게 하였다. 1915년에 홍수로 무너졌으나, 2005년부터 불사를 새로 시작하여 2012년 대웅전, 2017년에는 만세루(萬歲樓)와 전륜전(轉輪殿), 2018년에는 도총섭(都摠攝) 등이 완공되면서 옛 모습을 거의 갖추었다.

104 수비하는 장수가 높은 곳에서 지휘할 수 있도록 산성 동쪽에 만들어 놓은 대(臺).

105 북한산 봉우리의 이름.

엄금하여 신도 12만 명을 박해[106]함으로써 프랑스와 대립하기에 이르렀고, 프랑스의 군함 7척이 그 잘못을 따지기 위해 이 지역의 외항에 내습하였다. 또한 1871년 양각도(羊角島)의 한 곳에서 다시 미국 함대가 잘못을 따지기 위해 전후 2회에 걸쳐 내습하였다. 다음으로 1875년에는 우리[일본] 운요함(雲揚艦)의 '함포사격사건'으로 국제적으로도 중요한 지위를 점하였고, 1883년에 비로소 개항장이 되었다. 그 후 인천 항구 바깥쪽 풍도(豊島) 앞바다의 해전을 도화선으로 청일전쟁의 막이 열렸으며, 러일전쟁 때에는 러시아 전함 2척이 외항에서 격침되는 등 더욱 유명해지면서 점차 번영하게 되어 지금의 융성을 보게 된 것이다.

인천은 부산과 원산 다음으로 오래된 개항장으로서 그 지위가 마치 도쿄(東京)와 요코하마(横濱)의 관계와 비슷하여 경성의 인후(咽喉)라고 할 수 있으며, 항구 안에는 월미도(月尾島)가 옆으로 튀어나와 있고, 항구 바깥에는 영종(永宗)·용유(龍游)·자월(紫月)·무의(舞衣)·영흥(靈興)·대부(大阜) 등의 여러 도서가 늘어서 있어 자연스럽게 아주 큰 만(灣)의 형태를 이루고 있다. 항구 내에서 조수 간만의 차가 30피트(呎)[9.14m]에 이르는 결점이 있지만, 이를 갑문식(閘門式) 축항의 건설로 보완하였고, 황해도를 넘어 중국 중부의 제 항구와 마주하고 있어 지형상 아주 적당한 위치를 점하고 있기 때문에 대중국 무역은 반도의 개항장 중에서 첫 번째의 자리를 차지하고 있다.

인천은 삼면이 바다에 접해 있고, 한쪽은 구릉에 의지하여 시가를 형성하고 있다. 시가지의 도로는 활모양의 가로선을 그은 형태로 구획되어

106 1866년부터 1871년까지 이루어졌던 천주교 신도에 대한 박해(丙寅迫害)를 말함.

좁고 길게 발달해 있으며, 세로선의 도로는 경사가 급하게 해안에 연결되어 있기 때문에 해상에서 바라보는 시가지는 이것 이상이 없을 정도로 아름답다. 해안선을 따라 형성된 시가에는 무역상이 많고, [경성의] 본정통(本町通)과 비슷한 궁정(宮町)이 번화가의 중심을 이루고 있으며, 또한 정거장에 가까운 중국인 거리(支那町) 일대는 또 다른 색채를 가지고 번창해 있다.

- 인구: 6만 8,189명(일본인 1만 1,276, 조선인 5만 5,377, 외국인 1,536).
- 관공서·은행·회사: 부청(府廳), 지방법원지청, 세관, 관측소, 체신국 해안출장소, 우편국, 경찰서, 검역소, 중화민국영사관, 조선은행 지점, 조선우선회사(朝鮮郵船會社) 지점, 오사카상선회사(大阪商船會社支店) 지점, 미쓰이물산회사(三井物産會社) 출장소 등.
- 인천의 교통: 인천과 경성 간에 기차가 있어서 약 1시간이 소요되며, 1일 13회, 왕복 약 1시간마다 운전하고 있다. 또한 항로는 인천-즈푸(芝罘)-다롄(大連)-칭다오선(青島線), 부산-상해-칭다오-인천선, 신의주-인천-일본 각 항에 이르는 선, 인천-목포선, 인천-진남포선, 기타 근해로 정기 운항하는 선박이 있다.
- 교통비: 자동차, 택시 80전.
- 인천항 수출입액(1932년도): 수이출(輸移出)은 4,419만 5,000여 원이고, 주요 품목은 쌀·대두·어류·엽연초·소가죽·철광류·쌀겨(糠). 수이입(輸移入)은 5,966만 2,000여 원이고, 주요 품목은 소맥분·사탕·맥주·엽연초(葉煙草)·석유·기계유·옥양목(金巾)·면포·마포(麻布)·인쇄지.
- 시내 관광 순서: 인천역 → 서공원(西公園) → 동공원(東公園) → 선거(船

渠)[107] → 월미도(月尾島) → 조탕(潮湯)[108] → 인천역. 자동차를 이용하는 경우 소요 시간은 1시간, 요금은 4원이고, 도보로는 3시간 소요.

○ 서공원(西公園)

거류지회(居留地會)가 만든 시설로 시가지의 배경이 되는 구릉 위에 있다. 지금 이곳에는 러일전쟁의 기념으로 지요다함(千代田艦)의 돛대가 세워져 있다.

○ 동공원(東公園)

인천공원이라고도 말하는데, 공원 안에는 대신궁(大神宮), 금도비라신사(金刀比羅神社),[109] 덴만구(天滿宮)가 있다.

107 배를 건조, 또는 수리하기 위해 조선소나 항만 등에 건설한 설비로 독(dock)을 말한다.

108 '조탕(潮湯)'은 바닷물을 끌어들여 데워서 온천탕처럼 만든 시설이다. 1918년에 인천 축항이 준공된 후 갑문으로 밀려드는 토사를 방지하고, 육지와의 교통 편리를 위해 월미도에 둑길을 축조함과 동시에 철도 승객을 늘리기 위해 월미도에 유락 시설을 조영했는데, 이 무렵에 조탕을 만들었다. 옥외에는 해수 풀장을 설치하여 많은 인기를 끌었고, 이후 용궁각이란 요정과 비치 호텔을 증설하면서 전국에서 관광객들이 모여들었다고 한다.

109 일본어로 '고토히라신사(金刀比羅神社)'라고 하며, 본궁은 가가와현(香川縣) 나카타도군(仲多度郡) 고토히라쵸(琴平町)의 곤도비라궁(金刀比羅宮)이다. '대물주신(大物主神)'을 제신(祭神)으로 삼고 있는 신사로서 일본 전국에 존재하는데, 이것이 인천에 들어 온 것이다. 일본 에도시대(江戶時代)에 선박을 이용한 유통이 활발해지자 해운업자와 상인들에 의해 신불습합(神佛習合)에 의한 '금비라권현(곤피라곤겐[金毘羅権現])' 신앙이 일본 전역에 퍼졌지만, 메이지유신(明治維新) 때 신불분리 정책에 따라 불교적인 금비라권현 신앙은 폐지되고, '대물주신'을 제신으로 삼는 신도(神道)의 신사가 되었다.

○ 인천 선거(船渠)

동양 유일의 갑문식 선거로 길이 250칸[454.55m],[110] 폭 20칸[36.36m], 최소 수심이 27척(尺)[8.18m] 정도이며, 서쪽으로 면하는 90칸[163.64m]의 갑문 벽에 2개의 철제 갑문을 붙이고, 만조(滿潮) 때는 갑문을 열어 기선(汽船)을 출입시키며, 간조(干潮) 시에는 문을 닫아 독(dock)의 내부에 바닷물을 담아두는 설비로 독의 삼면에는 철도 인입선(引込線)을 부설하여 화물 취급에 편리하다. 원래 독은 약 7년의 기간과 566여만 원의 공사비를 투입하여 1918년 10월에 준공하였다. [그러나] 근년에 들어 좁고 협소하다는 점이 지적되어 항만 설비의 확장 공사를 시작하고 있다.

○ 월미도(月尾島)

시가지 서쪽 인천역의 뒤편에서부터 약 10정(丁)[1.09㎞]의 콘크리트 제방을 축조하여 이를 통해 육지와 연결되어 있다. 남쪽에는 소월미도(小月尾島)·팔미도(八尾島)를 조망할 수 있고, 항구 안 일원의 조망 또한 매우 아름답다. 팔미도 앞바다는 러일전쟁 때에 러시아의 코레츠호·바리야크호 2척의 함선을 격침한 곳으로 알려져 있고, 섬의 북쪽에는 조탕(潮湯)·유원(遊園)·별장·여관 등의 오락시설을 갖추어 유원지로서 봄부터 가을에 걸쳐 경인 지역의 많은 시민들이 찾아오는 곳이다.

110 1칸(間)은 6척(尺)으로 약 1.8m이므로 250칸은 약 450m이다. 이후 본서에서는 1칸(間)=1.8m, 1척(尺)은 약 0.3m의 단위를 기준으로 사용하며, 이후 환산식은 생략한다.

○ 조탕(潮湯)

월미도 오른쪽 끝의 작고 높은 언덕 위에 세워진 일본식과 서양식을 혼합한 건물로 계단 아래에는 남녀 2개의 대욕조를 갖추어 끊임없이 덥힌 해수를 분출하고 있으며, 계단 위에는 휴식과 오락실을 마련하고 무대와 매점 등이 설치되어 있다. 또한 본관의 뒤쪽에는 2개의 대형 풀장, 오른쪽 해안 절벽을 따라서는 순 일본식 대여 객실과 가족탕, 숙박객을 위한 여관부(旅館部)도 갖추고 있다. 뜨거운 여름 날씨가 되면 경인 지역의 많은 시민들이 월미도로 놀러 오는 것은 실로 이 조탕이 있기 때문이다.

○ 강화도(江華島)

한강의 하구에 가로놓여 있는 조선 5대 섬 중의 하나로 인천에서 매일 왕복하는 기선이 있다(기선 요금은 3등석 50전, 2등석 140전). 옛날에 방어사(防禦使)를 둔 곳으로 1875년 운요호를 포격한 것이 바로 이곳의 포대(砲臺)인데 지금도 그 터가 남아있다. 섬의 주읍인 강화는 옛날에 강도(江都)라고 칭하였는데, 고려 때 고조(高祖)[111]가 몽골의 병화를 피하여 일시적으로 이곳에 수부(首府)를 두기도 했던 곳으로 산간에는 고려시대의 홍릉(弘陵)·곤릉(坤陵)·석릉(碩陵) 등의 능묘, 그리고 전등사(傳燈寺)·적석사(積石寺) 등이 있다.

111 강화천도 시기 고려의 왕은 고조(高祖)가 아니라 고종(高宗)이다. 고종은 고려 제23대 왕으로 1212년(강종1)에 태자에 책봉되어 이듬해 즉위하였다. 1231년(고종18)에 몽골군의 침입이 시작되자 당시 고려조정은 무인집정이었던 최우(崔瑀)의 주도로 1232년(고종19)에 강화도로 천도하였다. 몽골의 침입은 1259년(고종46)까지도 계속되었고, 고종은 결국 개경으로 돌아오지 못한 채 강화도에서 생을 마감하였다. 강화도의 홍릉에 안장되었다.

3. 수원(水原)

• 경성역에서 41.7㎞. 기차 요금 2등석 1원 18전, 3등석 66전.

수원은 경성에서 기차로 약 1시간 거리에 있다. 읍내는 남쪽에 울창한 팔달산(八達山), 동북쪽에는 기복이 있는 광교산맥(光敎山脈)이 있고, 높이 20여 척(尺)의 성벽은 시가지를 둘러싸 동서남북 사대문을 통해 외부와의 교통을 이루고 있다. 성벽은 조선 정조 때인 1794년(정조18)에 공사를 시작해 3년의 시간을 들여 준공한 것으로 총 길이는 1만 3,200척(4㎞)에 달하고 있다. 시가지 부근에는 송림이 이어져 있고, 호수와 강물의 흐름이 풍부하기 때문에 예부터 '나무의 도시', '물의 도시'로 불렸으며, 반도에서는 드물게 보이는 경치가 아름다운 도시로 정조의 화성지(華城址)·서장대(西將臺)·연무대(練武臺)·방화수류정(訪花隨柳亭) 등의 유적이 지금도 남아 있다.

• 인구: 약 1만 2,888명(일본인 1,660, 조선인 1만 1,191, 외국인 36).
• 관공서·학교: 군청, 법원지청, 우편국, 자혜의원, 농사시험장, 잠업시험소, 수원목장, 고등농림학교, 동양척식회사출장소, 경동철도주식회사.
• 여관: 야마모토여관(山本旅館)·화성여관(華城旅館)은 역 앞, 기요미즈여관(清水旅館)은 성내.
• 교통비: 역과 읍내 간 승합자동차 10전. 인력거 30전, 시내 택시 60전.

○팔달문(八達門)

역에서 직로로 20정(町)[2.18㎞] 정도의 거리에 있고, 수원 성벽의 남쪽 출구에 해당하는 2층 누각의 누문(樓門)으로 읍내의 전경을 멀리 바라볼 수 있다.

○행궁(行宮)

팔달문에서 약 5정(丁)[0.55㎞] 정도에서 왼쪽으로 꺾으면 팔달산의 녹취를 배경으로 하나의 누각이 있다. 정조대왕의 행궁터인데 성벽 및 사루문(四樓門)과 함께 축조된 것으로 지금의 도립의원이 있는 곳이다.

○화령전(華寧殿)

정조대왕이 화산(華山)에 있는 부군(父君) 능묘를 일시적으로 옮겨 제사를 지냈던 곳으로 행궁에서 화령전에 걸친 일대는 무성한 노송에 둘러싸여 있으며, 봄에는 또한 그 무성한 푸른 잎들 사이로 왕벚나무의 반짝이는 아름다운 빛깔을 섞어내고 있다.

○화성장대(華城將臺)

팔달산의 정상에 있는 옛 망루터로 여기에서 보면 수원의 근교는 지호지간의 거리로 보인다. 지금 걸려있는 화성장대의 편액은 정조대왕의 친필이다.

○화홍문(華虹門)

읍내를 가로질러 화천(花川)을 낀 시장을 몇 정(町)정도 가면 화홍문에 이른다. 장안문(長安門)에서 창룡문(蒼龍文)에 걸쳐서 성벽이 개천을 가로지르는 곳에 7개의 수문을 설치하고, 그 위에 누각을 설치한 것으로 지난해 홍수 때문에 부서졌지만, 가까운 시일에 중수될 예정이다.

○방화수류정(訪花隨柳亭)

화홍문에 인접한 언덕 위의 누각이 바로 이것이다. 이 부근은 수원 경승지의 진수라고도 말할 수 있는 곳으로 팔달산의 녹취가 넘칠 듯이 충만해 있고, 대(臺) 아래에 있는 용두지(龍頭池)에는 붉은색을 칠한 정자의 붉은색 난간이 비치고 있으며, 왼쪽의 푸른 소나무의 나뭇가지 끝에서는 장안문의 용마루가 드높이 빛나고 있다.

○봉로대(烽爐臺)

창룡문(蒼龍門)의 남쪽을 따라 덩굴풀에 덮여있는 유적이 있다. 남쪽에서부터 차례로 5개의 화구를 내어 매일 저녁 1개의 횃불을 올려 동쪽은 용인군(龍仁郡)·석성산성(石城山城)·육봉(陸烽)에서 대응하고, 서쪽으로는 흥천대(興天臺)의 해보(海報)에서 대응하였으며, 나머지 4개의 화구는 수도[한성]가 위급할 경우에 쓰였던 것이다.

○서호(西湖)

역에서 서북쪽으로 몇 정(町)정도 거리에 있는 진녹색의 물이 가득한 긴 둑으로 막아 놓은 저수지로서 조선의 정조가 농민을 위해 건설한 것인데, 언제부터인가 서호(西湖)라고 불리게 되었다. 소나무 가로수 앞쪽에 물을 막는 방죽의 언덕 위에 있는 항미정(杭眉亭) 건물은 멋스러운 사람이 중국의 서호(西湖)를 본떠서 즐긴 취향이라고 전해진다.

○농사시험장(農事試驗場)

고갈된 반도 농산계(農産界)의 개량과 지도를 위해 총독부가 만든 시설로 파종과 이식, 토양의 연구, 시비(施肥)와 병해의 구제 방법, 특용작물·잠업·축산, 그리고 기타 일반 농업에 관한 제반의 설비는 견학할 만한 가치가 크다. 조선 내의 각지에 산재하는 지부와 시험장(支場)에는 원예·면작(棉作)·목장(말과 양) 등의 각기 사업도 망라하고 있다. 부속되어 있는 장내에는 여자잠업강습소·잠업시험소·고등농림학교가 있다.

○화산(華山)

역에서 남쪽으로 2리[7.85㎞]에 있고, 자동차 편도 있지만, 다음 역인 병점(餠店) 쪽에서 더 가깝다. 우뚝 솟아있는 소나무가 울창하게 산의 전역을 덮어 반도에서 드물게 볼 수 있는 좋은 산림을 이루고 있으며, 소나무 숲속에는 건릉(健陵)[112]과 이왕가(李王家)의 보리사(菩提寺)인 용주사(龍珠寺)가 있다.

4. 성환(成歡)

• 경성역에서 85㎞. 기차 요금 2등석 2원 38전, 3등석 1원 32전.

112 건릉(健陵)은 정조대왕과 왕비 효의왕후 김 씨의 능이다.

성환(成歡)은 1894·95년의 청일전쟁 때 오시마여단(大島旅團)이 청군을 격파하여 이 전쟁의 기록으로 첫 페이지를 장식한 옛 전쟁터이다. 경성에서 기차로 약 2시간에 갈 수 있다. 역의 배후에 늘어선 구릉은 청군이 포열을 두었던 월봉산(月峰山)으로 지금은 참외의 본고장으로 알려진 것 이외에는 특히 일반에게 주의를 끌고 있지는 않지만, 전장의 자취를 방문하는 것을 겸하여 가까운 성환 목장 주변을 산책하는 것은 경성에서 하루 일정의 여정에 아주 적합하다.

○마쓰자키 대위 충혼비(松崎大尉忠魂碑)[113]

역에서 북쪽으로 2정(町)[0.22㎞] 정도 떨어진 성환공원(成歡公園)에 있다. 전쟁이 끝난 후에 대위 등의 충혼을 위로하기 위해 세워진 것으로 언덕 위에서 내려다보면, 평탄하고 넓은 평야는 당시 공격하는 쪽이었던 우리 군[일본군]이 얼마나 고전을 겪었을지 떠올리게 한다.

○성환목장(成歡牧場)

역의 서남쪽으로 20정(町)[2.18㎞] 정도에 위치한 넓은 목장 안에는 도로가 종횡으로 뚫려있는데, 오른쪽에는 목마장(木馬場), 왼쪽에는 목우장(木牛場)이 있다. 본 목장은 주요 사업은 몽골의 말(蒙古馬)을 개량한다는 목적을 가지고 있으며, 영리 이외에 품질 좋은 우량 마필도 키우고 있다. 목장에서는 취미를 위한 방문자들을 즐거이 받아주고 있다.

113 마쓰자키 나오오미(松崎直臣, 1856-1894)는 청일전쟁 중인 1894년 7월 성환 전투에서 전사한 일본군 대위로, 일본군의 최초 전사자로 널리 알려졌다. 그의 죽음을 기리기 위해 세워진 비가 바로 '마쓰자키 대위 충혼비'이다.

○직산금광(稷山金鑛)

역의 동남쪽으로 3리[11.78㎞] 정도에 직산금광주식회사(稷山金鑛株式會社)가 경영하고 있는 조선 유수의 사금광(砂金鑛)이 바로 이곳인데, 연간 산출액이 약 160관[0.6t]이고, 광구에는 전기채광기(電氣採鑛機)를 설치하였으며, 역 부근에 선광소(銑鑛所)를 만들어 두고 있다. 금광으로 가는 길의 중간쯤에 위치한 직산읍 부근에는 고대 백제의 수도였다고 전해지는 성산(城山)의 성지가 있다.

5. 개성(開城)

• 경기도에서 73.4㎞. 기차 요금 2등석 2원 8전, 3등석 1원 15전.

고려의 태조 왕건은 신라의 왕족 궁예의 비장(裨將) 신분에서 출세하여 반도 통일의 대업을 완수하고 고려국을 창설하면서 그의 고향인 송도(松都, 개성)에 수도를 정하였다. 후에 고려는 왕위 상속이 32대, 약 440여 년간 왕도를 한결같이 개성에 두었고, 찬란한 예술문화를 자랑했었지만, 조선이 수도를 경성으로 천도하기에 이르러 점점 쇠퇴하기 시작해 지난날의 성대함은 볼 수 없다. 다만, 예부터 조선 유수의 상업지답게 불로장수의 영약인 인삼의 산지로서 알려져 있다. 경성에서 기차로 약 1시간 30분 정도의 거리에 있다. 정거장은 옛 성벽에서 서남쪽의 성 바깥에 있고, 시가지는 그 남쪽으로 몇 정(丁) 정도의 거리에 있으며, 옛 성문 남문루(南門樓)를 중심으로 성의 안쪽과 바깥쪽이 서로 무지개다리로 연결되어 있다.

- 인구: 약 5만 780명(일본인 1,566, 조선인 4만 9,056, 외국인 158).
- 관공서: 부청, 군청, 지방법원지청, 도립개성의원, 전매국 출장소, 경찰서, 소년형무소, 조선식산은행 지점, 한성은행 지점, 금융조합, 공립상업학교.
- 여관: 서본정(西本町)의 개화관(開和館), 대화정(大和町)의 개성여관, 태평정(太平町)의 이와미여관(岩見旅館).
- 교통비: 자동차, 택시 80전.
- 기정(旗亭)[114]: 대화정(大和町)의 표루(瓢樓)·야명루(夜明樓).

○철도공원(鐵道公園)

역 앞의 약간 높은 언덕을 이용해 만든 정원으로 개성에서 유일한 공원이다. 공원 안에는 수천 그루의 벚나무가 심어져 있다. 기복이 있는 구릉의 안쪽에는 샘물·무성한 숲·운동장·찻집 등을 갖추었고, 당일치기 여정으로 적당한 곳이어서 봄·가을 철에는 경성 부근에서 찾아오는 사람들이 많다.

○전매국출장소(專賣局出張所)

개성의 특산물인 고려인삼의 제조공장으로 정부가 전매하는 홍삼은 이곳에서 제조되어 미쓰이물산회사를 거쳐 주로 중국으로 수출되고 있다. 장내는 부탁하면 참관할 수 있다.

114 선술집이나 요리집을 말함.

○남문루(南門樓)

시가지가 문 바깥쪽으로 전개되어 있기 때문에 지금은 시가의 중심에 해당한다. 문은 조선의 태조가 즉위하고 3년 후에 건조하였고, 경성의 남대문보다 2년 정도 오래되었다. 누각 위에는 약 600년 전, 원(元)이 침구했던 시기에 주조된 것으로 종 주위 도안의 예술미가 매우 풍부한 조선 명종의 하나인 대범종(大梵鍾)이 걸려있다.

○선죽교(善竹橋)

남문루에서 10정(町)[1.09㎞] 정도 떨어진 자남산(子男山)의 동쪽 기슭에 있다. 고려 말기에 유신(儒臣)의 중심 세력인 정몽주(鄭夢周)가 외로이 홀로 충성을 바쳤으나 허무하게 한을 삼키고 목숨을 잃은 곳으로, 다리의 석재에 지금도 남아있는 검은 돌 색깔의 반점은 당시의 혈흔이라고 전해지고 있다. 그 진위는 알 수 없지만, 언뜻 비장한 느낌에 빠져들어 여기저기 거닐며 차마 떠날 수가 없는 무엇인가가 있는 곳이다. 그 부근에는 정(鄭) 씨의 사적을 새겨 2개의 비석을 보전하는 비각도 있다. 더욱이 그곳에서 구릉으로 이어지는 지점에 호정(虎亭)·숭양서원(崧陽書院)·관덕정(觀德亭) 등의 명소가 있고, 이곳을 거쳐 남문루로 나가는 길은 도보를 이용하는 유람객들에게 추천하고 싶은 코스이다.

○목청전(穆淸殿)

이성계의 잠저지(潛邸址)로 선죽교에서 몇 정(町)정도 앞쪽의 논 안에 보이는 건물이다. 옛 건물은 '분로쿠(文祿)'[임진왜란]' 때 병화를 입었는데, 재건한 뒤에 이성계의 초상을 안치하고 제사를 지내고 있으며, 그 일부는 지금 은사수산장(恩賜授産場)으로 사용하고 있다. 정몽주가 난을 당했을 때 이성계를 방문했었다고 전해지는 곳이 바로 이 목청전이다.

○만월대(滿月臺)

남문루에서 보면, 북쪽의 본정(本町) 쪽으로 직진해서 약 15정(町)[1.64㎞]의 거리에 있고, 선죽교에서 다른 길로 가면 약 25정[2.73㎞]의 거리로 시가지의 북쪽 교외 지역을 우회하여 간다. 대(臺)는 좌우에 계류를 끼고 있으며, 뒤에는 송악산(松嶽山)을 등지고 있다. 옛날에는 50척[15.15m]의 높은 대(臺)가 남쪽으로 면하여 조영된 그 규모가 굉장한 궁전이었으나, 고려 말기의 적란(賊亂)으로 소실된 이래 황폐한 채 그대로 놔두었다. 오늘날에는 누문과 전각의 초석만이 정연(整然)하게 남아 있어 그 옛날 수십 채의 매우 아름답고 화려한 전각들이 꿈에 보이듯이 그 장관을 떠올리게 한다.

[6] 경성-인천·수원·개성(京城-仁川·水原·開城)

조선총독부 철도국, 1936

집필·번역: 황익구

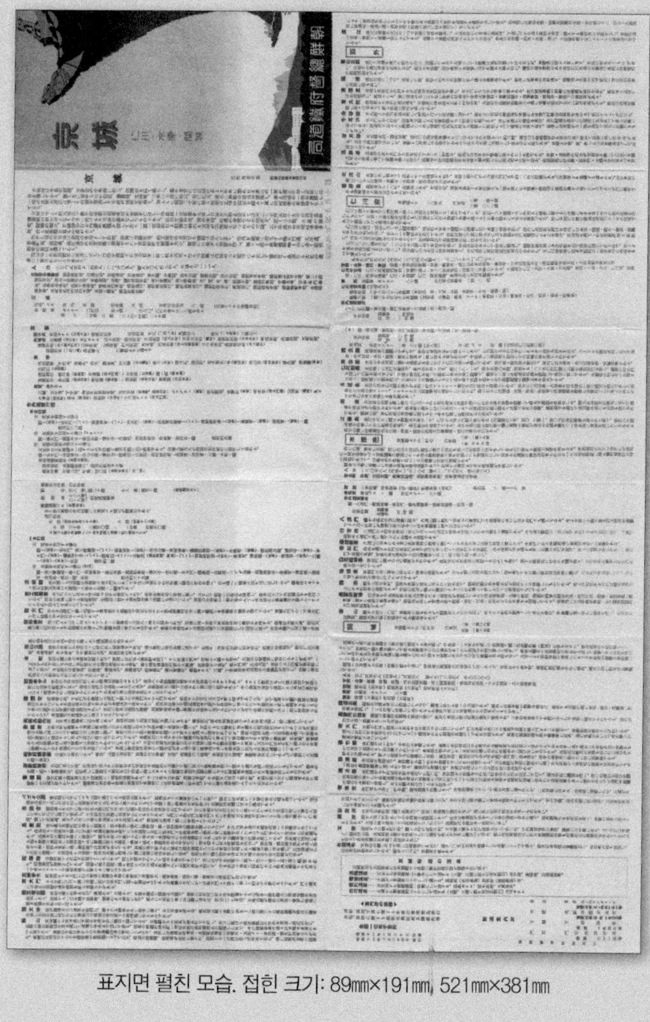

표지면 펼친 모습. 접힌 크기: 89㎜×191㎜, 521㎜×381㎜

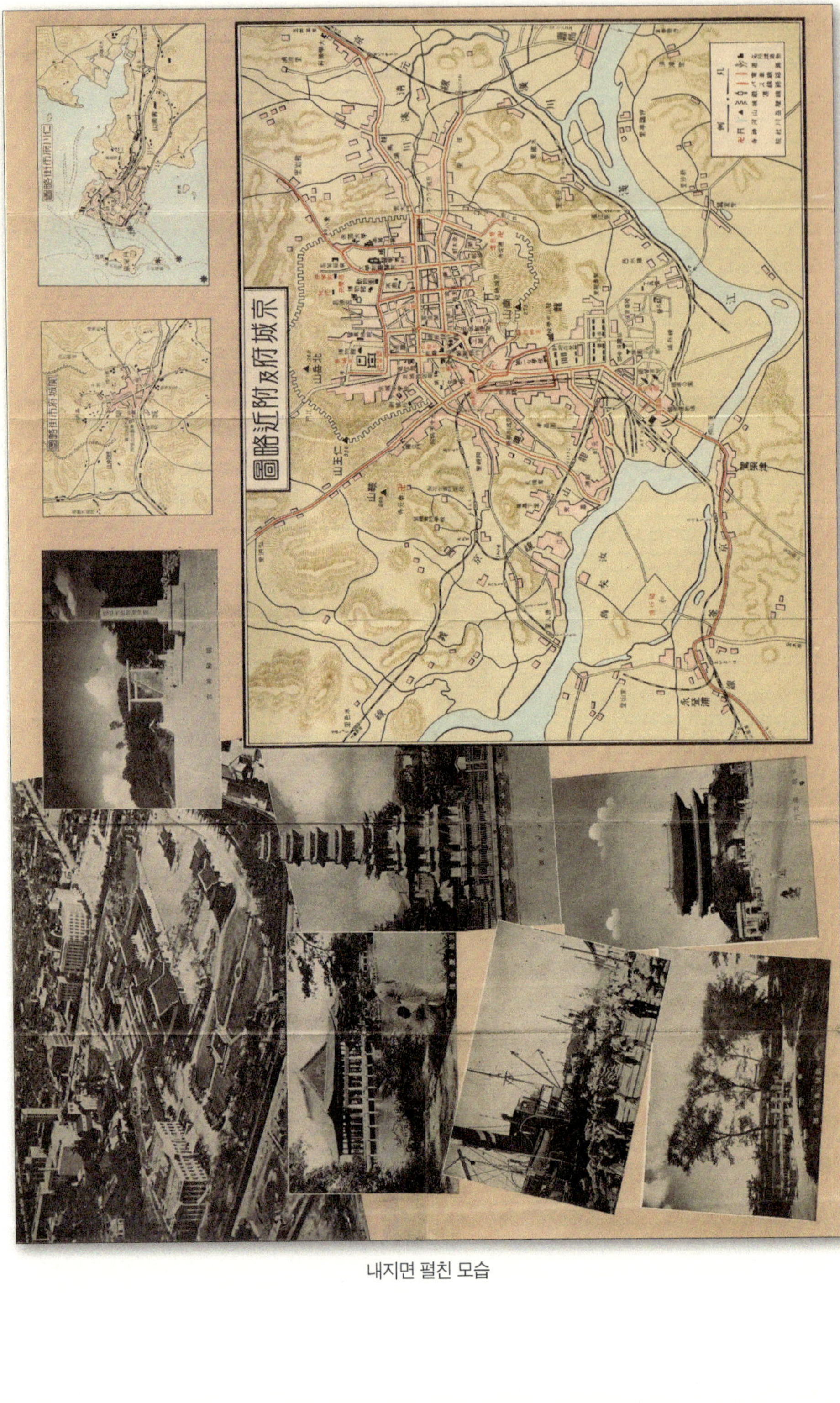

내지면 펼친 모습

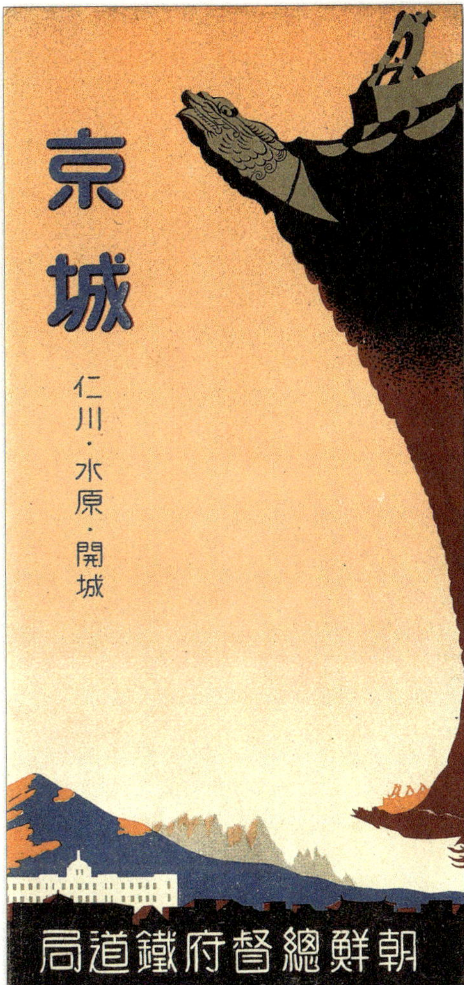

접힌 상태(원상태) 앞표지

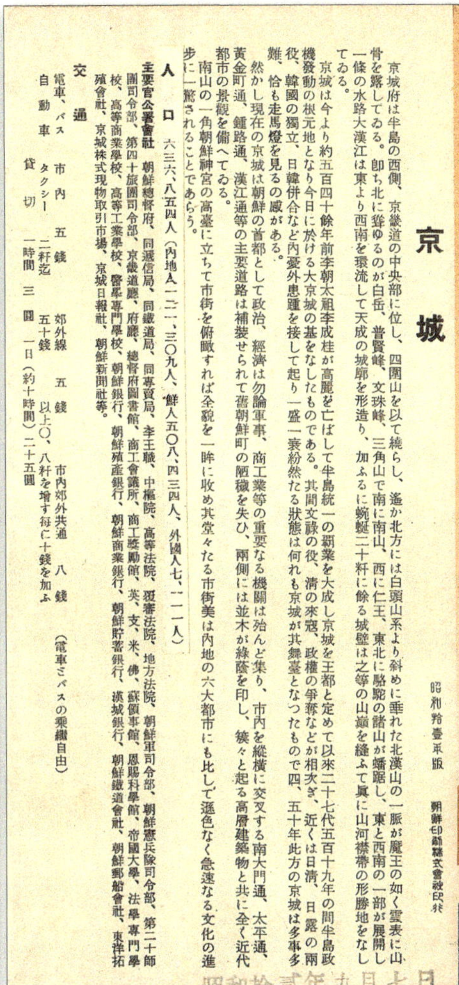

京城

昭和拾壹年版　朝鮮印刷株式會社印刷

京城府は半島の西側、京畿道の中央部に位し、四圍山を以て繞らし、遙か北方には白頭山系より斜めに垂れた北漢山の一脈が魔王の如く雲表に山骨を露してゐる。卽ち北に聳ゆるのが白岳、普賢峰、文珠峰、三角山で南に南山、西に仁王、東北に駱駝の諸山が蟠踞し、東と西南の一部が展開し一條の水路大漢江は東より西南を環流して天成の城郭を形造り、加ふるに蜿蜒二十粁に餘る城壁は之等の山巓を縫ふて眞に山河襟帶の形勝地をなしてゐる。

京城は今より約五百四十餘年前李朝太祖李成桂が高麗を亡ぼして半島統一の覇業を大成し京城を王都と定めて以來二十七代五百十九年の間半島政機發動の根元地となり今日に於ける大京城の基をなしたものである。其間文祿の役、淸の來寇、政權の爭奪などが相次ぎ、近くは日淸、日露の兩役、韓國の獨立、日韓併合など內憂外患踵を接して起り一盛一衰紛然たる狀態は何れも京城が其舞臺となつたもので四、五十年此方の京城は多事多難、恰も走馬燈を見るの感がある。

然かし現在の京城は朝鮮の首都として政治、經濟は勿論軍事、商工業等の重要なる機關は殆んど集り、市內を縱橫に交叉する南大門通、太平通、黃金町通、鍾路通、漢江通等の主要道路は補裝せられて舊朝鮮町の陋穢を失ひ、兩側には並木が綠蔭を印し、簇々と起る高層建築物と共に全く近代都市の景觀を備へてゐる。

南山の一角朝鮮神宮の高臺に立ちて市街を俯瞰すれば全貌を一眸に收め其堂々たる市街美は內地の六大都市にも比して遜色なく急速なる文化の進步に一驚されることであらう。

人　口　六三六、八五四人（內地人一二二、三〇九人、鮮人五〇八、四三四人、外國人七、一一一人）

主要官公署會社　朝鮮總督府、同遞信局、同鐵道局、同專賣局、李王職、中樞院、高等法院、覆審法院、地方法院、朝鮮軍司令部、朝鮮憲兵隊司令部、第二十師團司令部、第四十旅團司令部、京畿道廳、府廳、總督府圖書館、商工會議所、商工獎勵館、英、支、米、佛、蘇領事館、恩賜科學館、帝國大學、法學專門學校、高等商業學校、高等工業學校、醫學專門學校、朝鮮銀行、朝鮮殖產銀行、朝鮮商業銀行、朝鮮貯蓄銀行、漢城銀行、朝鮮鐵道會社、朝鮮郵船會社、東洋拓殖會社、京城株式現物取引市場、京城日報社、朝鮮新聞社等。

交　通

電車、バス　市內　五錢　郊外線　五錢　市內郊外共通　八錢（電車とバスの乘繼自由）

自動車　タクシー　二粁迄　五十錢　以上〇、八粁を增す每に十錢を加ふ

貸切　一時間　三圓　一日（約十時間）二十五圓

접힌 상태(원상태) 뒤표지

| 해제 |

이 자료는 조선총독부 철도국에서 일제강점기 경성부(京城府)와 인천, 수원, 개성으로의 여행, 관광을 홍보하기 위해 1936년 3월 20일에 인쇄하고 동년 3월 25일에 발행한 『경성-인천·수원·개성』이라는 제목의 팸플릿(리플릿)이다. 자료 자체는 상하 12면(앞뒤 총 24면)으로 접혀있는 상태로 휴대하기 편한 크기로 되어 있다. 표지면의 첫 면은 석양에 물든 하늘을 배경으로 우측에는 고궁의 처마 끝 일부를 올려다보는 양상으로 형상화하고 있으며, 하단 좌측에는 흰색으로 조형된 조선총독부 건물과 그 뒤로 북악산 일대를 묘사한 채색화를 담고 있다. 그리고 그 하단부에는 팸플릿의 발행처인 조선총독부 철도국이라는 문자가 크고 선명하게 명기되어 있다.

표지면의 본문에는 경성을 필두로 그 주변의 인천부·수원읍·개성을 안내하고 있다. 경성은 경성역에서 교외에 이르기까지 33곳, 인천의 경우는 서공원을 포함하여 6곳, 수원은 팔달문을 시작으로 9곳, 개성은 철도공원에서 박연폭포까지 11곳 등, 총 59곳의 사적(史蹟)과 명승지가 소개되고 있다. 아울러 각 지역의 인구, 교통편, 숙박지, 음식점, 그리고 여행코스까지 세세하게 안내되어 있다. 그 외에 경성 부근의 온천에 대해서도 교통편(철도, 자동차)과 숙박시설 등의 정보가 수록되어 있다. 마지막 부분에는 안내소의 업무와 함께 선만안내소(鮮滿案內所)의 위치와 전화번호 등도 안내되어 있다. 선만안내소는 남만주철도 도쿄지사가 조선과 만주, 그리고 중국을 여행하는 여행자에게 편의를 제공할 목적으로 무료로 상담에 응하거나 할인 교통권 및 철도 이용권 등을 판매하는 시설로 자료에는 도쿄(東京), 오사카(大阪), 시모노세키(下關) 3곳의 안내소 위치와 전화번호가 소개되어 있다.

한편, 내지면은 우측 중앙부에서 하단부에 걸쳐 「경성부 및 부근 약도」라는 지도가 크게 인쇄되어 있다. 약도에는 경성의 주요 도로, 전차 노선, 철도선 등의 교통편을 중심으로 시가지, 주변의 명소, 성곽, 산악, 버스노선, 하천, 신사, 사원(절) 등의 위치가 상세하게 표시되어 있다. 특히 이 자료에서 소개한 세부 항목에 대해서는 붉은색 글씨로 표시하고 있어 관광객의 가독성을 고려하였다는 것을 짐작할 수 있다. 그리고 그 위 상단부에는 우측에서부터 「인천부시가약도」와 「개성부시가약도」 라는 제목의 작은 지도 2개도 함께 실려 있다. 「인천부시가약도」에는 철도 노선과 함께 부청(府廳)을 중심으로 한 주변의 관측소, 운동장, 선거(船渠), 월미도 등의 위치가 상세하게 표시되어 있다. 아울러 「개성부시가약도」에도 철도 노선과 함께 개성의 시가지와 부청, 남대문, 선죽교 등 각종 명소의 위치가 표시되어 있다.

다음으로 좌측에는 상단부에서 하단부에 걸쳐서 총 7장의 흑백사진이 수록되어 있다. 먼저 좌측 상단부 우측에는 '관폐대사 조선신궁(官弊大社朝鮮神宮)'이라고 써진 표지석이 선명한 '조선신궁'이라는 캡션이 붙은 사진이 자리하고 있다. 이 사진은 앞서 1935년 발행된 관광팸플릿의 표지사진과 동일하여 이전 팸플릿과의 연속성, 혹은 유사성을 엿볼 수 있다. 그 옆에는 7장의 사진 중에서 가장 큰 '경성시가(덕수궁·부청 부근)'라는 캡션이 붙은 사진이 배치되어 있는데 전근대적인 덕수궁 건물과 대조를 이루는 근대적인 부청 건물과 함께 주변 시가지의 모습을 담아냄으로써 식민 통치 이후 조선의 근대화와 발전상을 선전하는 효과를 발휘하고 있다. 그 아래에는 경회루의 모습과 함께 이를 바라보는 한복 차림의 여성 2명의 뒷모습을 담은 '경성·경회루'라는 캡션이 붙은 사진, 그 우측에는 파고다 공원의 원각사지 10층 석탑을 찍은 '파고다공원'이라는 캡션의 사진이 나란히 배치되어 있다. 다음으로 그 아래에는 선박과 인부, 지게꾼들의 왕래로 분주한 '인천부두' 사진, 개성의 명승으로 소개된 '남대문'과 '선죽교' 사진이 차례로 배치되어 있다. 이처럼 사진을 통해 전통적이며, 한편으로 근대화되어 가는 조선의 다층적인 모습을 함께 제공하면서 조선 관광으로의 호응을 유도한 것으로 볼 수 있다.

이 자료의 발행처인 조선총독부 철도국은 1910년 10월 1일 설치되어 일제강점기 조선의 철도 운영과 관리, 사설 철도, 육상 운송 업무 등을 관장하였다. 즉 조선총독부 철도국은 일본 본토와의 연결을 편리하게 함으로써 인적 이동(관광, 이주, 징용 등)은 물론 물적 이동(경제적 수탈, 공출 등)을 용이하게 수행하고자 하는 식민 권력의 산물이었다. 이러한 입장에서 이 자료는 전시체제 하에서 일본인에 대한 식민지 조선의 관광 장려와 함께 점차 근대화가 진행되고 있는 조선의 상황을 일본인에게 선전함으로써 식민 통치의 정당성과 우월성을 강조하는 실증적 사료라고 할 수 있다.

| 번역문 |

1. 경성

경성부는 반도의 서쪽, 경기도의 중앙부에 위치하고 사방이 산으로 둘러싸여 있으며 멀리 북쪽으로는 백두산자락의 산맥에서 비스듬히 드리워진 북한산의 한 자락이 마왕처럼 구름 위에 암석을 드러내고 있다. 즉 북쪽으로 솟아 있는 것이 백악(白岳), 보현봉(普賢峰), 문주봉(文珠峰), 삼각산(三角山)이고, 남쪽에 남산, 서쪽에 인왕산, 동북쪽에 낙타산(駱駝) 등 여러 산들이 웅장하게 자리 잡고 동쪽과 서남쪽의 일부가 펼쳐진다. 한줄기 수로 대한강(大漢江)은 동쪽에서 서남쪽으로 돌아 흐르고 천혜의 성곽을 만들고 있으며 아울러 구불구불한 20km 정도의 성벽은 이들 산꼭대기를 잇는 정말로 산하금대(山河襟帶)의 요새지를 이루고 있다.

경성은 지금으로부터 약 540년 전 조선의 태조 이성계가 고려를 멸망시키고 반도 통일의 패업을 이루어 경성을 왕도로 정한 이래 27대 519년 동안 반도의 정치적 기운이 발동한 근원지가 되었으며 지금의 대경성의 기반이 된 것이다. 그동안 '분로쿠의 역(文祿の役)'[임진왜란][115], 청나라의 침략[116], 정권의 쟁탈 등이 계속되고, 최근에는 청일전쟁과 러일전쟁, 한국

115 1592년에 발발한 임진왜란을 말하며, 자료에 따라서는 '분로쿠(文祿)', '분로쿠역(文祿役)', '분로쿠의 역(文祿の役)'으로 표기되어 있다. 이후 원문 대로 표기한다.

116 병자호란을 가리키는 것으로 추측된다.

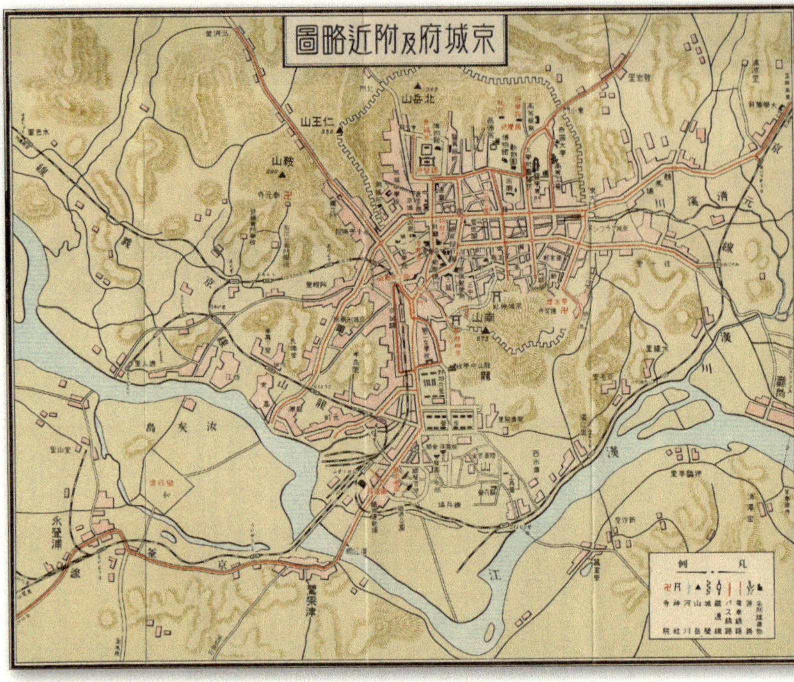

「경성부 및 부근 약도」

의 독립[117], 한국병합 등 계속해서 나라 안팎에 우려스러운 사태가 일어나고 있는데 복잡한 흥망성쇠의 상태는 모두 경성이 그 무대가 된 것이며, 최근 4, 50년 동안 경성은 다사다난(多事多端)하여 마치 주마등을 보는 느낌이다.

그러나 현재 경성은 조선의 수도로서 정치, 경제는 물론 군사, 상공업 등의 중요한 기관은 거의 모여있고, 시내를 종횡으로 교차하는 남대문

117 일본이 청일전쟁에서 승리함으로써 청나라의 조선에 대한 종주권이 완전히 사라졌다는 것을 일본의 관점에서 한국의 독립이라고 지칭하였다. 개항 이후 일본인들은 일본의 조선 침략을 조선의 자주국화 과정으로 규정하였다.

통, 태평통, 황금정통, 종로통, 한강통 등의 주요 도로는 포장되어서 옛 조선의 초라하고 더러움은 사라지고, 양측에는 가로수가 녹음을 만들고 있으며 고층 건축이 속속 솟아나는 거리는 완전히 근대 도시의 경관을 갖추고 있다.

남산의 한쪽, 조선신궁의 높은 누대에 서서 부감(俯瞰)하면, 전체 모양을 한눈에 바라볼 수 있고, 그 당당한 시가지의 아름다움은 일본의 6대 도시와 비교해도 손색이 없으며 급속한 문화의 진보에 놀라게 될 것이다.

○인구

63만 6,854명 (일본인 12만 1,309, 조선인 50만 8,434, 외국인 7,111).

○주요 관공서 회사

조선총독부, 동(同)체신국, 동 철도국, 동 전매국, 이왕직(李王職), 중추원(中樞院), 고등법원, 복심법원(覆審法院), 지방법원, 조선군사령부, 조선헌병대 사령부, 제20사단 사령부, 제40여단 사령부, 경기도청, 부청, 총독부 도서관, 상공회의소, 상공장려관, 영·중·미·프·러시아영사관, 은사과학관(恩賜科學館), 제국대학, 법학전문학교, 고등상업학교, 고등공업학교, 의학전문학교, 조선은행, 조선식산은행, 조선상업은행, 조선저축은행, 한성은행, 조선철도회사, 조선우선회사, 동양척식회사, 경성주식현물거래시장, 경성일보사, 조선신문사 등.

○교통

• 전철, 버스: 시내 5전, 교외선 5전, 시내 교외 공통 8전(전철과 버스의 환승

자유).

- 자동차 택시: 2km까지 50전, 그 이상 0.8km를 넘을 때마다 10전을 추가한다.
- 전세(貸切): 1시간 3원, 1일(약 10시간) 25원.

○ 여관

- 순수 서양식: 조선호텔(장곡천정[長谷川町]) 철도국 직영, 숙박 요금은 미국식(1박 3식) 9원 이상, 유럽식(1일 객실료) 3원 이상.
- 일본식: 천진루(天眞樓, 남산정[南山町]), 본정호텔(本町ホテル)·야마모토여관(山本旅館)·우라오여관(浦尾旅館)·히라타여관(平田旅館, 이상 본정[本町]), 시라누이여관(不知火旅館, 욱정[旭町]), 비젠야여관(備前屋旅館, 장곡천정), 오나리여관(御成旅館)·쇼후쿠여관(笑福旅館)·오쓰카여관(大塚旅館)·히로사와여관(廣澤旅館, 이상 남대문 밖), 미에여관(三重旅館)·후타미여관(二見旅館)·무라카미여관(村上旅館)·대동관(大東館)·하야시야여관(林屋旅館, 이상 경성역 앞), 히노모토여관(日の本旅館)·나가사키야여관(長崎屋旅館, 용산). 숙박 요금(1박 2식) 팁 폐지, 3원 정도에서 7원까지.

○ 요리점

- 일본 요정(料亭): 지요모토(千代本)·교키쿠(京喜久)·하쿠스이(白水)·기라쿠(幾良具)·기시노료(岸の寮, 이상 욱정), 가게쓰([花月], 본정), 은월장(銀月莊)·청산장(淸山莊)·가게쓰별장(이상 남산정), 남산장(서사헌정[西四軒町]), 기쿠야(喜久屋)·청향원(淸香園, 본정), 백운장(白雲莊, 청운동[淸雲洞]).
- 조선 요정: 명월관(明月館, 돈의동[敦義洞]), 식도원(食道園, 남대문통1), 천향

원(天香園, 인사동[仁寺洞]), 국일관(國一館, 관수동[觀水洞]).

• 중국 요정: 금곡원(金谷園, 장곡천정), 아서원(雅敘園, 황금정1), 봉래각(蓬萊閣, 북미창정[北米倉町]), 회영각(會英閣, 서사헌정).

○ 식당, 카페

미쓰코시(三越), 미나카이(三中井), 조지야(丁字屋), 화신(和信) 각 백화점 식당, 가게쓰식당(花月食堂, [황금정·장곡천정]), 브아그랑(욱정), 메이지제과(明治製菓), 금강산(본정), 청목당(青木堂, 남대문통), 산양헌(山陽軒, 욱정), 마루빌딩회관(丸ビル會館, 명치정), 기쿠스이(菊水, 명치정), 은송정(銀松亭, 황금정), 지요다그릴(千代田グリル, 남대문통).

○ 시내 유람 코스

• 반나절 코스

① 전철을 이용하는 경우: 역 → (전철) → 남대문 → (버스) → 조선신궁 → (버스) → 남대문 → (전철) → 창덕궁·창경원 → (버스) → 조선총독부 → (도보) → 경복궁 → (전철) → 덕수궁 → (전철) → 역. 비용 약 60전.

② 자동차를 이용하는 경우(택시): 역 → 남대문 → 조선신궁 → 남산공원 → 박문사(博文寺) → 창경원 → 조선총독부 → 경복궁 → 덕수궁 → 역. 비용 약 5원.

③ 유람자동차를 이용하는 경우: 다음의 시내 명소 옛 유적지를 일순(一巡)하는 것으로 시간과 비용면에서 경제적이다. 또 여성 안내원이 함께 다니며 명쾌하고 친절하게 설명해 준다. 역 → 남대문 → 조

선신궁 → 남산공원 → 박문사 → 경학원 → 창경원 → 조선총독부 → 경복궁 → 덕수궁 → 미쓰코시 → 본정 → 역.

* 경성 유람자동차(경성자동차)

□ 출발 장소: 경성역 승강장, 장곡천정 경성택시 앞.

□ 출발 시간: 오전 9시, 오후 1시 2회 (겨울철 오전 11시 1회).

□ 유람 소요 시간: 약 4시간.

□ 요금: 어른 2원 20전, 어린이 1원 50전(단체 할인 있음).

□ 사용차: 16인승, 20인승 전망식(展望式) 고급차.

* 단체 유람버스(경성전기)

□ 많은 인원의 단체 시내 시찰에는 경성전기버스를 전세하는 것이 경제적이다.

□ 전세(貸切) 요금

- 대형(좌석, 입석 모두 30인승), 소형(좌석 16인승).
- 소형: 30분 2원 50전, 1시간 4원 60전, 대형은 소형의 40% 할증으로 사용 시간의 체증에 따라 할인이 된다.

• 1일 여행코스

① 전철을 이용하는 경우: 역 → (전철) → 남대문·상공장려관 → (버스) → 조선신궁 → (도보) → 남산공원 → 경성신사 → 은사과학관 → (도보) → 영락정 → (전철) → 장충단공원·박문사 → (전철) → 동대문 → (전철) → 종로4정목 → (버스) → 경학원 → (버스) → 창경원(동·식물원, 비원) → (버스) → 조선총독부 → (도보) → 경복궁·박물관 → (전철) → 덕수궁 → (도보) → 미쓰코시 → (도보) → (본정) → 여관. 비용:

약 1원.

② 자동차를 이용하는 경우(전세): 역 → 상공장려관 → 남대문 → 조선신궁 → 남산공원 → 은사과학관 → 박문사 → 장충단 → 동대문 → 경학원 → 창경원 → 파고다공원 → 조선총독부 → 경복궁 → 박물관 → 덕수궁 → 청량리 → 한강 → 역 → 여관. 비용: 약 25원.

○경성역(京城驛)

경성의 현관에 해당하는 경성역은 옛 성벽인 남대문 밖에 있고, 동북쪽으로 경성의 중심 시가, 남쪽으로 용산 시가를 끼고 있으며, 마치 옆으로 눕힌 조롱박의 잘록한 부분에 있다. 역사(驛舍)는 르네상스식으로 석재, 기와 병용의 대건축물로 대도시에 걸맞은 역사이다.

○상공장려관(商工奬勵館)

남대문의 왼쪽으로 보이는 벽돌로 지은 웅장한 건물이 그것으로 총독부 식산국의 관리에 속하고, 주로 조선의 생산품을 진열하고 참고품으로 일본제품도 진열하고 있다. 조선의 산업에 대한 질의응답, 생산품에 대한 조사소개 등의 의뢰에도 응하고 있다. 조선 생산계의 일반을 알려고 하거나 혹은 상품의 판매확장을 도모하려는 사람들이 반드시 방문해야 할 곳이 되고 있다.

○남대문(南大門)

본명은 숭례문(崇禮門)이라고 하고 현존하는 조선왕조의 건축물 중 가장 오래된 것으로 근처의 당당한 서양식 건축물 속에서 홀로 엄연히 동양 예술의 정화를 자랑하고 있다. 경성 팔문(八門) 중 하나로 동대문과 함께 가장 훌륭하고 웅장한 것이다.

남대문

조선신궁

○ 조선신궁(朝鮮神宮)

남대문에서 산 쪽으로 향한 아스팔트의 표참도(表參道)와 384개의 돌계단을 오르면 정면에 높이 관폐대사(官幣大社) 조선신궁의 가쓰오기(勝男木)를 만난다. 제신(祭神)은 아마테라스 오카미(天照大神), 메이지천황(明治天皇)의 두 위(位)로 황공하옵게도 반도 진호(鎭護)의 주신(主神)으로서 혼령을 맞이하여 모신 곳이다. 신사 앞 외원(外苑)은 원래 한양공원으로, 삼방(三方)이 트여서 전망이 좋고 시가를 발아래에 두고 멀리 청량리의 숲과 한강의 긴 물줄기도 지척에 있는 듯 조망이 정말 아름다운 곳이다.

○남산공원(南山公園)

신궁의 외원에서 노송 아래로 뚫린 이참도(裏參道)를 내려오면, 길은 자연스레 남산공원으로 통한다. 이 근처 일대에는 짙푸른 소나무가 오래되고 우아한 나뭇가지를 늘어뜨리고, 산책에도 적합한 곳으로, 덴만구(天滿宮), 경성신사(京城神社), 노기신사(乃木神社), 갑오전승기념비(甲午戰勝記念碑), 은사과학관(恩賜科學館) 등이 있다.

○본정(本町)

남산 기슭을 따라 길게 뻗어 있는 조선에서 가장 번화한 지역으로, 양측에는 일본인 상점이 늘어서 있고 그 거리가 좁을 정도로 왕래하는 사람이 많아서 마치 오사카의 신사이바시(心齋橋) 거리를 방불케 한다. 1정목(丁目)에서 5정목에 이르는 긴 본정 거리의 북쪽 끝은 유곽이 있는 신정(新町), 남쪽 끝은 조선은행 앞의 대광장, 이 광장에서 욱정(旭町), 남대문통, 장곡천정, 본정의 크고 작은 거리가 방사형으로 뻗어 있다. 또 이 부근은 우편국, 전화국, 조선은행, 상업은행, 저축은행, 상공회의소, 조선호텔, 미쓰코시(三越), 조지야(丁字屋) 등 시내 굴지의 큰 건축물이 우뚝 솟아 있으며, 일본의 6대 도시의 어디에 비하더라도 부끄럽지 않다.

○조선호텔

시가의 중앙인 장곡천정에 있는 철도국 직영의 호텔로 80여 객실 설비가 완비되어 있는 동양 유수(有數)의 큰 호텔이다. 호텔의 부지는 원래 왕실의 별장으로 '분로쿠의 역(文禄の役)'[임진왜란] 때에는 일본군의 주둔지였고, 후에 청나라 사절단의 숙박지로도 되었던 곳으로, 그 후 고(故) 이태

왕전하[118]가 만든 환구단(圜丘壇)의 터이기도 하다. 지금의 후원은 당시의 유물인 팔각형의 일화루(一畵樓), 황궁우(皇穹宇)라고 한다. 정원은 일화루를 중심으로 만들어진 것으로, 그 숲과 샘의 아름다움은 여행의 정취를 풀기에 충분하다.

○덕수궁(德壽宮)

부청사(府廳舍) 앞, 광화문통(光化門通)의 남쪽에 대한문(大漢門)이라고 장식된 커다란 빨간 문이 그 정문이다. 제4대 세종대왕의 형 월산대군(月山大君)의 저택이었지만, 일찍이 고(故) 고종황제의 러시아공사관 잠행[119]이 있고 난 후 이곳을 정실(正室)[120]로 삼고 이름을 경운궁(慶運宮)으로 바꾸었다. 덕수궁은 고종황제가 양위 후 고(故) 순종황제가 창덕궁으로 옮기셨을 때 덕수궁이라고 다시 바뀐 곳으로 고종황제는 이 궁전에서 서거하셨다. 궁내의 서양풍 석조전은 건축, 조도(調度) 등이 더할 나위 없고 좋고 아름다워 귀빈의 숙박 등으로 사용되었던 곳이지만, 지금은 다른 궁전과 함께 일반인에게 공개되고 있기 때문에 경성관광에 빼놓을 수 없는 곳 중의 하나가 되었다.

○미술품 제작소

태평통(太平通)의 종로통에 가까운 곳에 있다. 금, 은, 옥돌 등의 조선적인 디자인을 한 것이나 붓, 종이, 문구, 가구 등 조선 특유의 것을 진열·공

118 고종황제를 가리킨다.

119 아관파천을 칭한다.

120 주로 손님을 맞이하는 사랑방 혹은 안채에 해당한다.

개하고 일반인에게 판매하고 있다.

○경복궁(景福宮)

조선 태조가 개성에서 경성으로 도읍을 옮기고 백악(白岳)의 남쪽 기슭에 처음 궁전을 세우고 경복궁이라 칭하였다. 당시의 것은 아주 크고 훌륭한 미를 자랑하며 상당히 호화롭고 웅장했지만, '분로쿠의 역(文禄の役)'[임진왜란] 때에 일본군의 입성(入城)에 앞서 난민(亂民)으로 인해 잿더미로 변하였다. 이래 270여 년간 폐궁(廢宮)과 마찬가지로 초목이 무성해 있었지만, 섭정한 대원군이 왕의 궁궐이 초라함을 깊이 한탄하고 재건을 기획하여 1867년 준공하기에 이르러 다시 왕의 거처가 되었다. 그 후 1896년에 고종의 러시아 공사관 잠행이 있었고, 다시 폐궁이 되어 현존의 근정전(勤政殿)·사정전(思政殿)·경회루(慶會樓) 등 주요 건축을 남기고 그 외는 이전 또는 훼손되어 오늘날에 이르고 있다. 당시의 궁전은 주위 약 3km의 큰 성벽에 둘러싸여 부지 면적 13만 평에 이르고, 정문은 광화문(光化門)이라 칭하고 작년 동쪽으로 옮겨졌는데 지금 다시 엄연한 옛 모습을 유지하고 있다. 격조 높은 근정전은 조회 대례(大禮)가 행해졌던 곳으로, 뒤쪽 경회루와 함께 조선 말기의 대표적 건축 중 하나이다.

○총독부박물관(總督府博物館)

경복궁 구내에 있다. 낙랑(樂浪)·삼한(三韓)의 발굴물, 신라시대의 불상·왕관, 고려시대의 도기, 조선시대의 칠기·서화 등을 진열하고 있다(입장료 1인 5전, 월요일 휴관).

경회루

파고다공원

○조선총독부(朝鮮總督府)

광화문통의 정면, 화강암으로 만들어진 넓고 웅장한 백악전(白堊殿)은 반도 통치의 본산으로, 공사비 630여만 원을 들이고 10년의 세월을 들여서 완성한 것이다. 청사의 현관·복도·회의실 등은 색채 아름다운 조선산의 대리석으로 장식하였고, 특히 큰 홀의 벽화는 와다 산조(和田三造) 화백의 작품으로, 내선융화(內鮮融和)를 표상한 신화를 그린 것이다.

○보신각(普信閣)

남대문통과 종로통의 사거리 남쪽 구석에 조선식 누각이 하나 있다. 안에는 높이 3m 정도, 주위 7m 정도로 지금으로부터 440여 년 전 조선 정조 13년(1789)에 주조된[121] 조선 제일의 대종(巨鐘)이 놓여져 있다. 종로

121 조선시대에 창건된 것은 맞지만, 제작 연대는 재고할 필요가 있다.

통은 부(府)에서 가장 번화한 조선 거리로 조선시대에는 관청과 상가가 이곳에 나란히 늘어서 있던 성의 정문 거리였다고 한다.

○파고다공원

보신각의 왼편에 파고다공원으로 통하는 탑동공원(塔洞公園)이 있다. 이곳은 원래 대원각사(大圓覺寺)가 있던 자리로 원내에는 명성 높은 13층 한수석탑(寒水石塔)이 남아 있다. 탑은 원각사 건립과 함께 세조 때에 고려 경천사(敬天寺)의 석탑을 본떠서 세운 것으로 주위의 한 면에 불상 등을 조각하고 석재의 질과 기교 모두 보기 드문 일품이다.

○창덕궁(昌德宮)

종로통에서 왼쪽으로 멀리 보이는 돈화문(敦化門)은 명성왕후가 거처한 창덕궁의 정면이다. 궁은 조선 3대 태종 5년(1404)에 지어진 것으로, '분로쿠의 역(文禄の役)'[임진왜란] 때에 일본군의 입성(入城)에 앞서 병화(兵火)로 소실되었고, 지금 건물은 그 후에 재건된 것이다. 정문인 돈화문은 남대문과 함께 조선 최고(最古)의 건물로 문을 들어서면 오른쪽에 이왕직(李王職), 왼쪽에 인정전(仁政殿), 이어서 선정전(宣政殿), 가장 안쪽에 일상의 거처인 대조전(大造殿)이 있다. 또 이곳은 보통 일반인에게는 개방되지 않는다.

○창경원(昌慶苑)

이왕가(李王家)가 경성 부민을 위해 정원의 일부를 개방하고 정원 내에 박물관·동식물원 등의 설비를 만든 것으로 지금은 사계절 내내 경성 부민 유일의 유원지가 되고 있다. 이곳은 원래 수강궁(壽康宮)이라고 불렸던 궁전의 터로, 그 후 창경궁을 세웠는데 '분로쿠의 역(文禄の役)'[임진왜란] 때에 정문인 홍화문(弘化門)과 명정전(明政殿)을 남기고 소실되어 다시 개축한 것으로 정문을 들어가면 막다른 곳에 명전전이 있다. 고려 말기의 양식을 갖춘 건물로 궁전이 동쪽으로 세워져 있는 것과 경성 최고(最古)의 목조건축이라는 점에서 고고학 취미가의 주목을 끌고 있다. 명정전 부근에 여러 채의 옛 궁궐터에는 박물관과 함께 신라시대 이후의 고기물(古器物)·불상·무구(武具)·서화(書畫) 등 반도 고금(古今)의 문화의 일단을 엿보기에 충분한 좋은 자료를 진열하고 있다. 동물원·식물원은 모두 아주 진귀한 동·식물을 수집하고 있고, 특히 동물원에는 하마가 유명하다. 숲과 샘이 아름답기로 유명한 비원(祕苑)은 식물원 쪽 입구에서 궁전의 뒤쪽에 있는 응봉(鷹峰) 기슭 일대를 가리키며, 구릉이 완만하게 경사지고 오래된 나무의 녹음이 짙으며, 붉고 푸른색이 선명한 누각·비정(沸亭)은 그 사이에 산재하여 실로 그윽하고 심오한 경지를 이루고 있다. 비원은 이왕직의 허가를 받으면 목요일을 제외하고 매일 관람할 수 있다.

○경학원(經學院)

창경원 앞에서 북쪽으로 약 0.5km 정도 떨어진 곳에 있다. 원(院)은 문묘(文廟)를 중심으로 한 유림(儒林)의 학당으로 묘(廟)에는 공자(孔子)를 주좌(主座)로 하고 안자(顔子)·사자(思子)·증자(曾子)·맹자(孟子) 등의 성인과 철인(聖哲)을 제사 지내고, 명륜학원(明倫學院)이 부속 설치되어 있다. 조선 태조가 창건하였으며, 건물은 화재로 인해 개축되었지만, 역대 전사(典祀)를 계속하고 있고, 지금도 매년 봄가을 2회 거행되는 제전(祭典)은 조선

연중행사의 하나로 가장 클래식한 조선 아악(雅樂)이 이곳에서만 전해져오고 있다.

○경성제대(京城帝大)

경학원에서 동대문으로 나오는 새 길의 양측은 경성의 학교 거리로 경성제대·고등상업(高等商業)·고등공업(高等工業)·의전(醫專) 등의 여러 건물이 서 있다.

○동대문(東大門)

본래 이름은 흥인지문(興仁之門)이라 칭한다. 경성에서는 남대문에 버금가는 웅장하고 화려하지만, 건축 연대(年代)에서는 남대문보다 훨씬 나중으로, 약 70년 전에 생긴 것이다. 성문 밖에는 유명한 조선시장과 관우(關羽)를 모신 동묘(東廟)가 있다.

○장충단공원(奬忠壇公園)

남산의 북쪽 기슭 짙푸른 소나무를 등지고 계곡물이 흐르고 언덕이 있으며, 시가지와 떨어진 한적한 공원이다. 봄가을에는 산책하는 시민들이 많으며, 고(故) 이토(伊藤) 공(公)[122]의 위패를 모신 박문사(博文寺)는 이곳에 있다. 여기에서 언덕 하나를 넘으면 요정(料亭), 유곽이 있는 신정(新町)으로 나오고, 또 대화정(大和町) 안쪽의 남산 기슭으로 나가면 1894년경 오

122 이토 히로부미(伊藤博文)를 지칭한다.

토리(大鳥) 공사(公使)[123]가 한정(韓廷)[124]의 중신과 회동하여 시국에 관해 상의(商議)를 거듭했던 노인정(老人亭)이 있다.

○박문사(博文寺)

고(故) 이토 히로부미(伊藤博文) 공(公)의 덕을 섬기며 혁혁한 공을 영원히 후세에 전하고 공의 명복을 기원하기 위해, 장충단공원의 경승지(景勝地)에 총 공사비 27만여 원으로 가마쿠라시대(鎌倉時代) 양식을 본떴으며 본당 정면에 걸려 있는 춘무산(春畝山)의 편액은 순종 황제의 휘호이다.

○용산(龍山)

경성역에서 남쪽으로 한강 방면의 시가를 속칭 용산이라고 칭하고 있다. 경성역에서 전철이 연병정(練兵町)에서 분기되고, 오른쪽으로 이어지는 선은 구(舊) 용산의 시가를 관통하여 한강 강둑으로, 직진하는 선은 신(新) 용산을 관통하여 한강 인도교의 중앙까지 이르고 있다. 전철 분기점인 연병정 일대는 '분로쿠의 역(文禄の役)'[임진왜란] 때에 가토 기요마사(加籐清正)가 주둔했던 곳으로 지금의 육군 창고 주변은 식량미 창고가 있던 곳이다. 구 용산 시가는 옛날부터 나루터 용산진(龍山津)이 번창하여 그곳에는 서적인쇄회사·경성전기회사와 같은 발전소·가스 돔·효창원(孝昌園)·미생정(彌生町) 유곽 등이 있다. 신 용산은 1904년 경의철도의 출발점이 된 이후 철도의 여러 기관, 주택 등이 들어서 있다. 망망했던 모래땅은 어

123 오토리 게이스케(大鳥圭介)를 지칭한다. 1894년 당시 조선공사였고, 경복궁 점령 이후 조선 정부에 내정 개혁을 강요하였던 인물이다.

124 조선 조정, 즉 조선 정부를 지칭한다.

느새 시가지로 바뀌고 뒤에 육군 관청 등의 설치로 한층 발전을 이루었기에 지금은 역사가 있는 구 용산의 번영을 능가하는 성황을 보인다. 이 방면에는 군사령부·사단 및 여단 사령부·보병 제78·제79연대 및 철도국·철도공장·총독 관저(특수한 경우에만 사용함) 등이 있다.

○한강(漢江)

한강은 조선 5대강의 하나로 경성 남쪽 근교를 돌아 흐르고 상류 충주(忠州)에서 경기도의 농산물, 하류 인천에서 바다의 산물을 경성으로 반입하는 조선 배의 수로를 이룬다. 경부가도(京釜街道)의 교통에 편리한 인도교(人道橋)도 놓여있다. 이 다리에서 구 용산 강둑에 이르는 강줄기는 봄·여름철에는 투망·낚시·뱃놀이에 적합하고, 겨울철은 아주 호쾌한 스케이트 활주장이 되고 있다.

2. 교외

○봉산공원(鳳山公園)

한강 인도교를 건너 산언덕에 만들어진 공원으로 설비는 아직 완성되지 않았지만, 봄에 벚꽃이 필 무렵부터 여름에 걸쳐 산책을 하는 시민이 많다. 산으로 이어지는 한강신사(漢江神社)의 높은 누각에서는 남산의 동남 기슭, 서쪽의 빙고(氷庫) 주변을 바라볼 수 있고, 그 조망은 아주 좋다. 다리가 끝나는 지점의 높은 굴뚝이 있는 곳은 인천수도(仁川水道)의 수원지이고, 그 서쪽에는 총독부의 연료시험소가 있다.

○마포(麻浦)

한강 5항의 하나로, 가옥 1천여 채, 조선인이 사용하는 일용물자가 빈번히 출입하는 상업지이다. 맞은편 기슭은 밤섬의 흰 모래사장이 이어지고 푸른 버드나무가 우거진 경승지로 부근 일대는 투망·낚시의 뱃놀이에도 매우 좋다.

○청량리(淸涼里)

경성의 동남부를 우회하는 경원선(京元線) 청량리역 부근을 가리키며, 동대문에서는 시가(市街) 전철 편도 있다. 이 부근 도로의 양측에는 버드나무가 푸른 가지를 늘어뜨리고 기복이 있는 구릉에는 소나무가 우거져 그 상쾌함이 실로 '청량'이라는 이름에 어긋나지 않는 산책에 적합한 지역으로 제국대학 예과, 임업시험소, 농업학교, 청량사(淸凉寺), 진전하(晋殿下)의 능묘가 있다.

○동구릉(東九陵)

청량리에서 춘천 가도로 나아가, 망우리 고개를 넘어서 왼쪽으로 1km 정도인 곳. 구릉 산의 중턱 부근 노송이 울창한 곳에 조선 태조 이하 일곱 왕과 두 왕비의 묘가 있다. 부근의 계곡물은 나무 그늘에서 졸졸 소리를 내며 아주 그윽한 경지를 이루고 있다.

○금곡릉(金谷陵)

동구릉에서 춘천 가도를 8km 정도 더 가면 금곡릉에 다다른다. 고(故) 고종황제와 명성황후의 능묘로, 경성에서는 춘천행 승합자동차를 도중까지 이용할 수 있다.

○ 우이동(牛耳洞)

동대문에서 8km 정도, 철로 경원선으로 가면 창동역(倉洞驛)에서 3km 정도의 여정이다. 뒤로 북한산의 준봉을 업고 기암괴석이 종횡한 계곡에는 졸졸 흐르는 물소리에 굉장한 경치와 정취가 있다. 홍양호(洪良浩)[125]라는 사람이 은둔하였던 달관의 경지로 그가 일본에서 이식한 벚나무로 인해 벚꽃 명소가 되어 꽃피는 계절에는 경성에서 시민들이 술 한 병을 들고 꽃 구경을 가는 경우가 많다.

○ 망월사(望月寺)

경원선 창동·의정부 사이, 망월천의 임시정거장에서 강을 따라서 좁은 길을 약 3km 오르면 도봉산의 험준하게 무리를 이룬 암석 바로 아래 아주 경치가 뛰어난 곳에 망월사가 있다. 도중의 산길은 편하지 않지만, 경치가 좋고 계곡물을 따라 오르기 때문에 그 산과 물이 아름답고 황홀하여 괴로움을 잊을 정도이다. 경성에서 봄, 여름, 가을에 1일 교외 산책하기로는 절호의 지역이다.

○ 세검정(洗劍亭)

경복궁의 뒤쪽 북문에서 언덕을 북으로 1km 정도 내려오면 계곡물이

125 홍양호(1724~1802)는 조선 후기 이조판서, 홍문관, 예문관 양관의 대제학 등을 역임한 문신.

세찬 가파른 언덕에 세워진 작은 정자이다. 이귀(李貴)·김전(金筌)[126] 등의 지사(志士)가 광해군을 폐하고 인조왕을 옹립하기 위해 이곳에 모여 군사 회의를 했던 곳이다. 세검정이란 당시 의사(義士)들이 피를 마시며 검을 갈았던 것에서 유래한 것이라고 전해진다. 또한 이 부근에는 백불(白佛)·홍지문(弘智門)·칠간수(七間水) 등 볼만한 곳이 있다.

○북한산(北漢山)

경성 북쪽에 칼을 줄지어 세워놓은 듯한 험준한 봉우리가 그것으로 경성 독립문에서 산성의 서쪽 문까지 약 16km의 거리가 있다(세검정에서 등반하는 길도 있다). 이 산은 경성의 진산(鎭山)으로 산속에는 이궁(離宮)·중흥사(重興寺)·동장대(東將臺)·만경대(萬景臺) 등의 터가 있다.

○벽제관(碧蹄館)

의주통(義州通)에서 16km, 고양읍에 있다. '분로쿠의 역(文禄の役)'[임진왜란] 때에 명나라 장수 이여송(李如松)과 고바야카와군(小早川軍)이 교전했던 전쟁터로 벽제관의 건물은 나중에 세워진 것이지만, 문에 걸려 있는 벽제관의 현판은 당시의 것이라고 한다.

126 김류(金瑬)의 오기로 판단된다.

3. 인천

• 경성역에서 38.9km, 기차 요금 2등 1원 10전, 3등 61전.

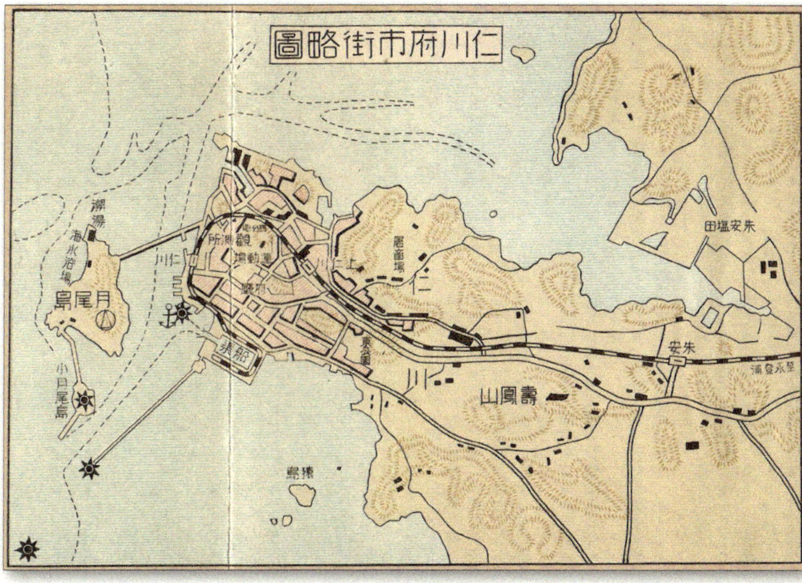

「인천부시가약도」

인천은 수십 년 전까지는 제물포라고 불리는 하나의 한촌(寒村)에 지나지 않았다. 1883년에 개항과 함께 일본인과 외국인들이 점차 많이 이주함에 따라 오늘날과 같이 번성하게 된 것으로, 청일전쟁과 러일전쟁은 모두 인천항 밖의 해전이 도화선이 된 것은 너무나도 유명한 사실이다. 덧붙여서 경성과 인천 간의 철도는 1898년에 개통되었고 조선의 철도 효시이다.

인천항은 부산·원산에 이어 오래된 개항장으로 그 지위는 마치 도쿄와 요코하마와의 관계와 비슷하여 경성의 중요한 요충지이며, 항내(港內)에는 월미도가 가로놓여 있고, 항외(港外)에는 영종(永宗)·용유(龍遊)·자월(紫月)·무의(舞衣)·영흥(靈興)·대부(大阜)의 여러 섬이 바둑판처럼 나열되어 있어 스스로 하나의 큰 만(灣)의 모양을 형성하고 있다. 항내에는 조수 간만의 차가 9m에 이르는 결점을 갑문식(閘門式) 축조로 보완하였으며, 황해도를 사이에 두고 중국의 중부 여러 항과 교류하고 있다. 지형상 뛰어난 위치를 차지하고 있어서 대(對)중국 무역은 조선의 개항장 중에서 1위를 차지하고 있다.

인천은 세 방향이 바다를 향하고 한쪽만 구릉지대로 시가를 형성하고 있다. 길은 활모양을 그리며 좁고 길게 발달하였고, 세로 방향 길은 심한 급경사진 해안으로 이어지기 때문에 바다 위에서 보는 시가는 더없이 아름답다. 해안선으로 이어지는 시가에는 무역상이 많고 본정통(本町通) 및 궁정(宮町) 부근은 번화한 중심을 이루고 있다. 또 인천 정거장 근처에 지나정(支那町[차이나타운]) 일대는 이색적인 분위기를 만들고 있다.

○인구

7만 5,558명(일본인 1만 2,048, 조선인 6만 1,603, 외국인 1,907).

○관공서·은행·회사

부청(府廳)·지방법원 지청·세관·관측소·체신국해사 출장소·검역소·중화민국영사관·조선우선회사(朝鮮郵船會社) 지점·오사카상선회사 지점 등.

○ 인천의 교통

인천·경성 간 기차 약 1시간이면 도달하고 하루 13회 왕복, 약 1시간 간격으로 운행하고 있다. 또 항로는 인천·즈푸(芝罘)·다롄(大連)·칭다오선(青島線), 부산·상하이·칭다오·인천선, 신의주·인천·일본 각 항선, 인천·목포선, 인천·진남포선, 그 외 가까운 바다로 가는 정기항로가 있다.

• 교통비

자동차·택시 80전, 시내 승합자동차 1구(區) 6전.

○ 인천항 무역액(1934년)

• 수이출액(輸移出額): 6,632만여 원(주요품은 쌀·대두·어류·엽연초·소가죽·철류·쌀겨).

• 수이입액(輸移入額): 1억 3,777만여 원(주요품은 밀가루·설탕·맥주·엽연초·석유·기계유·금건(金巾[옥양목])·면포[綿布]·마포[麻布]·인쇄지).

○ 시내 유람 순서

① 인천역 → 동공원(東公園) → 갑문식 선거(船渠) → 월미도 일주 → 조탕(潮湯) → 역. 소요 시간: 자동차 1시간 반, 도보 3시간.

② 역 → 서공원(西公園) → 관측소 → 갑문식 선거 → 동공원 → 월미도 일주 → 조탕(潮湯) → 역. 소요 시간: 자동차 2시간, 도보 4시간.

○ 서공원(西公園)

거류지회(居留地會)가 만든 곳으로 시가의 배경이 되는 언덕 위에 있다. 인천역에서 0.5km의 산수정(山手町)에 있기 때문에 산수공원이라고도 한다. 특히, 언덕 위에서 보는 경치가 좋고, 월미도(月尾島)·소월미도(小月尾

島)·영종(永宗)·용유(龍遊)·무의(舞衣) 등 여러 섬을 한눈에 담을 수 있다. 지금 이곳에 러일해전의 기념으로 지요다함(千代田艦)의 돛대가 세워져 있다.

○ 동공원(東公園)

시가의 중앙 서해에 면한 높고 메마른 땅에 있다. 인천공원이라고도 칭한다. 경내(境內)가 넓고 조망하기 매우 좋으며, 원내(園內)에는 대신궁(大神宮)·금도비라신사(金刀比羅神社)·덴만구(天萬宮) 등이 있다.

○ 인천 선거(仁川船渠)

동양 유일의 갑문식 선거로, 길이 454.5m, 폭 218.1m, 최소 수심 8m 정도, 사방에는 163m의 갑문 벽에 2개의 철제 갑문이 붙어 있으며, 만조 때는 문을 열어 기선을 출입시키고 간조 때는 문을 닫아 부두 내에 바닷물을 보관하는 설비이다. 선거(船渠)의 3면에는 철도 인입선(引込線)을 부설하고 하역 작업에 편리를 도모하고 있다. 본선거(本船渠)는 약 7년의 세월과 560만여 원의 공사비를 투자하여 1918년 10월 준공한 것으로 최근 점점 협소해져서 항만 설비의 확장 공사를 시작하고 있다.

인천 부두

○ 월미도(月尾島)

시가지의 서쪽, 인천역의 뒤쪽에서 약 1km의 콘크리트 제방으로 육지와 이어져 있다. 남쪽에 소월미도·팔미도를 바라보고 항구 내 일대 조망이 절경이다. 팔미도 연안은 러일전쟁 코레츠·바리야크 2척의 러시아 군함이 격침된 장소로 알려져 있다. 섬 북쪽으로는 조탕(潮湯)·유원지·별장·여관 등의 오락 기관을 갖추고 있다. 유람지로서 봄부터 가을에 걸쳐서 놀러 오는 경인 시민이 굉장히 많다.

○조탕(潮湯)

월미도의 오른쪽 끝 조금 높은 언덕 위에 세워진 화양식(和洋式) 건물로 아래층에는 남녀 각 대욕조를 갖추고 끊임없이 조탕을 분출시키고 있다. 위층에는 휴식 및 오락실의 무대와 매점 등이 마련되어 있다. 여름철에 경인 시민이 월미도에서 많이 노는 것은 실로 이 조탕이 있기 때문이다.

○강화도(江華島)

한강의 하구에 가로지른 조선 5대 섬의 하나로, 인천에서 매일 기선(汽船) 편이 있다(기선 운임은 3등 50전, 2등 1원 40전). 예전에 방어사(防禦使)를 둔 곳으로, 1875년 운요호를 포격했던 것은 이곳의 포대로 그 터는 지금도 남아 있다. 섬의 주읍(主邑) 강화는 옛날 강도(江都)라고 칭하고 고려의 고조(高祖)[127]가 몽골군 침입을 피해 한때 이곳에 수도를 둔 적도 있는 곳으로, 산간에는 고려시대의 홍릉(弘陵)·곤릉(坤陵)·석릉(碩陵) 등의 능묘 및 전등사(傳燈寺)·적석사(積石寺) 등의 사찰이 있다.

127 강화천도 시기 고려의 왕은 고조(高祖)가 아니라 고종(高宗)이다. 자세한 내용은 앞의 주석을 참조.

4. 수원읍

• 경성역에서 41.7km. 기차 운임 2등 1원 18전, 3등 66전.

남쪽으로 팔달(八達), 동북쪽으로 광교(光敎), 서쪽으로 화산(花山)의 산언덕이 기복(起伏)하고, 화천(華川)의 물줄기도 깨끗하며 산하금대(山河襟帶)의 지역을 이루고 있어서 예부터 정치적으로도 중요한 지역이었다. 조선 후기 정조(正祖)왕 때에는 이 땅에 왕성(王城)을 조성하기 위해 궁전 성곽을 축조하는 한편 권농식목(勸農植木)의 사업을 장려하였는데 도중에 실패하고 천도(遷都)의 뜻은 이루지 못했다. 현재 부근에 남아 있는 성벽과 누각은 당시의 유물이고 아름다운 경치와 함께 하루 유람에 충분한 가치가 있다.

역사(驛舍)는 고도(古都)에 어울리는 고풍스럽고 우아한 조선 궁전 건조물로 이곳에서 여주(驪州)까지 경동철도선(京東鐵道線)이 분기(分岐)하고 있다.

○ 인구

1만 3,058명 (일본인 1,618, 조선인 1만 1,384, 외국인 56).

○ 관공서

군청·법원지청·농사시험장·고등농림학교·경동철도주식회사(京東鐵道株式會社).

○여관

야마모토여관(山本旅館)·쇼와여관(昭和旅館, [이상 역 앞]), 히고여관(肥後旅館, [읍내]), 숙박료: 2원~4원.

○교통비

• 승합 버스 10전.

• 시내 택시 60전.

○시내 유람순서

역 → 팔달문(八達門) → 화성장대(華城將臺) → 화홍문(華虹門) → 방화수류정(訪花隨柳亭) → 농사시험장(農事試驗場) → 서호(西湖) → 역. 소요 시간: 자동차와 도보로 가면 4시간.

○팔달문(八達門)

역에서 읍내 쪽으로 직로 2.5km, 팔달산 기슭에 우뚝 솟아 있는 2층 누문(樓門)으로 수원 성벽의 남쪽 입구에 해당하고 남문(南門)이라고도 한다. 지금으로부터 130여 년 전, 정조 시대의 건축으로 그리 오래되진 않지만, 구상(構想)이 장대한 것은 조선시대 예술의 진수라고 한다.

○행궁터(行宮跡)

팔달문에서 약 0.5km 왼쪽으로 돌아가면 팔달산의 녹음을 배경으로 예스럽고 우아한 누각이 하나 있다. 지금은 도립의원(道立醫院)의 일부로 되어 있지만, 정조왕의 행궁 터로 성벽이나 누각의 4개 문과 함께 세워진 유서 있는 건물이다.

○화성장대(華城將臺)

팔달산 정상에 있는 옛날 많은 군사를 지휘(指揮)하던 장수의 지휘대(將臺) 터로 여기에서는 수원의 근교는 지척에 있다. 지금 걸려 있는 화성장대(華城將臺)의 현판은 정조왕의 친필이다.

○화홍문(華虹門)

읍내를 가로질러 북문의 장안문(長安門)을 보고 화천(花川) 쪽으로 가면, 장안문에서 창룡문(蒼龍門)에 이르는 성벽이 강을 가로지르는 곳에 7개의 수문을 설치하여 그 위에 누각을 세운 것이 화홍문으로 건축이 우아하고 주변의 아름다움은 인접한 방화수류정과 함께 한 폭의 그림같이 아름답다.

○방화수류정(訪花隨柳亭)

화홍문에 인접한 언덕 위의 누각이 그것이다. 이 부근은 수원 경승의 진수라고도 할만한 곳으로 누각 아래의 용두지(龍頭池)에는 정자의 붉은 난간이 수면에 비치고, 왼쪽의 울창한 소나무 가지 끝에서 장안문의 왕릉이 높게 빛난다.

○봉로대(烽爐臺)

창룡문의 남쪽 덩굴풀에 덮인 봉화대 유적이 있다. 남쪽에서 순서대로 5개의 횃불 구멍을 설치하고 매일 저녁 불을 피웠다. 동쪽은 용인군 석성산(石城山)의 육봉(陸烽)에 응하고, 서쪽은 흥천대(興天臺)에서 바다로 신호를 보내며, 다른 4개의 구멍은 도성(都城)이 위급한 경우에 행한 것이다.

○서호(西湖)

역에서 서북 0.5km, 녹음이 짙은 축만(祝萬)이라는 긴 제방에 둘러싸인 저수지로 권농(勸農)을 장려하기 위해 조선 정조가 농민을 위해 건설한 것이다. 제방 위에 소나무 가로수를 지나면 일수언(溢水堰)의 언덕 위에 있는 항미정(杭眉亭) 건물이 있다. 중국의 서호를 본뜬 취향이라고 하며, 봄부터 가을에 걸쳐 풍류를 즐기는 곳이다.

○농사시험장(農事試驗場)

고갈된 반도 농산계의 개량 지도를 위해서 총독부가 시설한 것으로 파종 및 이식, 토양의 연구, 거름주기 및 병해의 구제 방법, 특용작물, 잠업, 축산, 그 외 일반농업에 관한 제반 사항을 파악하고 조선 내 각 지역에 지장(支場)을 두고 원예·면작(棉作)·목마(牧馬)·목양(牧羊) 등의 각 사업을 망라하고 있다. 또 장내(場內)에는 고등농림학교·여자잠업강습소 및 잠업시험소가 있다.

○화산(華山)

역에서 남쪽으로 10km, 자동차 편도 있는데 다음 역 병점(餠店) 쪽에서 가깝다. 높이 솟은 소나무가 울창하여 온 산을 덮고, 반도에는 드문 아름다운 산림을 이루고 있다. 소나무 숲속에는 건릉(健陵)·융릉(隆陵) 및 이왕가를 모신 절인 용주사(龍珠寺)가 있다.

5. 개성

• 경성역에서 73.4km, 기차 운임 2등 2원 8전, 3등 1원 15전.

고려 태조 왕건은 신라의 왕족 궁예(弓裔)의 비장(裨將)에서 입신출세하여 반도 통일의 대업을 완성하여 고려국이라 칭하고, 그 고향 송도(松都[개성(開城)])에 도읍을 정했다. 이후 고려의 왕위가 이어져 32대, 440여 년 동안 왕도로서 번영하였다. 그동안 어느 정도 성쇠는 있었지만, 조선의 문

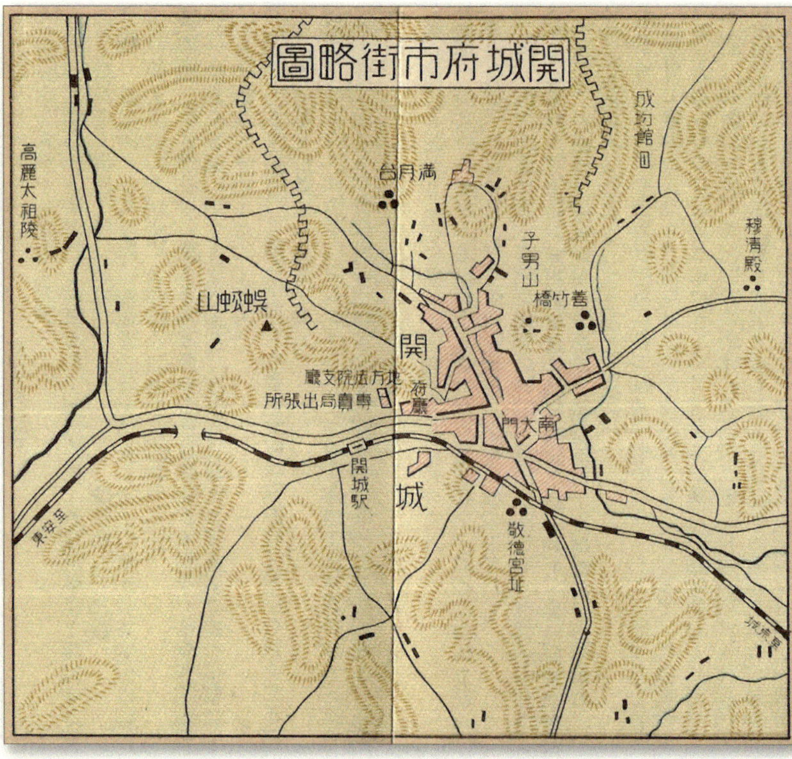

「개성부시가약도」

물은 눈에 띄게 진보하였고, 불교 공예 등 고려의 독특한 문화가 크게 번성하여 예술적으로 황금시대를 만들었는데 조선왕조가 경성으로 도읍을 옮기게 되어 점점 쇠락하였으며, 오늘날에는 옛날의 번성을 볼 수도 없으며, 단지 예부터 조선 유수의 상업지였다는 것과 불로장수의 영약(靈藥)인 조선 인삼의 산지로서 알려져 있다.

개성으로는 경성에서 기차로 약 1시간 반 정도에 도달하고, 정거장은 옛 성벽(城壁)의 서남성(西南城) 밖의 터에 있는데 시가(市街)는 그 남쪽 0.5km, 옛 성문(城門)인 남문루(南門樓)를 중심으로 성안과 성 밖의 지역으로 서로 나누어져 전개되어 있다.

○ 인구

- 5만 4,457명(일본인 1,554, 조선인 5만 2,675, 외국인 228).

○ 관공서·기타

- 부청(府廳)·군청(郡廳)·지방법원지청·도립개성의원·전매국출장소·소년형무소·공립상업학교.

○ 여관

- 개화관(開和館, 서본정[西本町])·개성여관(開城旅館, 대화정[大和町])·이와미여관(岩見旅館, 대평정[大平町]).

○ 교통비

- 자동차, 택시 80전.

○요리점(旗亭)

• 표루(瓢樓, 대화정), 야명루(夜明樓, 대화정).

○철도공원(鐵道公園)

역 앞의 언덕을 이용하여 조성한 것으로 개성에서 유일한 공원이다. 원내에는 수천 그루의 복숭아나무와 벚나무를 심었다. 기복하는 구릉 안에 연못(泉池)·우거진 숲(叢林)·운동장·간이 찻집(茶亭) 등의 시설이 있다. 하루의 여행에 어울리는 곳이기 때문에 봄가을에는 경성 부근에서 구경하러 오는 사람이 많다.

○전매국출장소(專賣局出張所)

개성의 특산물 고려인삼의 제조공장으로 정부의 전매에 관련된 홍삼은 이곳에서 제조되어, 미쓰이물산주식회사(三井物産株式會社)의 손을 거쳐 주로 중국으로 수출되고 있다. 장내는 허가를 받으면 참관할 수 있다.

○남대문(南大門)

시가(市街)가 문밖으로 펼쳐지기 때문에 지금은 시가 중심에 있다. 문은 조선 태조 2년(1393)에 만들어졌고, 경성의 남대문보다 3년 정도 오래되었으며, 조선 초기의 걸작이라고 알려져 있다. 누상(樓上)에는 약 600년 전 원(元)나라의 장인에 의해 주조(鑄造)된 조선의 4대 명종(名鐘)의 하나인 거종(巨鐘)이 있다. 주위의 도안 모양이 아주 예술성이 풍부하고 다른 것에 비할 바가 아니기 때문에 고증학적으로 귀중한 자료가 되고 있다.

○ 선죽교(善竹橋)

개성·선죽교

남문루에서 1.5km, 자남산(子男山)의 동쪽 기슭에 있다. 고려 말기 유신(儒臣) 중심 세력인 정몽주(鄭夢周)가 충성도 허무하게 외로이 한을 삼키고 목숨을 잃은 곳으로, 돌다리에 지금도 암적색의 반점이 있는 것은 당시의 혈흔이라고 전해지고 있다. 그 진위는 알 수 없지만, 언뜻 비장감에 젖어 이런저런 생각에 차마 발길을 돌릴 수가 없다. 그 부근에는 정몽주의 사적(事蹟)을 새긴 2기의 비석이 들어있는 비각(碑閣)도 있다. 또 이곳에서 구릉을 따라서 호정(虎亭)·숭양서원(崧陽書院)·관덕정(觀德亭) 등의 명소를 거쳐 남문루로 나오는 길은 도보하는 유람객에 권하고 싶은 좋은 순람로(巡覽路)이다.

○ 목청전(穆淸殿)

조선 태조 이성계(李成桂)가 즉위 전에 거주한 터로 선죽교에서 0.5km 앞 논 안에 보이는 건물이다. 원래 건물은 '분로쿠의 역(文禄の役)'[임진왜란] 때에 병화(兵火)를 입었는데 재건한 후 이성계의 초상화를 안치하여 제사 지내고, 그 일부는 지금 은사수산장(恩赦授産場)으로 사용되고 있다. 정몽주가 어려움에 처했을 때 이성계를 방문했다는 저택은 이 목청전을 가리킨다.

○만월대(滿月臺)

남문루에서 보면 북쪽 본정(本町)을 직진하여 약 2km, 선죽교에서 다른 길로 가면 약 3km, 시가의 북쪽 근교를 우회해 간다. 대(臺)는 좌우로 계곡물을 끼고, 뒤에 송악산(松嶽山)을 이고 소위 사신상응(四神相應)의 터로서, 금전옥루(金殿玉樓)의 꿈을 거듭한 고려 왕조의 왕궁터였고 이러한 넓고 웅장한 궁전도 고려 말기 도적 떼로 인해 불타고 이후 황폐한 채로 남아 있다. 오늘날에는 누문(樓門)과 전각(殿閣)의 초석만 정연하게 남아 있고, 예전의 장관(壯觀)을 떠올려 볼 수 있다.

○경덕궁(敬德宮)

남문루에서 남으로 1.5km 정도, 철도선로가 향하는 쪽에 있다. 이성계 즉위 3년에 도읍은 경성으로 옮겨졌는데 2대 정종(定宗)[128]에 이르러 다시 일시적으로 개성으로 천도했을 때, 이곳이 궁궐이었다고 한다. 건물은 '분로쿠의 역(文禄の役)'[임진왜란] 때에 전부 없어졌는데 효종(孝宗) 때 석벽을 축조하여 옛터를 보존한 것이다. 궁의 뒤, 남산 기슭에는 반구정(反求亭), 또 동쪽으로 기울어진 가도(寄街道)에는 부조현(不朝峴)이라 하는 옛 유적이 있다.

○채하동(彩霞洞)

시가의 북부 송악산 기슭의 경승지로, 부근 일대는 그윽하고 조용한 경지를 이룬다. 특히 가을 단풍철에는 구경하러 오는 사람이 많다.

128 원문에는 정조(定祖)로 표기되어 있으니 정종(定宗)의 오기로 보인다.

○현릉(顯陵)

역에서 서쪽으로 4km 못 가서 중서면(中西面) 태조릉동(太祖陵洞)에 있다. 이곳은 승려 도선(道詵)이 터를 점치고 태조의 수릉(壽陵)[129]이라고 정한 곳으로, 경내에 울창한 노송 가지가 더해져서 신성한 기운이 자연스럽게 넘친다. 태조 만년(晩年)에 남긴 명으로 왕씨 분묘(王氏墳墓)가 되었기 때문에 고려 역대 능의 대개는 이 부근에 많다.

○현릉(玄陵)

현릉(顯陵)에서 산을 넘어 약 2km, 역에서 가면 약 8km, 또 다음 토성역(土城驛)에서 가면 가장 가까워서 약 2km, 중서면 여릉리(麗陵里)의 안쪽, 봉명산(鳳鳴山)의 중턱에 있다. 고려 태조와 왕비의 분총(墳塚)이 나란히 세워져 있고 석수(石獸)·문무양반(文武兩班)·석등(石燈) 등 능묘(陵墓)로서의 양식이 거의 완전하게 갖추어져 있다. 생각컨대 현재 개성 부근에 있는 고려유물 중 가장 대표적인 석조 예술품을 보려는 사람은 꼭 이곳까지 유람을 와야 한다.

○박연폭포(朴淵瀑布)

천마산(天摩山) 기슭에 있고 다르게는 산성폭포(山城瀑布)라고도 한다. 높이 20m 큰 폭포로 우렁찬 소리를 내며 바위벽에 걸려 있다. 부근은 기암괴석이 겹겹이 솟아 있고 소나무, 잣나무, 단풍나무의 수목이 우거져서 산악의 아름다운 경치를 이루고 있다. 역에서 24km, 자동차 편도 있다.

129 임금이 살아있는 동안에 미리 마련해 두는 임금의 무덤.

■ 경성 부근의 온천

경성 부근 다음의 온천에는 경성역에서 연결되는 30% 할인 왕복표가 발매되고 있다.

- 온양온천(溫陽溫泉): 천안(天安)에서 경남철도(京南鐵道)로 20여 분이면 도착한다(토요일, 일요일에만 왕복 50% 할인). 신정관(神井館)·광양관(廣陽館)·이시다여관(石田旅館) 등.
- 유성온천(儒城溫泉): 대전(大田)에서 자동차로 30분이면 도착한다. 봉명관(鳳鳴館)(신 온천장)·승리관(勝利館)(구 온천장) 등.
- 신천온천(信川溫泉): 사리원(沙里院)에서 조철선(朝鐵線)으로 약 1시간이면 도착한다. 온천호텔·네모토여관(根本旅館)·다이코쿠야(大黑屋) 등.
- 배천온천(白川溫泉): 토성(土城)에서 조철선으로 약 30분이면 도착한다(토요일, 일요일에만 왕복 50% 할인). 배천호텔(白川ホテル).

■ 안내소의 업무

- 조선, 만주, 중국에 관한 각종의 질문 응답, 여행, 통관, 물자에 관한 설명, 활동사진 및 강연 출장.
- 업무 일체 수수료 없음.

■ 선만(鮮滿) 안내소

- 도쿄: 도쿄 마루노우치(東京丸ノ內)빌딩, 전화(대표) 마루노우치 3131번.
- 오사카: 오사카 사카이스지(堺筋) 아즈치마치(安土町), 전화(대표) 본정(本町) 1700번.
- 시모노세키(下關): 시모노세키 역 앞, 전화 1962번.

1936년 3월 20일 인쇄, 1936년 3월 25일 발행

조선총독부 철도국

[7] 경성관광의 안내서(京城觀光の志おり)

경성관광협회 안내소, 연도 미상

집필·번역: 신동규

표지면 펼친 모습, 89㎜×190㎜, 264㎜×190㎜.

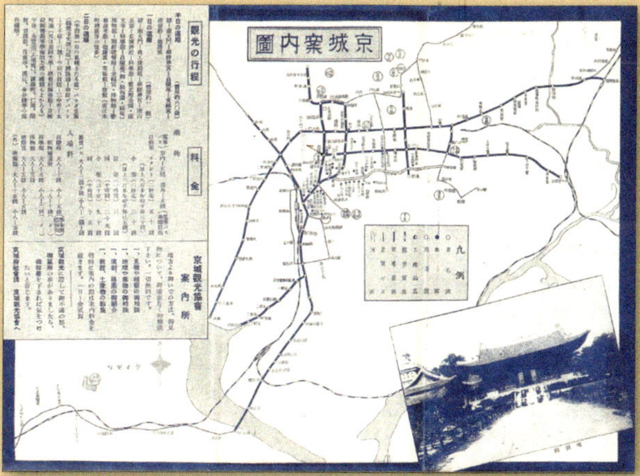

내지면 펼친 모습

접힌 면(원상태) 앞표지

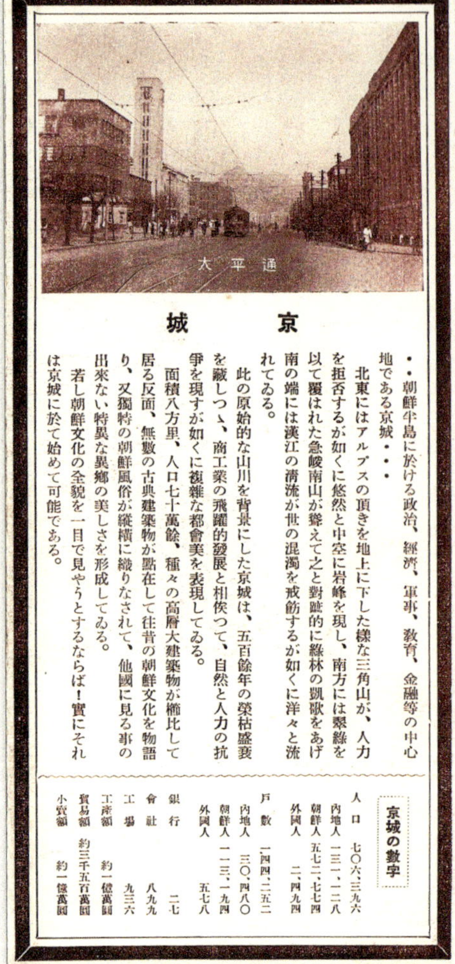

大平通

京城

・・朝鮮半島に於ける政治、經濟、軍事、敎育、金融等の中心地である京城・・・

北東にはアルプスの頂きを地上に下した樣な三角山が、人力を拒否するが如くに悠然と中空に岩峰を現し、南方には翠綠を以て覆はれた急峻南山が聳えて之と對蹠的に綠林の凱歌をあげ南の端には漢江の淸流が世の混濁を戒飭するが如くに洋々と流れてゐる。

此の原始的な山川を背景にした京城は、五百餘年の榮枯盛衰を藏しつゝ、商工業の飛躍的發展と相俟つて、自然と人力の抗爭を現すが如くに複雜な都會美を表現してゐる。

面積八方里、人口七十萬餘、種々の高層大建築物が櫛比して居る反面、無數の古典建築物が點在して往昔の朝鮮文化を物語り、又獨特の朝鮮風俗が縱橫に織りなされて、他國に見る事の出來ない特異な異鄕の美しさを形成してゐる。

若し朝鮮文化の全貌を一目で見やうとするならば！實にそれは京城に於て始めて可能である。

京城の數字

人口	七〇六、三九六
內地人	一三一、一二八
朝鮮人	五七二、七七四
外國人	二、四九四
戶數	一四四、二五二
內地人	三〇、四八〇
朝鮮人	一一三、一九四
外國人	五七八
銀行	二七
會社	八九九
工場	九三六
工産額	約一億萬圓
貿易額	約三千五百萬圓
小賣額	約一億萬圓

접힌 면(원상태) 뒤표지

| 해제 |

이 자료는 경성부 산하 경성관광협회에서 경성 관광을 선전·홍보하기 위해 발행한 『경성관광의 안내서(京城觀光の志おり)』라는 제명의 팸플릿으로 자료 자체는 좌우 3면(앞뒤 총 6면)으로 접혀 있는 상태이다. 내용은 경성의 개요, 명소 안내, 「경성안내도」 및 관광의 코스와 요금, 경성관광협회 안내소에 대한 소개를 비롯해 태평통(太平通)과 명정전(明政殿)의 사진 2매가 수록되어 있으며, 발행 연대는 명확히 표기하지 않았지만, 「경성안내도」를 보면 1933년에 영업을 시작한 조지야백화점(丁子屋百貨店)이 표시되어 있고, 또 1936년에 건립된 경찰참고관 등이 보이므로 대략 1936년 이후에 발행된 것으로 추측해 볼 수 있다.

우선, 표지면을 펼쳐보면 표지에는 해태상과 경회루를 바라보는 기생의 사진이 삽입되어 있고, 오른쪽으로 이어진 뒷면에는 태평통에서 전차가 운행하는 모습을 담은 사진과 함께 경성에 대한 개요로서 지리적 여건과 면적, 인구 등을 간략히 소개하고 있다. 그 하단 부분에는 경성 인구가 70만 6,396명인데, 그중에 일본인 13만 1,128명, 조선인 57만 2,774명, 외국인 2,494명이 있고, 가구 수는 14만 4,252호, 그 외에 은행 27, 회사 899, 공장 936, 공산액은 약 1억 1만 원, 무역액이 약 3,500만 원, 소매액이 약 1억 1만 원의 도시 규모임을 밝히고 있다. 오른쪽에는 '명소안내'라는 부제 하에 조선신궁, 남대문, 과학관, 박문사(博文寺), 경학원(經學院), 창경원, 창덕궁, 총독부, 덕수궁과 미술관, 공원, 번화가, 영등포의 대략을 소개하고 있다.

내지면을 펼치면, 전면에 「경성안내도」가 그려져 있는데, 주로 경전 버스와 전차 노선, 철도선로를 중심으로 정거장과 주요 명승지 및 여관 등을 표시하고 있으며, 오른쪽 아랫부분에는 현재 국보 제226호로 창경궁의 정전인 명정전(明政殿)의 사진이 삽입되어 있다. 왼쪽 위의 네모 칸 부분에는 '관광 행정(行程)'이라는 제명으로 경성의 관광 코스를 반나절 코스, 1일 코스, 2일 코스로 나누어 그 관람 순서를 기재하였으며, 경성 교통기관의 요금과 명승지 및 박물관의 입장료까지도 안내하고 있다. 네모 칸 안의 아래쪽에 경성관광협회 안내소를 소개한 부분에서는 관광과 시찰의 상담, 지리와 교통기관에 대한 상담, 연극과 영화의 소개, 여관과 토산품의 알선 등의 업무를 담당하고 있음을 홍보하고 있다.

| 번역문 |

1. 경성 개관

조선 반도에서 정치·경제·군사·교육·금융 등의 중심지 경성. 북동쪽에는 알프스의 꼭대기를 지상에 내려놓은 것 같은 삼각산(三角山)이 사람의 힘을 거부하듯 의연하게 하늘 쪽으로 바위 봉우리를 드러내고 있다. 남쪽으로는 푸른 빛을 감싸고 있는 험준한 남산이 우뚝 솟아 있으면서도 그와 대조적으로 푸른 숲은 환성이 울리듯 펴져 있고, 남쪽의 끝에는 한강의 푸른 물결이 세상의 혼탁을 경계하는 것처럼 유유히 흐르고 있다.

이 원시적인 산천을 배경으로 하는 경성은 500여 년의 영고성쇠(榮枯盛衰)를 감추고 있으며, 상공업의 비약적 발전과 함께 자연과 인력의 항쟁을 나타내는 것처럼 복잡한 도시미관을 표현하고 있다. 면적 8방리(方里)[987.1㎢][130]1 인구 70만여 명, 각종 고층 대건축물이 즐비한 반면에 무수한 고전 건축물이 흩어져 있어 지난날 조선의 문화를 이야기해 주고 있으며, 또한 독특한 조선 풍속이 여기저기 반영되어 있어 다른 나라에서는 볼 수 없는 특이한 이국의 아름다움을 형성하고 있다. 만약, 조선 문화의

130 '방리(方里)'는 가로세로 1리(里)의 면적을 말하며, 1리 사방(四方), 또는 1평 방리(方里)와 같은 의미이다. '리'는 조선과 일본이 다르기 때문에 여기서는 일본의 '리'로 환산해야 한다. 1리=약 3.9273㎞이기에 8리는 31.4184㎞이고, 이를 제곱하면 약 987.1㎢이고, 평수로는 약 298,597,750평 정도이다.

전모를 한눈에 보고자 한다면 그것은 실로 경성에서 비로소 가능할 것이다.

2. 숫자로 보는 경성

○인구 70만 6,396명

일본인: 13만 1,128명.

조선인: 57만 2,774명.

외국인: 2,494명.

○가구 수 14만 4,252호

일본인: 3만 480호.

조선인: 11만 3,194호.

외국인: 578호.

○기타

은행: 27.

회사: 899.

공장: 936.

공산액: 약 1억 1만 원.

무역액: 약 3,500만 원.

소매액: 약 1억 1만 원.

3. 명소 안내

○조선신궁(朝鮮神宮)

아마테라스 오카미(天照大神)와 메이지천황 두 신을 제사하는 관폐대사(官幣大社)이며, 전체 조선 사람들의 마음에서 공경의 중핵을 이루고 있다. 남산의 중턱을 신역(神域)으로 삼아 2백만 원의 거액과 5년의 시간을 투자하여 만들었으며, 장엄하여 그 자체가 신기(神氣)에 둘러싸여 있다. 또한 그곳에서는 경성 시가지 전체를 내려다볼 수 있다.

○남대문(南大門)

원래 명칭은 숭례문(崇禮門)이라고 하며 조선시대 초기, 즉 530여 년 전의 것으로 지붕과 석축, 궐문의 조화가 훌륭하여 동대문과 함께 경성 팔대문 중의 하나이다.

○과학관(科學館)

조선신궁에서 약간 내려오면 경성신사(京城神社)와 덴만구(天滿宮) 부근에 있는데, 옛 총독부 청사를 이용하여 도쿄(東京)와 센다이(仙台) 과학박물관과 함께 어깨를 견주고 있다. 진열품은 3,600종, 1만 7,000여 점이 있다.

○박문사(博文寺)

유명한 장충단공원의 언덕 위에 있으며 이토 히로부미(伊藤博文) 공의 혼령을 제사하고 있다. 조동종(曹洞宗)으로 특이한 것은 철근콘크리트로 지어진 절이라는 점이다.

○경학원(經學院)

유교의 최고 학부(學府)로 공자를 제사하는 문묘가 부속되어 있으며, 봄가을 두 차례 송대(宋代)의 의식에 따라 성대한 석전제(釋典祭)가 행해지고 있다.

○창경원(昌慶苑)

이왕가(李王家)가 경성 부민들을 위하여 정원 일부를 개방한 것으로 벚나무가 흐드러지게 피어 있어 아름답고, 동물원과 동양 최고라 불리는 식물원 등이 있다.

○창덕궁(昌德宮)

조선 태종이 지은 것으로 1907년 이래 이왕 전하가 거주하시는 곳이다.

○경복궁(景福宮)

조선 태조가 개성에서 도읍을 옮겼을 당시 창건한 것으로 고려의 영향을 받아 화려하게 지어진 궁이었으나, '임진의 난'[임진왜란]으로 소실된 후에 1867년 대원군이 재건하였다. 면적은 13만 평이고, 근정전(勤政殿, 여러 의식을 행하는 장소)·사정전(思政殿, 정사를 돌보는 장소)·경회루(慶會樓, 연회장) 등 조선시대 말기의 대표적 건축물이 있으며, 또 총독부박물관도 있다.

○총독부(總督府)

10개년의 세월과 675만 원의 거금을 투입하여 완성한 것으로 중앙탑의 높이 180척, 각층 총건평 9,600여 평, 화강석으로 장식한 철근콘크리트 구조의 웅장한 건물이다. 중앙의 대형 홀과 현관은 대리석을 사용하여 매우 훌륭하고, 벽화는 와다 산조(和田三造) 화백의 작품이다.

○덕수궁(德壽宮) 및 미술관

조선 제9대 성종의 형인 월산대군(月山大君)의 사저였던 곳으로 1907년 이태왕 전하의 행궁이 되었고, 또한 동 전하가 승하하신 곳이기도 하다. 이왕 전하도 이곳에서 탄생하셨고, 중화전(中和殿)·함녕전(咸寧殿)·석조전(石造殿) 등이 있으며 현대 미술가의 작품을 진열하고 있는 미술관과 '이왕가박물관'이 있다.

○공원

조선신궁에서 남산 중턱의 이참도(裏參道)는 한양공원이다. 거기에서 경성신사(京城神社)·덴만구(天滿宮)·노기신사(乃木神社)가 연이어 있는데, 근처에는 남산공원이 있고 종로 거리에는 파고다공원이 있으며, 그 유명한 고려시대의 대리석으로 만든 탑이 있다.

○번화가

종로통(鐘路通)은 화신백화점을 비롯하여 큰 상점가가 즐비하고, 밤에는 네온사인이 화려하며 포장마차도 줄지어 펼쳐져 도쿄의 긴자(銀座)와 같다. 또한, 본정통(本町通)은 미나카이백화점(三中井百貨店)·히라타백화점(平田百貨店)을 비롯해 상점이 줄지어 있는데, 오사카의 신사이바시(心齋橋) 거리와 같이 번화하며, 부근에는 미쓰코시(三越)·조지야(丁子屋) 등의 백화점이 있다.

○영등포(永登浦)

근래에 들어와 현저한 발전을 이루고 있는 공장가로서 방적회사·맥주회사 등의 공장을 비롯해 다수의 큰 공장 건물이 하늘에 닿을 정도이며 비상시의 긴장 속에서 활동하고 있다. 또한 영등포로 가는 도중에 한강이 있고, 여의도에는 비행장이 있어서 창공에서 은빛 날개를 빛내고 있다.

4. 관광 일정

○반나절 코스: 비용 약 60전

경성역→남대문→조선신궁→창경원→경복궁→총독부→덕수궁.

○1일 코스

경성역 → 남대문 → 상공장려관 → 조선신궁 → 남산공원 → 경성신사 → 과학관 → 장충단공원·박문사 → 경학원 → 창경원(동물원·식물원·비원) → 박물관 → 조선총독부 → 경복궁·박물관 → 경찰참고관 → 덕수궁·미술관 → 여관(저녁에는 본정[本町]·종로 등의 산책).

○2일 코스

오전: (첫날 관람하지 못한 장소) → 파고다공원(원각사 대리석탑) → 종로통 → 화신백화점 → 조지야(丁子屋) → 미쓰코시(三越) → 히라타백화점(平田百貨店) → 미나카이(三中井) → 본정통(本町通, 또는 제국대학→총독부 도서관→경성부 도서

관 등 학술적 방면의 시찰도 좋을 것임).

오후: 영등포(공장가), 청량정(清凉町), 인천, 개성, 벽제관(碧蹄館), 세검정, 한강, 금곡릉(金谷陵) 등의 교외 시찰.

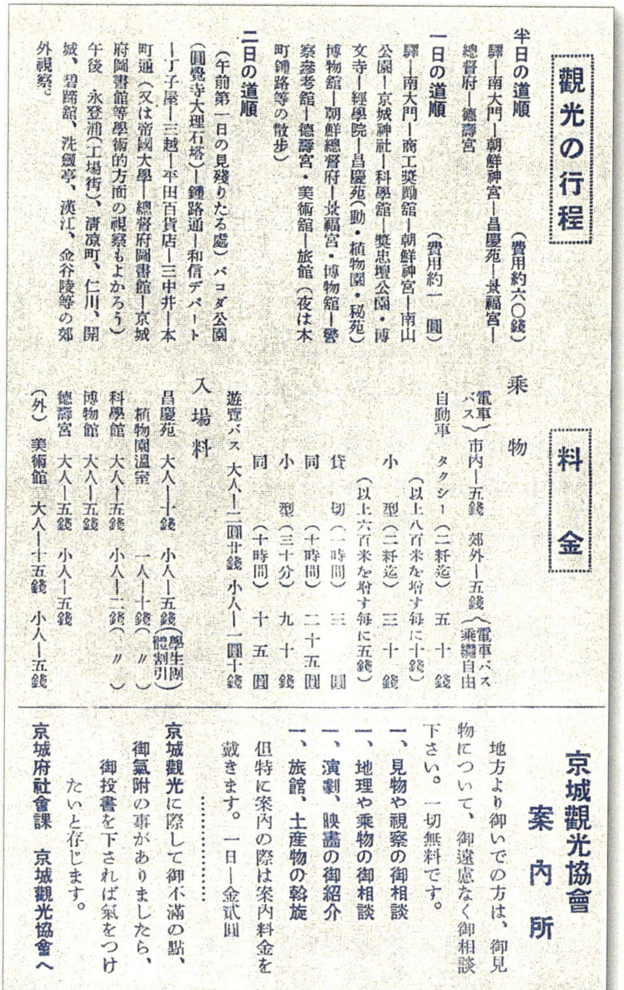

觀光の行程

半日の道順（費用約六〇錢）
驛―南大門―朝鮮神宮―昌慶苑―景福宮―總督府―德壽宮

一日の道順（費用約一圓）
驛―南大門―商工奬勵館―朝鮮神宮―南山公園―京城神社―科學館―奬忠壇公園・博文寺―經學院―昌慶苑（動・植物園・秘苑）博物館―朝鮮總督府―景福宮・博物館―警察參考館―德壽宮・美術館―旅館（夜は本町鍾路等の散歩）

二日の道順
（午前第一日の見殘りたる處）パゴダ公園（圓覺寺大理石塔）―鍾路通―和信デパート―丁子屋―三越―平田百貨店―三中井―本町通（又は帝國大學―總督府圖書館―京城府圖書館等學術的方面の視察もよかろう）
午後 永登浦（工場街）、淸凉町、仁川、開城、碧蹄館、洗劍亭、漢江、金谷陵等の郊外視察。

料金

乘物
電車バス 市內―五錢 郊外―五錢（電車バス乘繼自由）
自動車 タクシー（二粁迄）五十錢（以上八百米を增す每に十錢）
小型（二粁迄）三十錢（以上六百米を增す每に五錢）
貸切（一時間）三圓
同（十時間）二十五圓
小型（三十分）九十錢
同（十時間）十五圓
遊覽バス 大人―二圓廿錢 小人―一圓十錢

入場料
昌慶苑 大人―十錢 小人―五錢（學生團體割引）
植物園溫室 一人―十錢（〃）
科學館 大人―五錢 小人―二錢（〃）
博物館 大人―五錢
德壽宮 大人―五錢 小人―五錢
（外）美術館 大人―十五錢 小人―五錢

京城觀光協會
案內所

地方より御いでの方は、御見物について、御遠慮なく御相談下さい。一切無料です。
一、見物や視察の御相談
一、地理や乘物の御相談
一、演劇、映畫の御紹介
一、旅館、土產物の斡旋
但特に案內の際は案內料金を戴きます。一日―金弐圓

京城觀光に際して御不滿の點、御氣附の事がありましたら、御投書を下されば氣をつけたいと存じます。
京城府社會課 京城觀光協會へ

경성 관광 코스, 요금, 경성관광협회 안내소 소개

5. 교통편과 요금

○교통편

전차·버스: 시내 5전, 교외 5전(전차·버스는 환승 자유).

자동차·택시: 2㎞까지 50전(이후 800m 이동할 때 마다 10전).

소형: 2㎞까지 30전(이후 600m 이동할 때 마다 5전).

전세: 1시간 3원, 10시간 25원.

소형: 30분 90전, 10시간 15원.

유람버스: 대인 2원 20전, 소인 1원 10전.

○입장료

창경원: 대인 10전, 소인 5전(학생단체 할인).

식물원 온실: 1인 10전(학생단체 할인).

과학관: 대인 5전, 소인 2전(학생단체 할인).

박물관: 대인 5전.

덕수궁: 대인 5전, 소인 5전.

(기타) 미술관: 대인 15전, 소인 5전.

6. 경성관광협회 안내소

지방에서 오시는 분은 관람에 대해 언제든지 상담해 주세요. 상담료는 일절 무료입니다. 다만, 특별히 안내를 원하실 때에는 안내 요금을 받습니다(1일 2원).

관람과 시찰의 상담.

지리와 교통편 상담.

연극·영화의 소개.

여관·토산물(土産物)의 선정.

경성을 관광하실 때 불만이나 불편 사항을 경성부 사회과 경성관광협회로 알려주시면 시정하도록 하겠습니다.

[8] 경성(京城)

경성전기주식회사(京城電氣株式會社), 연도 미상

집필·번역: 박영희

표지면 펼친 모습, 110㎜×211㎜, 394㎜×211㎜

내지면 펼친 모습

접힌 면(원상태) 앞표지

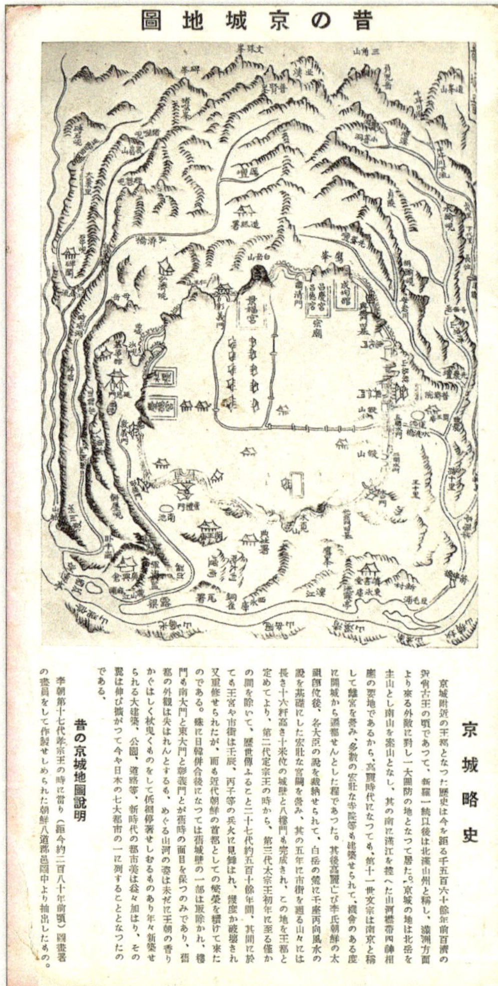

접힌 면(원상태) 뒤표지

|해제|

이 자료는 경성전기주식회사(京城電氣株式會社)가 경성 지역 내 다양한 유람 정보를 제공하기 위해 제작한 인쇄 팸플릿 『경성』으로 좌우 4면씩 총 8면으로 접혀 있는 형태이다. 발행 시기는 명확하지 않지만, 수록된 내용과 교통망, 명소 정보 등을 고려할 때, 1937~1940년 사이에 제작된 것으로 추정된다. 이는 전차 및 버스노선이 확장되고, 경성전기가 본격적으로 버스 운영에 참여하기 시작한 시기와 맞물린다.

경성전기주식회사는 1898년 대한제국 시기에 설립된 한성전기를 모태로 하여, 1904년 한미 합작 형태의 한미전기회사로 재편되었고, 1908년에는 일한와사전기(日韓瓦斯電氣)를 거쳐 1915년 경성전기로 사명을 변경하였다. 이후 전기, 전차, 가스 등의 공급을 독점적으로 담당하며 경성 지역 산업의 중추적 구실을 하였다. 특히 1932년 부영버스의 운영권을 인수하면서 교통 분야까지 그 영향력을 확대하였으며, 이는 경성전기가 식민지 자본주의 체제하에서 형성된 대표적인 독점 자본의 사례로 평가되는 배경이 된다.

팸플릿의 표지는 경성의 대표 명소인 경회루를 유화로 표현한 그림으로 구성되어 있으며, 이를 펼치면 경성의 간략한 역사와 함께 조선 제17대 임금 효종 시기에 제작된 「경성의 옛 지도」가 수록되어 있다. 이 지도에 대하여 「조선팔도군읍도(朝鮮八道郡邑圖)」 가운데 골라서 수록하였다고 설명하고 있으나, 실제로는 18세기에 제작된 「광여도(廣輿圖)」 중에 「도성도(都城圖)」이다. 또한 총독부, 조선신궁, 남대문, 경회루, 박물관, 덕수궁 석조전, 박문사, 창경원, 한강 강변, 본정(本町) 등 주요 관광지 10곳에 대한 사진과 간략한 설명이 실려 있어, 당시 관광 정보의 성격을 띠고 있다.

내지면에는 경성 지역의 전차 및 버스노선을 안내하는 대형 지도가 포함되어 있다. 전차 노선은 붉은색, 버스노선은 파란색으로 구분되며, 각 노선의 출발지, 종점, 환승 지점, 정류소 등이 자세히 표시되어 있다. 지도 하단에는 전차·자동차의 영업시간, 승차와 전세 요금뿐만 아니라 연중 주요 행사의 일정과 장소도 함께 수록되어 있어 실용적인 정보를 제공하고 있다. 또한 왼쪽 위에는 경성-인천 간 버스노선 및 관련 정보도 기재되어 있다. 이 외에도 시내 유람 코스 안내가 포함되어 있어, 하루 코스와 반나절 코스로 나뉘어 전차, 자동차 전세, 유람 버스를 이용한 이동 경로, 요금, 인근 정류소 정보 등이 소개된다.

마지막 쪽 하단에는 경기도 경찰부와 경성 헌병대 명의의 고시문이 수록되어 있다. 이 고시문은 사진 촬영, 항공기에서의 촬영, 출판물에 사진 게재 시 유의 사항 등을 명시하고 있어 당시 일본 제국의 강도 높은 통제와 검열 체계를 엿볼 수 있다. 종합적으로 볼 때, 이 팸플릿은 일제강점기 경성의 교통망과 주요 명소, 관광 체계뿐만 아니라 사회 통제의 일면까지 드러나는 귀중한 사료라 할 수 있다.

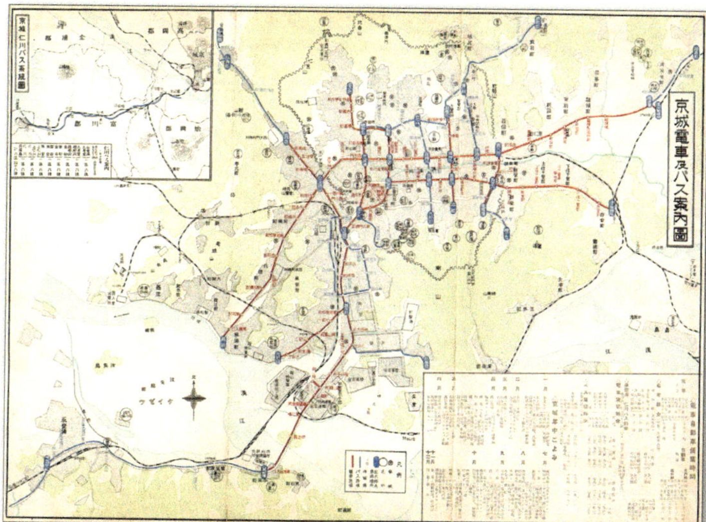

「경성 전차·버스 안내도」

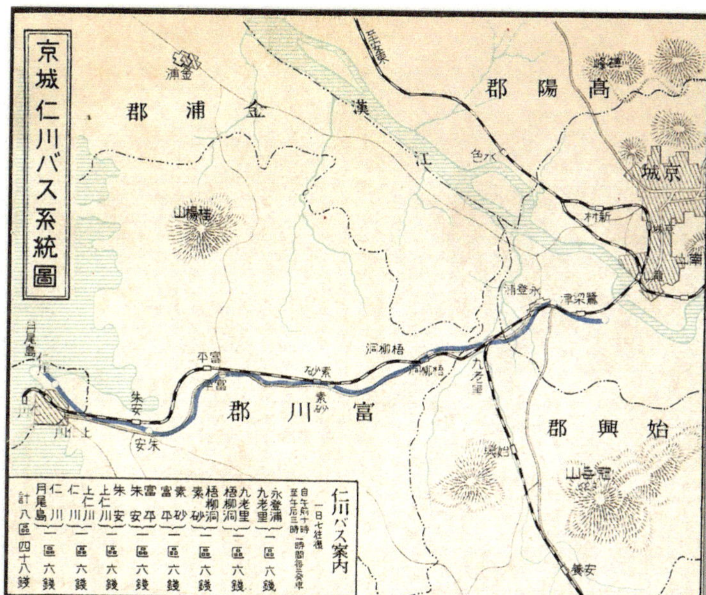

「경성-인천 버스 계통도」

| 번역문 |

1. 경성 약사

경성 부근이 왕도(王都)가 된 역사의 시작은 지금으로부터 1,560여년 전 백제의 근초고왕 무렵이고, 통일 신라[131] 이후에는 북한산주(北漢山州)[132]로 불리며, 만주 방면에서 침입하는 외적을 막기 위한 중요한 요새지로 기능하였다. 경성 땅은 북악(北岳)을 주산(主山), 남산을 안산이라 하여, 남쪽에 한강을 둔 산하금대(山河襟帶)[133], 사신상응(四神相應)[134]의 요지였다. 고려 제11대 문종(文宗)은 이곳을 '남경(南京)'이라 이름하고 별궁을 지었으며, 많은 뛰어난 사원들을 세우게 하여 기회가 있을 때마다 개성(開城)에서 천도하려 할 정도였다. 그 후 고려가 망하고 조선 태조가 즉위한 뒤, 대신들의 의견을 재납(裁納)하여 백악[135] 기슭에 임좌병향(壬座丙向)[136]풍수의 주장을 기반으로 웅장[137]한 궁궐을 지었다. 태조 5년에는 시

131 원문에는 신라일통(新羅一統).

132 지금의 서울 구로구 지역.

133 산이 옷깃처럼 둘러싸이고 강은 띠처럼 흘러 자연의 요새를 이룬다는 의미이다.

134 풍수지리에서 동쪽의 청룡, 서쪽의 백호, 남쪽의 주작, 북쪽의 현무가 조화를 이루는 땅의 형세를 말하며, 이러한 곳은 관직과 복록을 누리고 무병장수한다고 전한다.

135 서울 북악산의 다른 명칭.

136 정남에서 동쪽으로 약 15도 틀어진 방향.

137 원문에는 굉장(宏壯).

가지를 둘러싼 산에 길이 16km, 높이 10m 정도의 성벽과 8개의 누문(樓門)도 완성하여 이 땅을 왕도로 확정하였다. 제2대 정종(定宗) 때부터 제3대 태종 초기에 이르는 잠시의 시기를 제외하면, 역대 27대에 걸친 약 510년간의 조선왕조 동안 이곳의 왕궁과 시가지는 임진왜란과 병자호란 등의 전화(兵火)가 덮쳐 몇 번이나 파괴되어 거듭 중수(重修)되었음에도 근대에 이르기까지 수도로서의 번영을 이어왔다. 특히 한국병합[138] 이후 구 성벽의 일부는 철거되고 누문 또한 남대문·동대문·창의문만이 옛 모습을 간직하고 있을 뿐이다. 이처럼 옛 도성의 외관은 사라졌으나, 도시를 감싸는 산하의 모습은 여전히 왕조의 향기를 간직하고 있다. 그 속에서 산책하며 사색에 잠기는 사람도 있고, 해마다 신축되는 건물과 공원, 도로 등 새로운 시대의 도시미(都市美)가 더욱 빛을 더하며 그 위세를 드러내, 이제는 일본의 7대 도시 중 하나로 자리하게 되었다.

○경성의 옛 지도 설명

조선의 제17대 효종 때(지금으로부터 약 280년 전)[139] 도화서(圖畫署)[140]의 서원(書員)을 통해 제작한 조선팔도군읍도(朝鮮八道郡邑圖)[141]에서 발췌하였다.

138 원문에는 '일한병합(日韓併合)'.

139 효종의 재위 기간은 1649~1659.

140 선시대에 궁중에서 필요한 그림을 전담하던 관청이다.

141 원문에는 '조선팔도군읍도(朝鮮八道郡邑圖)'라고 하였으나 지도는 18세기에 제작된 전국 군현지도집인 광여도(廣輿圖) 가운데 도성도(都城圖)이다. 광여도는 현재 서울대학교 규장각한국학연구원에 소장되어 있다.

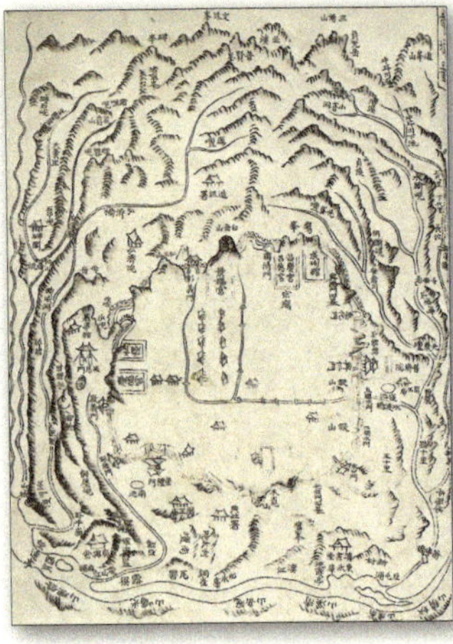

「경성의 옛 지도」

총독부

○총독부

데라우치(寺內) 총독 시절, 계획 공사비 약 630만 원을 들여 1925년에 완성되었다. 큰 홀의 벽화는 와다 산조(和田三造) 화백의 작품으로, 내선융화(內鮮融和)를 상징하는 신화와 조선과 일본(內鮮)의 오래된 풍속을 화제(畫題)로 삼은 걸작이다.

○남대문

정식 명칭은 숭례문으로 그 부근의 당당한 서양풍 대건축물 속에서 홀로 500년의 역사를 품은 청태(靑苔)를 두르고 있어, 동양 예술의 정수를 보여준다. 조선 태조 5년에 건립되었으며, 이후 제4대 세종 때 재건된 경성 8대 성문 중 하나로 가장 웅장한 구조를 자랑한다.

○박물관

경복궁의 동문인 건춘문(建春門)을 들어서면, 흰색 벽으로 둘러싸인 박물관이 나타난다. 이곳에는 고대 조선의 불상, 공예품, 서화 등 수집하기 어려운 수많은 역사적인 유물이 전시되어 있다.

박물관

남대문

○꽃피는 장충단의 박문사(博文寺)

장충단공원은 남산 동쪽 기슭에 자리 잡고 있으며, 푸른 산들로 둘러싸여 혼잡한 시내와 떨어진 한적한 분위기를 자랑한다. 오른쪽 위에 있는 건물은 이토 히로부미(伊藤博文)를 기리기 위한 박문사이며, 왼쪽 위의 조선 건축물은 박문사의 산문(山門)[142]이다.

○한강 강변(河畔)

한강은 경성의 동남쪽 일대를 휘돌아 흐르며, 농산물과 해산물을 경성

142 홍화문은 1832년에 박문사(博文寺)의 산문(山門)으로 옮겨졌다가, 이후 장충동 영빈관의 정문으로 사용되었다.

으로 반입하는 [중요한] 조선의 뱃길 수로로 이용되었다. 또한, 한강은 고기잡이, 보트, 유람(遊山), 배(舟), 겨울철 스케이트, 아이스하키, 얼음낚시 등 사계절 내내 다양한 오락 활동의 장이 되었다.

한강 강변

꽃피는 장충단의 박문사

○ 조선신궁(朝鮮神宮)

남산의 짙푸른 솔잎 속에 자리한 관폐대사(官幣大社)[143]로, 조선신궁의 가쓰오기(勝男木)[144]가 배례하는 제신(祭神)은 아마테라스 오카미(天照大神)와 메이지천황(明治天皇)[145]이다. 황공하게도 1925년 10월 15일 반도(半島) 진호의 주신(主神)으로 모시게 되었다.

143 국가 의례가 진행되는 신사(神社)를 말한다.

144 신사나 귀족의 저택의 지붕에 늘어선 둥근 막대 모양의 나무.

145 원문에는 메이지대제(明治大帝).

○경회루

대원군이 태조 이래의 궁터(宮址)에 재건하여[146] 대연회장으로 사용하였으며, 48개의 돌기둥이 죽 늘어서서 높고 웅장한 누전(樓殿)을 떠받치고 있다. 맑은 못이 그 누전을 둘러싸고 송림 너머로 백악의 푸른 봉우리를 조망할 수 있어, 다른 곳에서는 경험하기 어려운 독특한 정취를 자아낸다.

○덕수궁 석조전(石造殿)

원래 왕족의 사저였으나, 고종이 정궁을 이곳으로 옮긴 후 약 5년간 조선 정치와 외교의 중심 역할을 하였다. 석조전은 국왕의 어소이자, 외국 황족의 내방 시 전용 숙소로 사용된 순(純) 르네상스 양식의 호화로운 건축물이다. 현재는 수많은 미술 공예품 등이 전시되어 일반인들이 관람할 수 있다.

경회루

조선신궁

덕수궁 석조전

146 1867년(고종 4년) 대원군의 의해 재건되었다.

○창경원

이왕가(李王家)[147]는 예전의 창경궁과 정원의 일부를 개방하여 원내에 박물관, 동물원, 식물원, 어린이 유원지 등 다양한 시설을 갖추었고, 그로 인해 사계절을 느낄 수 있는 경성부민(京成府民)의 유일한 오락지가 되었다. 또한 원내(苑內)에는 벚꽃 나무가 많아, 야간 벚꽃놀이가 경성의 또 다른 명물이 되었다.

○화려한 불빛으로 물든 본정(本町)[148]의 몽타주

대경성인의 콩코드나 마들렌[149]에 해당되는 본정(本町) 1정목(丁目)에서 5정목 신정(新町)까지 거닐면 생동감 넘치는 불빛으로 가득한 거리가 [특히] 인상적이다.

화려한 불빛으로 물든 본정의 몽타주

창경원

147 1910년 한국병합 이후 대한제국 황실을 왕공족(王公族)의 일개 가문으로 격하하여 부르던 명칭으로 보통 대한제국의 고종과 순종의 가족을 일컫는다.

148 현재 서울 중구 충무로.

149 본정은 경성에서 가장 번화한 거리로 많은 사람들이 모이는 매력적인 곳이었다. 현재의 충무로 일대로 일본 상가들과 백화점이 밀집해 있어 화려하고 멋지고 유행의 선단이던 곳이다. 일본이 유럽문화의 중심지였던 프랑스에 문화적 동경이 컸던 만큼 파리의 중심지인 콩코드 광장에서 마들렌 성당 샹제리제로 이어지는 거리로 비유한 것으로 추정된다.

2. 시내 유람 코스(行程)

○반일(半日) 코스

• 전차를 이용할 경우: 역 → (전차) → 남대문 → (버스) → 조선신궁 → (버스) → 남대문 → (전차) → 창덕궁·창경원 → (버스) → 조선총독부 → (도보) → 경복궁 → (전차) → 덕수궁 → (전차) → 역. 비용 약 60전.

• 자동차를 이용할 경우(택시): 역 → 남대문 → 조선신궁 → 남산공원 → 박문사 → 창경원 → 조선총독부 → 경복궁 → 덕수궁 → 역. 비용 약 5원.

○1일 코스

• 전차를 이용할 경우: 역 → (전차) → 남대문·상공장려관 → (버스) → 조선신궁 → (도보) → 남산공원 → 경성신사 → 은사과학관(恩賜科學館) → (도보) → 영락정(永樂町) → (전차) → 장충단공원·박문사 → (전차) → 동대문 → (전차) → 종로5정목 → (버스) → 경학원[150] → (버스) → 창경원(동물원, 비원) → (버스) → 조선총독부 → (도보) → 경복궁·박물관 → (전차) → 덕수궁 → (도보) → 미쓰코시(三越) → (도보) → 본정 → 여관. 비용 약 1원.

• 자동차를 이용할 경우(전세): 역 → 상공장려관 → 남대문 → 조선신궁 → 남산공원 → 은사과학관 → 박문사 → 장충단 → 동대문 → 경학원 → 창경궁 → 파고다공원 → 조선총독부 → 경복궁 → 박물

150 1887년 성균관을 개칭한 이름이다.

관 → 덕수궁 → 청량리 → 한강 → 역·여관.

• 유람 자동차를 이용할 경우

(경성전기 주식회사 전세 버스 안내 참조).

행선지	가장 가까운 정류장
조선신궁	동대문에서 버스로 조선신궁 앞 하차
한양공원(남산공원)	〃
상공장려관	남대문
미쓰코시	조선은행 앞(본정 입구)
조선은행	〃
조선호텔	〃
공회당(公會堂)	〃
미나카이(三中井), 히라타(平田)	〃
본정통(本町通り)	〃
과학관	〃
경성신사(京城神社)	〃
텐만구(天滿宮)	〃
남산 혼간지(本願寺)	〃
노기신사(乃木神社)	〃
이나리신사(稲荷神社)	〃
노인정	대화정(大和町) 버스 종점에서
조지야(丁子屋)151	명치정(明治町)
가톨릭교회(天主公教會)	〃
경성전기 본사	황금정(黃金町) 입구
조선식산은행	〃
동양척식회사	〃

151 현재 롯데백화점 영플라자 자리.

조계사(曹谿寺)	본정 종점에서
남산의 약수	장충단
장충단공원	〃
박문사	〃
경성부청(京城府廳)	부청 앞
부민관	〃
체신사업회관(遞信事業會館)	〃
JODK[152]	〃
동묘	동묘 앞
경마장	경마장 앞
경성 운동장	운동장 앞
경성제국대학	제대(帝大) 앞
동 예과	대학 예과 앞
홍릉(洪陵) 유적지	청량리
임업시험소	〃
청량사(清涼寺)	〃
숭인원(崇仁園)[153]	〃
영휘원(永徽園)[154]	〃
창경원 및 동 식물원	창경원 앞
경학원(經學院)	경학원 입구
선잠단(先蠶壇)[155]	동소문
포도원(葡萄園)	〃
홍천사(興天寺)	골프장 입구
창덕궁	돈하문

152 경성방송국.

153 대한제국 의민황태자의 장남인 원손 이진의 무덤.

154 고종의 후궁인 순헌귀비 엄씨와 순헌귀비의 손자 이진의 무덤.

155 조선시대에 중국 고대 황제의 황비 서릉씨를 누에신(蠶神)으로 모시고 제사를 지

파고다공원	파고다공원 앞
보신각	종로
화신상회(和信商會)	〃
조선총독부	총독부 앞
경복궁	〃
박물관	의전병원 입구
경회루	〃
삼청정공원(三淸町公園)	〃
숙청문(肅淸門)156	〃
세검정(洗劍亭)157	효자정 입구
창의문(북문)	〃
사직단	적선정(積善町)
남묘158	길야정 버스 입구
덕수궁	태평통
방송국	서대문 1정목
조선군사령부	용산국 앞
보병 제78연대	병기부 앞
동 제79연대	삼각도로
철도국	신용산
한강	한강교 및 섬
한강신사	명수대 입구
봉산공원	〃
노강서원	명수대 입구

내던 곳이다.

156 숙정문의 원래 이름. 삼청동 북악산 동쪽 고갯마루에 있는 조선시대 성문.

157 경복궁 뒤 창의문 밖에 있는 정자를 말한다.

158 조선시대에 중국의 장군인 관우(關羽)를 제사 지내기 위해 남대문 밖에 세운 사

사충서원(四忠書院) 터	노량진
육신묘(六臣墓)	〃
비행장	비행장 입구
독립문	현저정
영천	영천
봉화대 터	〃
효창원(孝昌園)	효창원

○ 주의(注意)

• 시가지에서 사진 촬영을 하시는 분은 아래(左記)의 사항에 충분히 유의해 주세요.

• 고시문

① 항공기나 그에 준하는 높은 곳에서 사진 촬영을 하려는 경우, 출발 비행장 또는 촬영 장소를 관할하는 경찰서를 거쳐 도(道) 경찰부의 승인을 받아야 한다.

② 촬영한 사진은 지체없이 경기도 경찰부에 제출하여 검열을 받아야 한다.

③ 검열을 받은 후에야 출판 또는 신문 그 외 출판물에 게재할 수 있다.

④ 사진기를 휴대하고 항공기에 탑승하는 자는 승무원이 요구할 경우, 잠시 보관을 위해 제출해야 한다. 위의 사항을 위반하는 자는 처벌 받을 수 있다는 점에 주의를 기울여야 한다.

경기도 경찰부, 경성 헌병대

당이다.

3. 경성 전차 및 자동차 안내도

○전차·자동차 영업시간

• 전차 첫차 시간

① 5월 1일~8월 말일: 오전 5시.

② 3월 16일~4월 말일: 오전 5시 반.

③ 9월 1일~10월 말일: 오전 5시 반.

④ 11월 1일~3월 15일: 오전 6시.

• 자동차 첫차 시간

① 시내선

- 4월 1일~10월 말일: 오전 6시 반.
- 11월 1일~3월 말일: 오전 7시.

② 교외선

- 4월 1일~10월 말일: 오전 7시.
- 11월 1일~3월 말일: 오전 8시.

• 승차 요금: 전차, 자동차 요금 공통

① 시내선: 5전 균일.

② 각 교외선 한 구간: 5전.

③ 시내, 교외 2개선 연결권: 8전.

④ 시내, 교외 3개선 연결권: 10전.

• 회수권

① 21회분: 1원.

② 43회분: 2원.

• 2개선 연결 회수권

① 26회분: 2원.

② 39회분: 3원.

• 통학권

① 50회분: 1원 50전.

• 군인권

① 35회분: 1원 5전.

• 전차·자동차 환승은 무료

① 영등포-인천 버스 요금. 영등포-인천 간을 8구간으로 나눠서 1구간당 6전(영등포-노량진 간 10전).

전차 전세 요금

정원

대형 객차[159]	중형 객차	소형 객차	단차
98명~100명	86명	75명~80명	50명

학생단체

	대형 객차	중형 객차	소형 객차	단차
1구간	4.90	4.30	3.75	2.50
2구간	7.35	6.45	5.60	3.75
3구간	9.80	8.60	7.50	5

159 원문에는 ボギー로 표기되어 있으며, ボギー車의 준말로 22.5~27.5톤의 객차를 뜻한다.

보통단체

	대형 객차	중형 객차	소형 객차	단차
1구간	9.80	8.60	7.50	5
2구간	14.70	12.90	11.20	7.50
3구간	19.60	17.20	15	10

(단위: 원)

○버스 전세 요금

• 소형 1대당 정원 16명.

① 1시간: 4원 60전, 3시간: 13원, 5시간: 19원.

• 대형 1대당, 정원 30명.

① 1시간: 6원 50전, 3시간: 18원 50전, 5시간: 26원 90전.

• 국민학생 20% 할인, 중등학생 10% 할인.

• 경성 외 편도의 경우: 요금 50% 할증.

4. 경성 연중행사

○1월

하쓰마이리(初まいり): 노기신사, 조선신궁, 경성신사, 덴만구, 이나리신사.

빙상 잉어 낚시: 한강.

스케이트: 한강인도교, 창경원.

소방출초식(出初式)[160]: 4일.

육군 시무식(陸軍初め): 8일, 용산 연병장에서 관병식.

○2월

절분(節分): 경성신사.

답교(踏橋): 음력 정월 15일.

인형 액막이(チェウン).

○3월

모모노셋쿠(桃の節句)[161]: 3일.

육군 기념일: 모의전.

한식제: 성묘.

○4월

삼짇날: 음력 3월 3일 녹번현[162]의 약수.

식목일(緑化デー): 진무천황제(神武天皇祭).

복사꽃(상순): 가오리(加五里)[163], 흑석정, 구기리(舊基里)[164], 세검정(洗劍

160 1월 초순에 수행하는 소방관계자의 시무식 행사이다.

161 일본에서 여자아이의 건강과 행복을 기원하는 명절이다.

162 은평구 녹번동 산1번지 일대인 서대문구 홍은동 사거리에서 녹번동으로 넘어가는 고개를 말한다

163 현재 서울 강북구 수유동.

164 현재 서울 종로구 구기동.

亭).[165]

제전(祭典): 24·25일 덴만구.

벚꽃(하순): 왜성대[166], 창경원(야간 벚꽃놀이), 봉산공원, 우이동.

신록(新綠): 남산, 장충단, 청량리.

교외 산책: 청량리, 동구릉.

경마대회: 동대문 밖.

○5월

관등회: 석가탄생일, 성묘.

자전거 경주대회 기타.

각종 운동: 경성운동장, 철도운동장 그 외.

○6월

각종 운동: 상동(右同).

추천회[167]: 음력 5월 5일.

관제묘[168]참배: 음력 5월 5일.

단오절: 음력 5월 5일.

165 창의문 밖에 있던 정자를 말한다.

166 현재 중구 예장동, 회현동 일부에 해당된다.

167 그네뛰기.

168 중국 삼국시대 촉한의 장수 관우의 영을 모시는 사당이다.

○7월

각종 운동: 각 운동장.

정령보내기(精靈流し): 15일, 한강 인도교.

천렵[169]: 한강, 둑도(纛島)[170], 청량리, 마포, 노량진, 서빙고.

유두절(음력 6월 15일): 삼청정(청류에 머리 감고 목욕하는 날), 세검정.

○8월

각종 운동: 각 운동장.

납량회: 한강교, 장충단, 청량리.

불꽃축제: 한강, 장충단.

수영: 한강, 서빙고, 안양, 부(府)내외 각 수영장.

뱃놀이: 한강.

○9월

교외 산책: 세검정, 창동, 봉은사.

버섯따기: 남산, 장충단, 동소문(東小門) 밖, 청량리, 노량진, 당인리.

등산: 북한산, 북악산, 소요산, 남산, 인왕산, 관악산, 도봉산.

달맞이: 한강, 삼청정.

각종 운동: 각 운동장.

추석 성묘: 음력 8월 15일.

169 냇물에서 고기잡이하는 일.

170 뚝섬.

○10월

중양절[171]: 음력 9월 9일, 녹번현의 약수.

시정 기념일, 체육일: 1일.

단풍놀이: 창경원, 북한산, 관악산, 도봉산, 소요산.

제전(16일~18일): 조선신궁, 경성신사.

경마대회: 동대문 밖.

자전거 경주대회.

각종 운동: 각 운동장.

○11월

국화 꽃놀이(菊見): 조선신궁, 덕수궁.

○12월

눈 구경(雪見): 남산.

171 원문에는 조양절(朝陽節)로 표기되어 있다.

[9] 경성안내(京城案內)

경성부 경성관광협회, 1940

집필·번역: 신동규

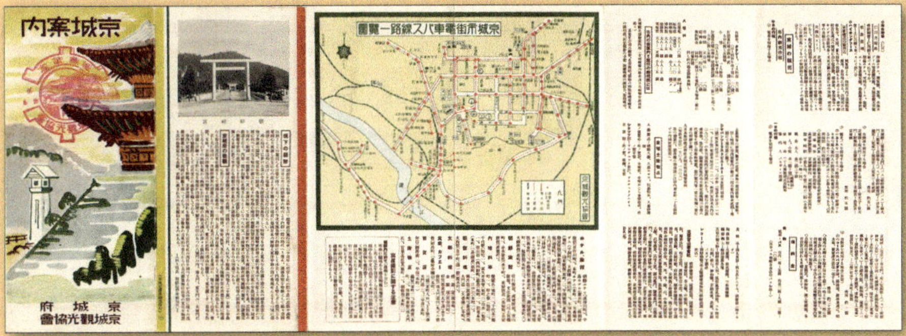

표지면 펼친 모습, 90㎜×187㎜, 529㎜×187㎜.

내지면 펼친 모습

접힌 면(원상태) 앞표지

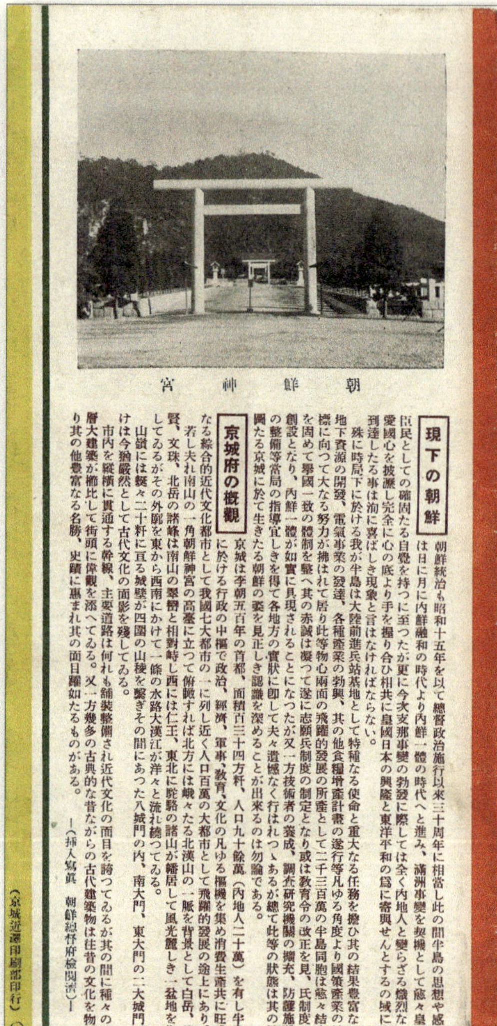

朝鮮神宮

現下の朝鮮

朝鮮統治も昭和十五年を以て總督政治施行以來三十周年に相當し此の間半島の思想や感情は日に月に內鮮融和の時代より內鮮一體の時代へと進み、滿洲事變を契機として愈々皇國臣民としての確固たる自覺を持つに至つたが更に今次支那事變の勃發に際しては全く內地人と變らざる熾烈なる愛國心を披瀝し完全に心の底より手を握り合ひ相共に皇國日本の興隆と東洋平和の爲に寄與せんとするの域に迄到達したる事は洵に喜ばしき現象と言はなければならない。

殊に時局下に於ける我が半島は大陸前進兵站基地として特種なる使命と重大なる任務を擔ひ其の結果豐富なる地下資源の開發、電氣事業の發達、各種產業の勃興、其の他食糧增產計畫の遂行等凡ゆる角度より國策產業の目標に向つて大なる努力が拂はれて居り此等物心兩面の飛躍的發展の所產として二千三百萬の半島同胞は愈々結束を固めて擧國一致の體制を整へ其の赤誠は凝つて遂に志願兵制度の制定となり或は教育令の改正を見、氏制度の創設となり、內鮮一體が如實に具現されることになつたが又一方技術者の養成、調査研究機關の擴充、防護施設の整備等當局の指導宜しきを得て各地方の實狀に即して夫々遺憾なく行はれつゝあるが總て此等の狀態は其の縮圖たる京城に於て生きたる朝鮮の姿を見正しき認識を深めることが出來るのは勿論である。

京城府の概觀

京城は李朝五百年の首都、面積百三十四方粁、人口九十餘萬（內地人二十萬）を有し半島に於ける行政の中樞で政治、經濟、軍事、教育、文化の凡ゆる樞機を集め消費生產共に旺盛なる綜合的近代文化都市として我國七大都市の一に列し近く人口百萬の大都市として飛躍的發展の途上にあり。

若し夫れ南山の一角朝鮮神宮の高臺に立つて俯瞰すれば北方には峨々たる北漢山の一脈を背景として白岳、普賢、文珠、北岳の諸峰は南山の翠巒と相對峙し西には仁王、東北に駝駱の諸山が蟠居して風光麗しき一盆地を作してゐるがその外廓を東から西南にかけて一條の水路大漢江が洋々と流れ繞つてゐる。山嶺には蜒々二十粁に亘る城壁が四圍の山稜を繫ぎその間にあつた八城門の內、南大門、東大門の二大城門だけは今猶嚴然として古代文化の面影を殘してゐる。

市內を縱橫に貫通する幹線、主要道路は何れも舖裝整備され近代文化の面目を誇つてゐるが其の間に種々の高層大建築が櫛比して街頭に偉觀を添へてゐる。又一方幾多の古典的な昔ながらの古代建築物は往昔の文化を物語り其の他豐富なる名勝、史蹟に惠まれ其の面目躍如たるものがある。

―（挿入寫眞　朝鮮總督府檢閱濟）―

（京城近澤印刷部印行）㊀

접힌 면(원상태) 뒤표지

| 해제 |

이 자료는 1940년에 경성부 산하 경성관광협회가 일제의 식민지 지배 시정(始政) 30주년을 맞이해 내선일체(內鮮一體), 나아가 한반도의 대륙 진출을 위한 병참기지화 등의 체제 정비에 대한 성과와 경성부의 발전을 선전하고, 경성의 명소와 유적을 소개하기 위해 발행한 『경성안내(京城案內)』라는 인쇄 팸플릿이다. 자료 자체는 좌우 6면(앞뒤 총 12면)으로 접혀 있는 상태로서 7매의 경성 관련 사진과 「경성 시가 전차·버스 선로 일람도」라는 약도가 수록되어 있다.

1940년은 일제가 1931년 만주사변과 1937년 중일전쟁 이래로 대륙침략을 본격적으로 추진하고 있을 때인데, 이 팸플릿에도 조선을 향한 제국주의 침탈의 시각과 대륙침략에 대한 한반도의 역할을 여실히 드러내고 있다. 서두 '현재의 조선'에서는 총독 정치를 시행한 30주년을 맞이해 "반도의 사상과 감정은 시간이 흐를수록 '내선융화(內鮮融和)'의 시대에서 '내선일체'의 시대로 나아가고, 만주사변을 계기로 더욱더 황국신민으로서의 확고한 자각을 갖기에 이르렀다."고 하면서 "이번 중일전쟁의 발발에 즈음해서 실로 일본인과 다르지 않은 치열한 애국심을 피력하였고, 완전히 마음 깊은 곳에서 손을 붙잡고 함께 황국 일본의 번성과 동양 평화를 위하여 기여하고자 하는 단계에까지 도달한 것은 참으로 기쁜 현상"이라고 선전하는 것을 보아도 알 수 있다. 더군다나 1940년 당시 한반도는 "대륙 전진의 병참기지로서 특별한 사명과 중대한 임무"를 맡아 다양한 방면에서 일제의 국책산업 목표를 향해 노력을 기울이고 있으며, 그 결과로써 "마침내 지원병제도의 제정과 교육령의 개정을 이루었고(1938) '성씨제도(姓氏制度)'[창씨개명]가 창설되어(1939) 내선일체가 확실히 구현되기에 이르렀다."고 일본 스스로가 자화자찬하고 있어 이 자료 역시 제국주의 프로파간다의 산물이라는 것을 확인할 수 있다.

한편, 표지에는 남대문과 조선신궁 그림이 인쇄되어 있고, 상단에는 '경성관광협회'의 1942년 8월 27일 '시찰 기념' 도장이 날인되어 있는데 어느 단체가 시찰 명목으로 경성을 방문했는지는 알 수 없다. 표지면 전체를 펼치면 오른쪽으로 현재의 경성과 경성부 개관 및 「경성 시가 전차·버스 선로 일람도」를 비롯해 경성의 관광 부분이 기재되어 있다. 내지면을 펼치면, 남대문통 상점가, 경복궁 내 근정전, 환구단지(圜丘壇址), 파고다공원 음악당과 한수석탑(寒水石塔), 기생의 무용, 근교의 하이킹 명승지(도봉산 코스) 등 6매의 사진과 함께 경성의 상공업, 주된 명소와 유적, 조선의 음악과 민요, 조선 요리와 기생, 근교의 명승지 등을 소개하고 있다.

남대문통 상점가

경복궁 안의 근정전

다만, 한 가지를 더 언급해 두자면, 이 자료는 위에서 언급한 바와 같이 1942년 8월 27일 '시찰 기념' 도장이 날인되어 있는데, 시기적으로 동년 1월에 일본군은 필리핀의 마닐라 점령, 2월에는 싱가포르, 5월에는 미얀마를 함락시켜 동남아시아로의 침략전쟁에 박차를 가하고 있었던 때이다. 하지만, 6월 5일부터는 연합국의 반격이 이루어진 '미드웨이 해전'에서 참패를 당하면서 전황이 점차 수세에 몰리기 시작하던 시기였음에도 이러한 시찰 명목의 경성 관광이 이루어지고 있었다는 것은 군부 이외의 기관이나 대다수의 일본인은 일제의 제국주의 팽창에 대한 과대 선전으로 당시의 상황 판단을 제대로 하지 못하고 있었다는 점도 이 자료를 통해 추측해 볼 수 있다.

|번역문|

1. 현재의 조선

조선 통치도 1940년이 되어 총독 정치를 시행한 이래 30주년을 맞이하게 되었는데, 그 사이에 반도의 사상과 감정은 시간이 흐를수록 '내선융화(內鮮融和)'의 시대에서 '내선일체(內鮮一體)'의 시대로 나아가고, 만주사변을 계기로 더욱더 황국신민으로서의 확고한 자각을 갖기에 이르렀다. 더욱이 이번 중일전쟁의 발발에 즈음해서는 실로 일본인과 다르지 않은 치열한 애국심을 피력하였고, 완전히 마음 깊은 곳에서 손을 붙잡고 함께 황국 일본의 번성과 동양 평화를 위하여 기여하고자 하는 단계에까지 도달한 것은 참으로 기쁜 현상이라고 하지 않을 수 없다.

특히, 지금과 같은 시국하에서 우리 반도는 대륙 전진의 병참기지로서 특별한 사명과 중대한 임무를 맡았는데, 그 결과 풍부한 지하자원의 개발, 전기사업의 발달, 각종 산업의 발흥, 기타 식량 증산계획의 수행 등 여러 각도에서 국책산업의 목표를 향하여 커다란 노력을 기울이고 있다. 이에 물심양면의 비약적 발전의 소산으로 2,300만의 반도 동포는 더욱더 결속을 굳게 하여 거국일치(擧國一致)의 체제를 정비하고 있다. 그 진심이 모여 마침내 지원병제도가 제정되었으며[1938년], 또한 교육령의 개정을 이루고 '성씨제도(姓氏制度)'[창씨개명]가 창설되어 내선일체가 여실히 구현되기에 이르렀다. 또 한편으로는 기술자의 양성, 조사·연구기관의 확충,

방호시설의 정비 등 당국의 지도가 적절하게 이루어지게 되었고, 각 지방의 실상에 맞추어 각기 유감없이 행해지고 있는데, 이러한 상태의 모든 것은 그 축소판이라고 할 수 있는 경성에서 생생한 조선의 모습을 깊이 있게 올바로 볼 수 있는 인식을 지니고 있었기에 가능한 일이었다는 것은 말할 필요도 없는 것이다.

2. 경성부의 개관

경성은 조선 500년의 수도, 면적 134방(方) Km, 인구 90여만(일본인 20만)이 있으며, 반도에서 행정의 중추이자 정치·경제·군사·교육·문화의 모든 중추 기관이 모여있다. 소비와 생산 모두 왕성한 종합적 근대 문화도시로 우리나라[일본]의 7대 도시의 하나로서 머지않아 인구 100만의 대도시로 비약적 발전의 도상에 있다.

만약, 남산의 일각에 있는 조선신궁의 높은 곳에 올라서서 경성부를 내려다본다면, 북쪽에는 험준한 북한산의 일맥(一脈)을 배경으로 백악(白岳)·보현(普賢)·문주(文珠)·북악(北岳)의 여러 봉우리가 남산의 푸른 산맥과 서로 마주해 있고, 서쪽에는 인왕(仁王), 동북에는 낙타(駱駝)의 여러 산이 둘러싸고 있어 풍광이 아름다운 하나의 분지를 만들고 있다. 그 외곽을 동쪽에서부터 서남쪽에 이르기까지 한 줄기 큰 수로의 한강이 넘실대며 흐르면서 휘감고 있다.

산봉우리에는 구불구불하게 20㎞에 이르는 성벽이 사방의 산등성이를 잇고 있는데, 그 사이에 있던 8개의 성문 가운데 남대문·동대문의 성문은 아직도 엄연하게 고대 문화의 모습을 그대로 간직하고 있다. 시내를 종횡으로 관통하는 간선, 주요 도로가 모두 포장·정비되어 근대 문화의 면목을 자랑하고 있으며, 그 사이로 온갖 고층의 대건축물이 즐비하여 시가지의 경관을 한층 더 빛내고 있다. 또 한편에서는 고전적인 옛 시기의 많은 건축물이 지난 시대의 문화를 말해주고 있으며, 그 외에 풍부한 명승과 사적에 둘러싸여 있어 그 모습을 더욱 생생하게 알 수가 있다.

3. 경성의 상공업

경성은 하나의 정치·종교의 부(府)일 뿐만 아니라, 산업·경제의 중심으로 조선 안의 경제 시설의 중심을 쥐고 있는 조선 경제계 전체의 압축판이라고 볼 수 있다. 그렇기에 종래에는 소비도시로서만 발전해 온 것에 지나지 않았지만, 한국병합 이래 당국의 식산 공업 장려와 그 지도를 받아 점차 발전 과정을 거치며 각종 기업의 발흥에 따라 해마다 생산액의 증가를 가져왔다. 상공업의 진흥, 무역의 추진이 눈에 띄게 발달하여 일약 동아의 중추 도시로, 또 생산 및 배급 도시로서의 사명을 갖추기에 이르렀고, 모든 방면에서 상업·경제계의 일대 전환기를 초래하였다.

특히, 중일전쟁 이래 이른바 대륙 전진의 병참기지로서 중요한 역할에 대한 책무를 짊어지고, 지금은 반도의 국방상, 나아가 장차 경제상의 중요한 거점을 차지하게 되었다. 그 일례로 상공업의 현황을 보면, 근래 일반 소매상업의 발달에 따라 도매상의 세력이 늘어나 왕성해졌고, 그 상권은 이미 중부 조선을 완전히 파악하여 점차 중앙선(中央線)과 기타 교통망이 확충된 결과, 조선 전체가 발전하는 상황에 있으며, 특히 조선·만주·중국 경제의 일체화에 따라 갑작스럽게 비약적인 교역의 신장을 보여주고 있다.

한편, 시내 소매상 업계는 해마다 실적의 개선이 현저하게 나타나고 있으며, 5대 백화점과 서로 마주한 소매 상점가인 본정통(本町通)·종로통(鐘路通)을 비롯해 경성부 내의 번화가는 점포를 새로 단장하고 있는데, 보기에 따라서는 일본의 일류 상점가와 비교해도 아무런 손색이 없고, 더욱더 내용의 충실과 경영의 합리화, 거래 개선 등에 의해 활황을 드러내고 있다. 또한, 공업 조선의 중추로서 현재와 같이 융성을 보이기 시작한 것은 비교적 최근의 일이다. 만주사변을 계기로 조선은 농업 중심주의에서 농공병진주의(農工併進主義)를 취하였고, 중일전쟁 이래로 한층 더 그러한 경향에 박차를 가해 속도를 높였다. 이러한 발전이 촉진된 것은 필경 해륙 교통의 편리함, 경성부 및 그 배후지에 있는 광대한 지역과 왕성한 소비력, 우수한 노동력과 저렴한 토지, 풍부한 동력 한강을 중심으로 한 양질의 용수 등 공업지역으로서 여러 좋은 조건을 갖추었기 때문이라고 할 수 있다. 특히, 근래에 각종 기업이 발흥하고, 도시계획사업의 완성과 함께 큰 공장이 속속 건설되면서 조선 유일의 다각적 공업도시가 출현하게 되었다.

그리하여 공산액(工産額) 중에서 주된 것은 음식료품과 직물을 중심으로 하는 평화산업(平和産業) 방면이 그 수위를 차지하고 있으며, 화학공업과 중공업도 최근 들어 괄목할 만한 발전을 보인다. 경성부 안에서의 공업 분포 상황을 보면 중소 공장은 모든 부내에 골고루 분포해 있고, 대공장은 부내의 서남부 용산 방면 및 영등포(남쪽 경성) 방면에 집중적으로 분포하고 있었으나, 최근 영등포에서 서쪽으로 경인(京仁) 사이의 광대한 지역이 공업지구로서 급속한 발전을 이루면서 공업 경성의 약진하는 모습을 여실히 보여주고 있다.

4. 주요 명소와 유적

○남대문(南大門)

본래의 명칭은 숭례문이고, 조선시대인 1395년(태조5) 준공 이래 1448년(세종30) 제4대 세종대왕이 개건(改建)한 것으로 지붕과 석축, 궐문의 조화와 훌륭함이 경성의 팔대문 중에서 동대문과 함께 손꼽히고 있다. 근대화되고 있는 도심지의 대건축물 중에서 홀로 500여 년 세월의 푸른 이끼를 휘감고 있으면서 단연 동양 예술의 정화를 자랑하고 있다.

○상공장려관(商工獎勵館)

남대문의 왼쪽에 보이는 철근콘크리트의 굉장한 건물인데, 조선총독부 식산국(殖産局)이 관리하고 있다. 주로 조선의 생산품을 진열하고 있으며 참고품으로 일본제품을 같이 진열하고 있다. 조선의 산업에 관한 질의응답, 생산품에 관한 조사와 소개 등의 의뢰에도 응하고 있다. 조선 생산계의 일반을 알고자 하거나 혹은 상품의 판로 확장을 모색하는 사람들이 반드시 방문하는 곳이다.

○조선신궁(朝鮮神宮)

조선신궁

아마테라스 오카미(天照大神)와 메이지천황 두 신을 제사하는 관폐대사(官幣大社)로서 황송하게도 반도 진호(鎭護)의 주신으로 1925년 10월 15일 영체(靈體)를 받들게 되었는데, 전 조선 사람들의 마음속에서 숭경(崇敬)의 중핵이 되고 있다. 남산의 푸르고 울창한 주위가 장엄하여 스스로가 신기(神氣)에 빠지는 느낌이 드는데, 200만 원의 거금과 5년 간의 시간을 들여 만든 것으로 정면의 석단은 384단이고, 여기에서는 경성 시가가 한눈에 들어오며 멀리 청량리의 숲과 거대한 한강의 푸른 물결도 지호지간(指呼之間)에 볼 수가 있어 조망 또한 아름답다.

○황국신민 서사(誓詞)의 탑

조선신궁 이참도(裏參道)에 면하여 한쪽에 높이 솟아 있다. 이것은 반도 전체의 동포가 황국신민(皇國臣民)이 된 것을 기리며 충성을 맹세한 상징으로써 1939년 11월 24일 제막식이 거행되었는데, 탑 안에는 조선 전체 5,000여 학교의 학생·생도·학사 관계자가 마음을 다해 적은 140만 매의 '황국신민 서사[172]'의 글이 안치되어 있다.

172 '황국신민 서사(皇國臣民誓詞)'는 황국신민화 정책으로 일본이 1937년에 만들어 조선인들에게 외우게 한 일종의 충성 맹세이다. 학교를 비롯한 관공서·은행·공장·상점 등 모든 단체와 직장의 조회, 또는 모임 등에서 제창되었다. 그 내용은 "①우리는 황국신민(皇國臣民)이다. 충성으로써 군국(君國)에 보답하려 한다. ②우리 황국신민은 신애협력(信愛協力)하여 단결을 굳게 하려 한다. ③우리 황국신민

○과학관(科學館)

조선신궁 외원(外苑)에서 남산공원으로 통하는 뒤쪽 산길을 조금 내려가면 왜성대(倭城臺)에 이르는데, 여기에 덴만구(天滿宮)·경성신사(京城神社)·노기신사(乃木神社)와 같이 나란히 늘어서 있다. 우측으로 옛 조선총독부 청사 자리가 현재에는 은사기념과학관이 되었고, 과학사상의 보급을 목적으로 도쿄·센다이(仙臺)의 과학박물관과 견줄만한 명성을 가지게 되었다. 진열품은 3,600종, 1만 7,000여 점에 이른다.

○시정기념관(始政記念館)

왜성대에 있으며 한국병합과 연유가 깊은 건물로 역대 총독의 관저와 같은 곳에 있다. '시정 30주년 기념사업'의 하나로 시정기념관을 만들어 영구히 보존하여 그 일부를 공개하고 있는데, 그 안에는 초대 통감 이토 히로부미(伊藤博文) 공의 유품을 비롯해 역대 총독이 사용한 유품·서화·서적 및 기타 기념품 등을 진열·전람하고 있으며, 그밖에 2층의 한 전시실에는 각기 총독들의 시정에 관계된 각종 도서·인쇄물 등을 수집하여 독지가들이 열람할 수 있도록 제공하고 있다. 또한, 이토 공과 특히 유서가 깊은 산 위에 있는 녹천정(綠泉亭)은 수리를 거쳐 영구히 보존토록 하였다.

○박문사(博文寺)

장충단공원의 언덕 위에 있으며 고 이토 히로부미 공의 유덕(遺德)을 공경하고, 공의 명복을 기원하기 위하여 건립한 보리사(菩提寺)이다. 종파는

은 인고단련(忍苦鍛鍊)하여 힘을 길러 황도(皇道)를 선양하려 한다."로 구성되어 있다.

조동종(曹洞宗)으로 가마쿠라시대(鎌倉時代) 풍의 양식을 본떠서 만들었으며 총 공사비 27만여 원이 들어간 철근콘크리트 구조의 사원이다.

○경성운동장(京城運動場)

경성부가 운영하는 그라운드이며 총면적 2만 2,700평, 총수용 능력 2만 5,800명으로 우리나라[일본] 유수의 대운동장이다. 내부는 야구·정구·육상경기장·수영장 등으로 나누어져 있으며 스포츠 시즌에는 경성 전체의 스포츠계를 흥분의 분위기로 휩싸이게 한다.

○동대문(東大門)

본래 명칭은 흥인지문(興仁之門)이라 칭하였으며 경성에서 남대문에 버금가는 웅장한 문으로 건축 연대는 남대문보다 70년 뒤늦게 건립된 것이지만, 대문의 성 밖에는 유명한 조선 시장과 관우를 모시는 동묘(東廟)가 있다.

○경학원(經學院)

유교의 최고 학부(學府)이며 공자를 주좌로 하여 안자(顔子)·사자(思子)·증자(曾子)·맹자(孟子) 등의 성철(聖哲)에 대한 제사를 지내는 문묘(文廟)가 부속되어 있다. 태조가 창건하였으며, 봄가을 두 계절에는 송대(宋代)의 의식에 따라 성대하게 석전제(釋展祭)가 거행되는데, 이 의식에 연주되는 40여 종의 조선 아악의 악기가 보존되어 있는 것으로 유명하다.

○창경원(昌慶苑)

이왕가(李王家)가 경성 시민(府民)을 위하여 정원 일부를 개방한 것으로 정원의 넓이는 6만 평이고, 우리나라[일본] 유수의 큰 동물원과 식물원이 있으며, 봄에는 벚꽃이 한쪽에 만발하여 밤에 벚꽃놀이 등을 비롯해 사계절 시민들에게 사랑받는 경성 제일의 명소가 되었다.

○창덕궁(昌德宮)

조선의 태종이 조영한 것으로 그 후 여러 차례의 변천을 거치며 중수(重修)·재건하여 1907년 이래 이왕 전하의 주거가 되었으며, 돈화문(敦化門)이 그 정문으로 남대문과 함께 조선 최고의 건물이다. 문을 들어가면 오른쪽에 이왕직(李王職), 왼쪽에는 인정전(仁政殿)과 이어서 선정전(宣政殿)이 있고, 궁궐 깊은 곳에는 일상의 거처로 사용되는 대조전(大造殿)이 있는데 보통 일반에는 개방되지 않는다.

○경복궁(景福宮)

조선 태조가 개성에서 천도할 당시에 창건한 것으로 고려의 영향을 받아 매우 호화로웠는데, '임진의 난(壬辰の亂)'[임진왜란]으로 소실된 것을 후에 이태왕 전하 즉위 초기(1867년)에 홍선대원군이 재건하였다. 당시의 궁전은 주위 약 3㎞의 큰 성벽이 둘러싸고 있었다. 면적은 13만 평으로 근정전(勤政殿, 여러 의식이 행해지던 곳)·사정전(思政殿, 정사를 보던 곳)·경회루(慶會樓, 잔치를 베푸는 곳) 등 말기의 대표적 건축물이 있고, 또한 총독부 물산관도 이 구내에 있으며, 낙랑(樂浪)과 삼한(三韓)의 발굴물, 신라시대의 불상·왕관, 고려시대의 도기, 조선시대의 칠기(漆器)·서화 등도 진열하고 있다.

○조선총독부(朝鮮總督府)

10개년의 세월과 675만 원의 거액을 투입하여 완성한 것으로 중앙탑의 높이 180척이고, 각층 총 건평은 9,600여 평이며, 화강암으로 꾸며진 철근콘크리트 구조의 크고 화려한 건물이다. 현관·복도·회의실·중앙대강당 등은 색채가 아름다운 조선산 대리석으로 장식하였고, 대강당의 벽화에는 와다 산조(和田三造) 화백이 그린 내선융화(內鮮融和)를 상징하는 신화가 그려져 있다.

○덕수궁(德壽宮) 및 미술관

덕수궁은 450·60년 전 조선 제9대 성종의 형 월산대군(月山大君)의 사저였던 곳으로 1897년 고 이태왕 전하가 행궁(行宮)으로 삼고 나서 명칭을 경운궁(慶運宮)이라 고쳤고, 1907년 양위 후에도 계속하여 그대로 이 궁에 거주하시면서 덕수궁(德壽宮)이라고 개칭하였다. 1919년 이태왕 전하가 이곳에서 승하하셨고, 또한 고 이왕 전하도 이 궁에서 즉위의 예를 거행하였으며, 또한 이 궁에서 탄생하셨다.

주요 건물로는 중화전(中和殿)·함녕전(咸寧殿) 등 볼 것이 많은데, 궁 안에 위치한 서양풍의 석조전(石造殿)은 영국인의 설계로 1900년에 기공하여 1907년에 준공한 건축물이다. 건축을 정도에 맞게 처리하였으며, 아름답고 훌륭하게 꾸며 귀빈의 숙소 등으로 사용하던 곳이었으나, 현재는 미술 공예품·회화·조각 등을 진열하고 있다. 최근에는 그 앞에 웅장한 백악(白堊)의 미술관을 건설하여 원래 창경원의 박물관에 있던 옛 조선의 고기물(古器物)·불상·서화 등의 미술 공예품을 옮겨놓아 한층 더 내용을 충실히 해서 일반에게 공개하고 있다.

○보신각(普信閣)

남대문통(南大門通)과 종로통(鐘路通) 사거리 교차로의 남쪽 구석에 있는 조선식 누각으로 보신각이라고 한다. 지금으로부터 약 150년 전인 1789년(정조13)에 주조된 높이 3m, 둘레 7m의 거종(巨鐘)이 보존되어 있는데, 새벽과 저물녘에 각 성문의 개폐 시각을 알리는 데 사용되었다.

환구단지

파고다공원 음악당과 한수석탑

○환구단지(圜丘壇址)

현재 조선호텔의 부지로 예전에는 남별궁(南別宮)이라고 불리던 왕실의 별저(別邸)였으며, '분로쿠의 역(文禄の役)'[임진왜란] 때에는 사령(司令) 우키타 히데이에(宇喜多秀家)의 진지로 사용되었고, 후에는 청나라 사절의 숙사로 사용되었던 곳이다. 그 후 고 이태왕 전하가 만든 팔각형의 황궁우(皇穹宇)는 지금도 여전히 뒤뜰에서 이채로움을 발하니 당시의 모습을 떠올리기에 충분하다.

○육군병 지원자 훈련소

1938년 교육령 개정의 결과, 반도 통치상 획기적인 일로 '육군특별지원병제도'를 실시하게 되었다. 즉 내선일체(內鮮一體)를 확실히 구현한 것으로 반도의 동포도 연령 만 17세 이상의 남자이고, '육군병 지원자 훈련소'의 훈련을 거친 자는 '육군특별지원병'으로 제국 육군의 현역 또는 보충병으로 편입되어 군무에 종사할 수 있게 되었다. 현재 경성부 밖의 양주군(楊州郡) 공덕리(孔德里)에 있는 조선총독부 '육군병 지원자 훈련소'에서는 진심으로 뜨겁게 불타는 반도 청년들이 규율 있는 단체생활을 통해 정신 수련과 육체 단련을 거듭하고 있으며 훗날 황국의 군인으로서 온전히 그 임무를 완수할 수 있도록 맹훈련을 하면서 지도를 받고 있다.

○공원

조선신궁에서 남산 중턱 뒤쪽 산길은 한양공원이고, 거기에서 조금 내려와 덴만구(天滿宮)·경성신사(京城神社)·노기신사(乃木神社)가 있는 왜성대 일대는 남산공원이다. 또 남산 북쪽 기슭 고 이토 공의 보리사(菩提寺)가 있는 한적한 곳에는 장충단공원이 있고, 종로통(鍾路通)에는 대원각사(大圓覺寺) 터에 파고다공원이 있으며, 공원 안에는 13층의 한수석탑(寒水石塔)이 있는 것으로 유명하다.

○번화가

남산 기슭을 따라 길게 동서로 늘어선 번화가가 본정(本町) 거리로 길의 폭이 좁은 것이 특이하며, 양측으로 일본인의 점포가 늘어서 있는데 평소에 왕래하는 사람의 구성이 마치 오사카(大阪)의 신사이바시(心齊橋) 거리를 방불케 한다. 그리고 서쪽 끝의 조선은행을 시작으로 1정목(丁目)에서 5정목에 이르는 일직선 거리의 동쪽 끝은 유곽이 있는 신정(新町)으로 이어진다.

화신백화점과 보신각이 있는 종로통은 경성부 안의 조선인 상점가를 대표하는 주된 거리로서 최근에는 근대화된 큰 상점들이 즐비하며, 특히 밤에는 보도를 따라 늘어선 포장마차가 경성 명물의 하나로 도쿄의 긴자(銀座)를 떠올리게 한다.

5. 조선악(朝鮮樂)과 민요(民謠)

조선의 음악은 지금으로부터 수천 년 전의 먼 옛날에 시작되었고, 그 후에 중국 음악의 영향을 받은 고려 왕조는 송(宋)으로부터 아악을 수입하여 궁중 음악으로 삼았다. 조선에는 원래 속악(俗樂)[173]이라고 하는 것이 있었지만, 조선시대에 예악(禮樂)[174]의 완비를 꾀하여 궁중 음악을 혁신하고, 또 악전(樂典)을 창작함으로써 악기의 정리와 개조를 시행하여 마침내 조선 아악으로서 오늘날까지 전해지게 되었다. 그 진가는 동양 음악의 정화라고 할 만큼 칭송되기에 이르렀는데, 아악에 이용되는 악기가 예전에는 100여 종에 이르렀으나, 오늘날 이왕가에 현존하고 있는 것은 60여 종이며 모두 수백 년 혹은 수천 년이 지난 귀중한 것이다. 그리고 조

173 중국계의 아악이나 당악에 비교해 우리 고유의 전통 궁중 음악을 이르던 말.

174 고대 중국, 특히 주나라 때 정치적으로 중시되었던 두 개념인 예법과 음악을 함께 이르는 말.

선 아악은 아직도 이왕직의 아악부(雅樂部)에서 아악생(雅樂生)을 양성하여 그 유지와 진흥을 도모하고 있다. 조선 왕궁의 음악으로는 전해 내려온 아악이 있지만, 민간에는 예전부터 일반 대중에 친숙하게 알려진 조선의 민요가 있다. 현재는 기생이 녹음한 레코드 등으로 여행자의 호기심을 불러일으키는 것이 있는데, 다음과 같은 것들이다.

○아리랑 타령

아리랑 아리랑 아라리요
아리랑 고개를 넘어간다.
나를 버리고 가시는 님은
일리(一里)도 못 가서 발병 난다.

○도라지 타령

도라지 도라지 심심산골에, 도라지 찾으러 왔는데.
도라지 캐러 산골짜기로, 그 짝인 꽃을 찾았구나.
마음도 들썽들썽 몸도 들썽들썽, 내 사랑 떠올리며 꿈을 꾸네.[175]

6. 조선 요리와 기생(妓生)

조선 요리는 얼핏 일본요리나 중국요리와 비슷한 점이 많아 보이지만

175 일본어 번역을 다시 국문 번역한 것으로 어느 지방의 '도라지 타령'인지 불확실하고, 가사 내용 또한 현전하는 도라지 타령과 차이가 있다.

재료가 색다르고 조미에 독특한 풍미가 있다. 요리는 상차림 식으로 한 상에 3인 정도를 기본으로 하며, 그 이상이면 비용을 추가로 지불하고 몇 명이라도 인원을 추가할 수가 있다. 일류 요정은 규모가 크고, 대소 수십 개의 좌석이 있으며 모두 온돌로 만들어져 겨울철 연회 등에 특히 흥취가 있다.

기생의 무용

근교 하이킹 경승지(도봉산 코스)

기생은 원래 관기(官妓)라는 지위를 가지고 궁중의 연회에서 시중을 들거나, 또는 무악(舞樂)을 하여 일종의 기품과 식견을 갖추고 있었다. 하지만 현재는 조선 예기(藝妓)의 총칭으로서 일반 민중의 연회석에서 시중들며 노래도 부르고 춤도 추는데, 전통적으로 청초·단아하고 우아한 모습은 아직도 잃어버리지 않았다. 기생은 대부분이 일본어를 잘하고, 그중에는 중국어와 영어를 이해하는 사람도 있는데, 시가와 서화에 재능이 있는 조선 특유의 미적 존재라고 할 수 있다.

7. 근교의 명승지

○ 우이동(牛耳洞)

동소문(東小門) 밖 8㎞, 종로에서 경원선(京元線)을 타고 창동역에서 내려 3㎞ 정도 떨어져 있으며, 북한산(北漢山)과 백운대(白雲臺)의 등산로 기슭에 있다. 홍양호(洪良浩) 씨가 은거(隱居)했던 곳으로 속세 밖의 경지를 이루고 있는데, 홍 씨가 예전에 일본에서 옮겨와 심은 벚나무로 인해 벚꽃의 명소가 되었다. 기이한 암석과 이곳저곳 흐르는 계곡이 사이사이에 이어져 있고, 멀리 북한·도봉의 현애(懸崖)를 바라보면 실로 깊고 그윽한 고향과도 같다. 현재 우이장(牛耳莊)·방갈로 등이 계곡 사이에 흩어져 있고, 특히 꽃이 피는 계절에는 당일 여정으로 유람하기에 절호의 장소이다.

○ 벽제관(碧蹄館)

의주통(義州通)에서 16㎞ 떨어진 고양읍(高陽邑)에 있는데, '분로쿠의 역' [임진왜란] 때 고바야카와 다카카게(小早川隆景) 및 그 외의 연합군이 명나라 장수 이여송의 대군을 격파한 유명한 옛 전쟁터이다(서대문 정거장에서 승합자동차가 있음).

○ 인천(仁川)

인천은 부산·원산과 함께 옛 개항장이자 수도 경성의 길목을 차지하고 있으며, 경성역에서 기차로 약 1시간이면 도착할 수 있어 도쿄에서 요코하마(橫濱)가 가지는 것과 같은 역할을 하고 있다. 시가는 삼면이 바다로 싸여있고, 한쪽은 구릉으로 형성되어 있다. 항구 안에는 월미도(月尾島)가 옆으로 누워있고, 항구 밖에는 영종(永宗)·용호(龍湖)·자월(紫月)·무의(舞衣)·영흥(靈興)·대부(大阜)의 여러 섬들이 바둑돌처럼 줄지어 있는 천연의 양항(良港)인 동시에 풍광이 아름다운 항구이다. 동양 유일의 부두(埠頭)에는 이중 갑문식 선거(船渠[독])가 있어 선박을 매어 두거나 화물의 선적에 편리하며, 황해(黃海)[서해]를 사이에 두고 중국 중부의 여러 항구와 마주하는 지형상 훌륭한 위치를 점하고 있어 반도 개항장 중에서 중국 무역은 단연 수위를 차지하고 있다. 인구는 10여만 명으로 현재 각종 공업의 발흥에 의해 공업도시로서도 볼만한 것들이 많은데, 대 항구도시 인천의 건설을 향해 약진하는 행보를 계속하고 있다.

○개성(開城)

불로장수의 영약(靈藥)인 조선 인삼의 산지로 유명한 개성은 고려조 34대 475년간의 수도이며, 발길 닿는 곳마다 옛 조선의 모습을 간직하고 있는 역사적인 도시로 알려져 있다. 고려의 태조 왕건이 반도 통일의 위업을 달성하여 고려국이라 칭하고, 그의 고향인 송도(개성)에 도읍을 정한 이래로 불교와 공예, 기타 조선의 문물이 크게 진전하였으며, 고려의 독특한 문화, 반도 예술의 황금시대를 이루었다. 현재 조선 미술공예의 정수로 귀중하게 여겨지는 고려자기와 같은 것은 그 시대의 소산이다. 현재 개성은 인구 6만여 명, 옛 상업지로서의 전통과 옛 도읍으로서, 또 인삼의 특산지로서의 특이한 지위를 지키면서 견실한 진보를 계속하고 있다. 경성에서 기차로 약 1시간 반, 경의선(京義線) 연선으로 73㎞의 거리에 있다.

○온천 순례

근교의 온천지로 북쪽으로는 배천온천(白川溫泉), 남쪽으로는 온양온천(溫陽溫泉)이 있다. 모두 경성에서 기차로 약 3시간이면 도착하고, 근대적 설비를 완비한 조용하고 한적한 곳에 자리 잡은 휴양지로서 당일 여정, 1박의 주말여행에 아주 좋은 장소이다.

- 배천온천호텔: 배천온천회사 경영. 경의선(京義線) → 토성역(土城驛) 환승 → 조선철도회사 황해선(黃海線) → 배천온천역 하차.
- 온양온천 신정관(神井館): 경남철도회사 경영. 경부선(京釜線) → 천안역 환승 → 경남선(京南線) → 온양온천역 하차.

○해수욕장(인천)

- 인천 월미도: 조탕(潮湯)호텔, 용궁각(龍宮閣), 기타 수영 풀장 등의 설비를 완비. 월미도관광보건회사 경영의 인천역 하차 버스로 10분.
- 송도유원(松島遊園): 조탕호텔, 천연의 큰 풀장, 유람선, 보트 등의 설비를 완비. 송도관광회사 경영의 상인천역 하차 버스로 40분.

○하이킹 코스

- 경춘철도 연선 부근: 성동역(城東驛)에서 1시간 이내로 퇴계원 유원지, 금곡릉에 다다른다. 이 부근에는 봉선사(奉先寺), 광릉(光陵), 동구릉(東九陵) 등의 구적도 있으며, 여기에서 북쪽으로 청평역 부근의 북한강 유역을 따라 황공탄(惶恐灘), 용추폭(龍湫瀑), 등선폭(登仙瀑) 등 하이킹의 경승지가 많다. 또한 경원선(京元線)의 연선에는 우이동, 망월사(望月寺) 등의 명승이 있다.

• 북한산 코스: 북한산은 경성의 북쪽을 둘러싼 준령으로 우이동의 배후인데, 그 이외의 등반 코스가 있다. 최고봉 백운대(白雲臺)에서 전망은 매우 광활하고 웅대하다. 일반인을 위한 코스로는 경원선 창동역(倉洞驛)에서 올라가 성벽을 따라 경성 시가로 내려가는 것이 시간적으로도 좋고, 또한 하이킹 측면에서도 충분한 가치가 있다.

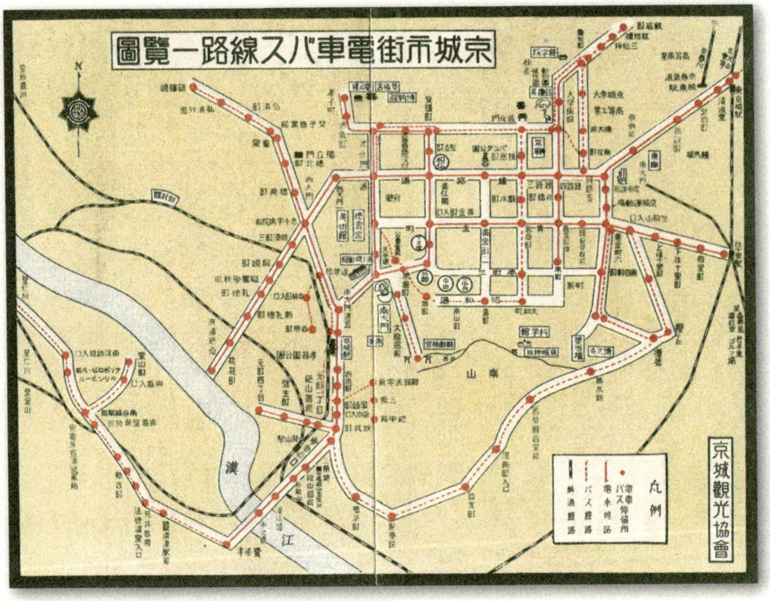

「경성 시가 전차·버스노선 일람도」

8. 경성의 관광

1) 시내 관광의 행정(行程)

○반일의 행정

① 전차를 이용하는 경우: 경성역 → (전차) → 남대문 → (버스) → 조선신궁 → (버스) → 남대문 → (전차) → 창경원 → (버스) → 조선총독부 → (도보) → 경복궁 → (전차) → 덕수궁 → (전차) → 경성역. 비용은 약 50전.

② 자동차를 이용하는 경우: 경성역 → 남대문 → 조선신궁 → 남산공원 → 박문사 → 동대문 → 경학원 → 창경원 → 조선총독부 → 경복궁 → 덕수궁 → 경성역. 비용은 약 5원.

③ 관광버스를 이용하는 경우: 위의 ②번 코스를 일순하기에 시간과 비용의 점에서 경제적이며, 동시에 여성 안내인이 동반하고 있어 명쾌하고 친절하게 설명해 주고 있기 때문에 처음 방문하는 관광에는 이것이 가장 편리하다(소요 시간 약 3시간 30분).

□ 경성관광버스(경성자동차교통주식회사 경영)

- 출발 장소: 경성역 하차 출구 앞 광장.
- 승차권 발매소: 경성역 구내, 경성관광협회 안내소.
- 출발 시간: 오전 9시, 오후 2시 2회(동기[冬期] 오전 11시 1회).
- 요금: 대인은 2원 20전, 군인·소아는 1원 10전(단체 할인 있음).
- 사용차: 20인승 전망식 고급차.
- 안내인: '버스 걸' 동승.

○1일의 행정

① 전차를 이용하는 경우: 경성역→(전차)→남대문·상공장려관→(버스)→조선신궁→(도보)→남산공원→경성신사→은사과학관→(도보)→영락정(永樂町)→(전차)→장충단공원·박문사(博文寺)→(전차)→동대문→(전차)→종로통 4정목→(버스)→(도보)→경학원(經學院)→(도보·버스)→창경원(동식물원·비원)→(버스)→조선총독부→(도보)→경복궁·박물관→(전차)→덕수궁→(도보)→미쓰코시(三越)→(도보)→본정→여관. 비용 약 1원.

② 자동차를 이용하는 경우: ①의 코스 이외에 파고다공원, 종로통, 청량리, 한강, 명수대(明水臺), 노량진 방면까지 일순한다. 비용은 약 25원.

- 비원은 목요일을 제외하고 매일 오전 11시와 오후 2시에 관람이 허가되는데, 관람하기 위해서는 이왕직(李王職)의 허가를 요하며, 미리 관람자 명부를 첨부하여 신청하면 경성관광협회 안내소에서 무료로 알선해 준다.
- 창경원은 목요일, 경복궁, 박물관, 상공장려관, 각 백화점은 모두 월요일에 휴관이다.

2) 제 요금

○교통기관

- 전차·버스: 시내 1구역 5전, 시외 2구역 8전, 3구역 10전(전차·버스 환승 자유, 급행 버스는 제외).

- 자동차·택시: 1.8km까지 60전(이상 4km 초과 때마다 10전).
- 편도 운행 현재 요금: 2원(7.4km) 초과분에 대해서는 50% 가산.
- 소형: 1.8km까지 40전(이상 6km 넘어갈 때마다 10전).
- 편도 운행 현재 요금: 1원 30전(7.2km) 초과분에 대해서는 50% 가산.
- 대기 시간: 5분마다 10전.
- 마중 가는 요금: 마중 가는 차 1회에 대해 10전.
- 예약 요금: 동시에 2대 이상을 예약할 경우 1대당 30전. 다만, 이 경우에 마중 가는 요금은 없음.

○ 입장료

- 창경원: 대인 10전, 소인 5전(학생 단체 할인).
- 식물원(온실): 1인 10전(학생 단체 할인).
- 과학관: 대인 5전, 소인 2전(학생 단체 할인).
- 박물관: 대인 5전.
- 덕수궁: 대인 5전, 소인 5전.
- 미술관: 대인 15전, 소인 5전.

3) 시내의 안내와 여행의 상담

경성관광협회 안내소(경성역 구내 하차 출구의 북쪽 경관파출소 옆) 및 산업 방면의 시찰, 기념 촬영의 준비, 연극과 영화의 소개, 여관·요정, 토산물 등의 알선, 관광의 도순(道順), 교통기관의 상담 등은 일절 무료. 다만, 특별히 시내 안내의 경우는 1회 안내 요금 1원~3원으로 상담에 응합니다.

○재팬 투어리스트 뷰어(일본여행협회)

미쓰코시(전화 본국②2111), 미나카이(三中井, 전화 본국②1151), 조지야(丁子屋, 전화 본국②3131), 화신(和信, 전화 본국③2800)의 각 백화점 내에 안내소가 있으며, 여행의 상담, 승차권, 급행권, 침대권, 그밖에 내외의 주요 교통기관의 표에 대한 대리 구매 등을 행하며, 열차 시간표, 여행안내 등 일체를 준비해 두어 여행자의 편리를 도모하고 있다.

○대일본항공주식회사 경성지소 경성영업소

전화 본국②1709, 1602. 하늘을 이용한 여행, 여객기의 상담에는 부내 황금정(黃金町) 1정목 조선빌딩 내 동사 영업소로.

4) 경성 토산물품

- 인삼 제품: 조선 인삼, 인삼 엑기스, 홍삼 분말, 인삼 설탕절임.
- 잣 제품: 잣엿, 금강엿, 금강밥풀과자, 금강만두, 잣 양갱.
- 시럽류: 쓰루추쿠(ツルツュック) 과즙,[176] 쓰루추쿠 엑기스.
- 과실류: 잣, 사과, 단밤(甘栗).
- 식료품: 명란. 명태뿐만 아니라 조선의 채소 절임(김치).
- 도자기류: 고려자기(高麗燒), 신고려자기(新高麗燒), 삼화한양자기(三和

176 '쓰루추쿠(ツルツュック) 과즙'은 일제강점기 일본에서 판매된 과일 주스의 한 종류로 주로 한국에서 사용된 표현이다. 과일 주스에 '쓰루추쿠'라는 명칭을 붙여 일본의 상업적 제품을 홍보한 것으로 일본에서 생산된 주스를 한국 시장에 판매하기 위해 만들어진 것으로 추측된다.

漢陽燒)

- 나전(螺鈿) 세공: 나전칠기 각종.
- 그 밖의 세공물: 조선풍속인형, 풍속풍경의 목욕 타올, 스키야키(すき燒き)용 돌냄비, 벼루, 신선로, 청동 재떨이, 화병, 문진, 손수건 공예품.
- 레코드: 조선아악(이왕직 아악부 연주), 조선 민요(기생 녹음).

○주요 관공서와 회사

조선총독부, 동 체신국, 동 철도국, 동 전매국, 이왕직(李王職), 중추원, 고등법원, 복심법원, 지방법원, 조선군사령부, 조선헌병대사령부, 경기도청, 경성부청, 부민관, 총독부도서관, 부립도서관, 육군병지원자훈련소, 경성상공회의소, 상공장려관, 조선금융조합연합회, 영국·미국·프랑스·소련·벨기에·중화민국영사관, 만주제국 주경성명예총영사관, 은사기념과학관, 제국대학, 공등상업, 고등공업, 광산전문, 의학전문, 법학전문, 여자의학전문 등 여러 학교, 조선은행, 조선식산은행, 조선상업은행, 조선저축은행, 한성은행, 경성어음교환소, 조선철도회사, 조선우선회사(朝鮮郵船會社), 동양척식회사, 경성전기회사, 조선운송회사, 조선질소비료회사, 경성주식현물거래시장, 경성일보사, 조선신문사, 조선일일신문사, 방송국 등.

○호텔·여관

조선호텔(장곡천정[長谷川町]), 반도호텔(황금정[黃金町]1), 히젠야여관(肥前屋旅館, 장곡천정), 본정호텔(本町1), 천향각호텔(天香閣ホテル, 평동정[平洞町]), 천진

루(天眞樓, 남산정[南山町]2), 시라누이여관(不知火旅館, 욱정[旭町]2), 야마모토여관(山本旅館, 본정2), 히라타여관(平田旅館, 본정2), 녹옥여관(綠屋旅館, 황금정3), 미도리야여관(綠屋旅館, 황금정3), 오쓰카여관(大塚旅館, 어성정[御成町]), 쇼후쿠여관(笑福旅館, 어성정), 무가카미여관(村上旅館, 남대문통[南大門通]5), 대동관(大同館, 남대문통5), 미에여관(三重旅館, 봉래정[蓬萊町]), 후타미여관(二見旅館, 고시정[古市町]), 하야시야(林屋, 고시정), 호텔백운장(청운정[靑雲町]), 미사카호텔(三坂ホテル, 삼판통[三坂通]), 도라야여관(虎屋旅館, 길야정[吉野町]1), 다이조호텔(大常ホテル, 봉래정1), 긴파여관(金波旅館, 태평통[太平通]2), 시즈오카여관(靜岡旅館, 황금정3), 나카지마여관(中島旅館, 황금정3), 우라오여관(浦尾旅館, 본정1), 아사히여관(旭旅館, 본정3), 호텔청운장(ホテル靑雲莊, 황금정6), 다이후쿠여관(大福旅館, 본정5).

○조선 여관

신행여관(信行旅館), 한성여관, 문산여관(汶山旅館), 문화여관(이상 관철정[貫鐵町]), 금수여관(金水旅館, 수하정[水下町]), 다옥여관(茶屋旅館, 다옥정[茶屋町]), 경안여관(京安旅館, 청진정[淸進町]).

○일본 요정

기라쿠(幾羅具, 욱정3), 지요모토(千代本, 욱정1), 기시노료(岸之寮, 욱정2), 지요신(千代新, 욱정1), 기쿠이다료(喜久井茶寮, 욱정3), 하쿠스이(白水, 욱정1), 남산장(南山莊, 서사헌정[西四軒町]), 미야코도리(都鳥, 욱정1), 가케쓰 본점(花月本店, 본정2), 송원장(松園莊), 에도가와(江戶川, 본정1).

○조선 요리

명월관(明月館, 돈의정[敦義町]), 식도원(食道園, 남대문통1), 천향원(天香園, 인사정[仁寺町]), 태서관(太西館, 공평정[公平町]), 국일관(國一館, 관수정[觀水町]).

○중국 요리

아서원(雅敍園, 황금정1), 금각원(金閣園, 장곡천정).

○식당·카페

부민관 식당(태평통), 금천대회관(金千代會館), 마루빌딩회관(丸ビル會館, 명치정[明治町]2), 가메야금강산(龜屋金剛山, 본정2).

○백화점

미쓰코시(三越, 본정 입구), 조지야(丁子屋, 남대문통2), 미나카이(三中井, 본정1), 화신(和信, 종로통2), 히라타(平田, 본정1).

○토산물점

가메야(龜屋, 본정2), 우미이치상회(海市商會, 본정2), 조선물산관(남대문5), 감율겐무도(甘栗玄武堂, 욱정1), 조선관(본정2).

○사진 촬영에 관한 주의(조선에서 도서[島嶼]를 포함함)

군사와 관련 있는 건조물·시설·장소 등을 피사체로 삼거나 또는 이것을 배경으로 하여 높이 20미터를 넘는 공중, 또는 높은 곳에서 수륙의 형상이나 여러 종류의 시설물을 피사체로 삼은 것, 또는 이것을 배경으로 무허가의 촬영, 복사는 '군기보호법(軍機保護法)'과 동 '시설 규칙'의 위반이 되므로 하이킹, 여행, 기타 옥외 촬영의 경우 등에는 특별히 주의가 필요합니다. 특히, 부내(府內)에서 군아(軍衙), 관청, 공장 등 기타 큰 건물은 헌병대 또는 경찰관의 지시를 받은 후에 촬영할 것.

경성 지카자와인쇄부(近澤印刷部) 인행(印行)

[10] 경성명승유람안내(京城名勝遊覽案內)

경성택시 유람버스계, 연도 미상

집필·번역: 신동규

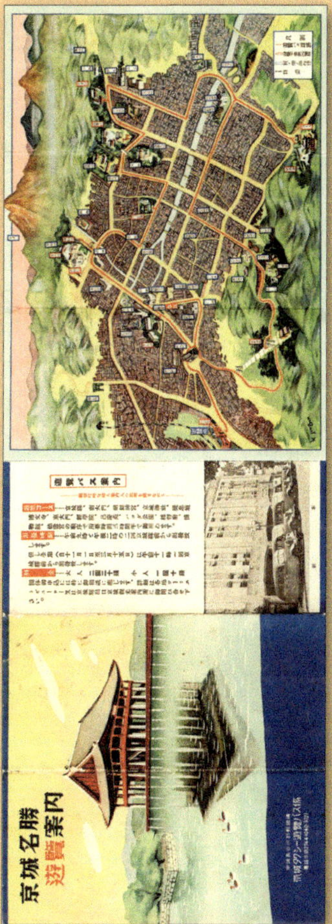

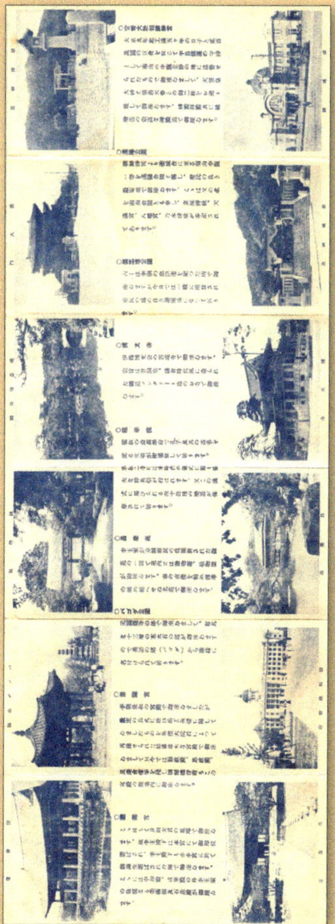

표지면과 내지면 펼친 모습, 89㎜×194㎜, 529㎜×194㎜

접힌 면(원상태) 앞표지

접힌 면(원상태) 뒤표지

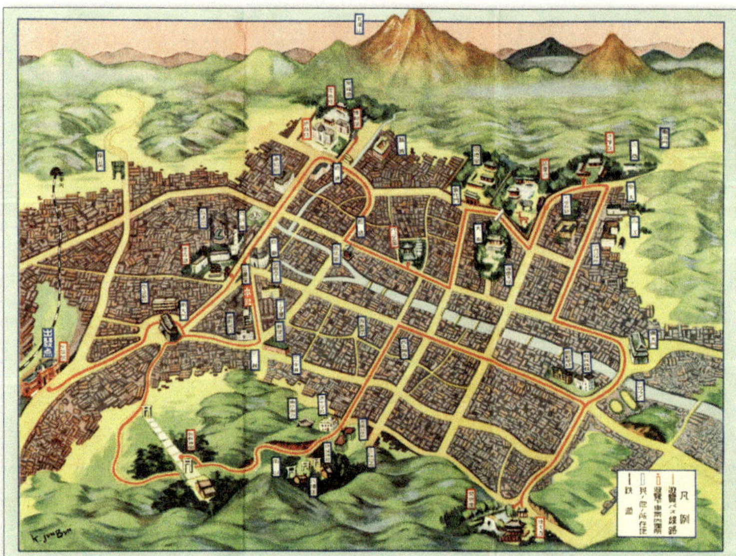

「경성 시가지 조감도」

|해제|

이 자료는 일제강점기에 경성 장곡천정(長谷川町)의 조선은행(현 한국은행) 옆에 있던 '경성택시 유람버스계'에서 발행한 『경성명승유람안내(京城名勝遊覽案內)』라는 선전용 인쇄 팸플릿으로 자료 자체는 좌우 6면(앞뒤 총 12면)으로 접혀 있는 상태이다. 발행 연도가 기재되어 있지는 않지만, 그 시기를 특정해 보자면, 이 자료에 수록된 경성 시가지의 조감도에 그려진 경복궁 앞에는 조선총독부 청사가 그려져 있어 총독부가 건립된 1926년 이후에 발행된 것으로 대략 1920년대 후반에서 1930년대에 발행된 것으로 보인다.

한편, 한국에 처음으로 택시가 등장한 것은 1912년에 이봉래 등이 승용차 2대를 들여와 경성에서 시간제 임대 영업을 시작하면서부터이지만, 이때까지만 해도 개인영업 단계에 지나지 않았다. 최초의 택시 회사는 1919년에 노무라 겐조(野村賢三)가 설립한 '경성택시'로 당시에 주된 고객은 국내에 거주하는 일본인들이었다. 이후, 1920년에 '계림자동차조합'이라는 새로운 택시회사가 설립되었지만, 아직 미터기가 없었기에 전세 또는 시간제 택시로 운영되었고, 1926년에 '아사히 택시회사'라는 곳에서 미터기를 도입하면서 근대적인 택시 영업이 시작되었다.

이 자료의 표지에는 경성의 대표 유적인 동시에 관광 명소로도 유명한 경회루를 디자인으로 하고 있으며, 표지면을 펼치면 '유람버스 안내'라고 하여 경성의 유람 코스, 출발 시간, 요금 등을 안내하고 있다. 또 오른쪽

부분에는 경성의 남산 쪽 상공에서 시가지를 내려다본 조감도(鳥瞰圖)가 인쇄되어 있는데, 일제강점기에 발행한 다른 팸플릿과 비교하여 조감도 자체의 완성도는 매우 낮으며, 단순히 '경성택시'에서 운영하는 유람버스의 경유지와 코스만을 표시하고 있는 정도이다. 경성 시가지를 일순하는 유람버스 노선이 도로에 빨간색으로 칠해져 있고, 각기 명소·관람지와 하차 장소, 철도를 비롯해 시가지 전체의 구조가 소략하게 그려져 있다. 내지면 쪽에는 12매의 명소·유적지 사진과 함께 유람버스 코스에 포함된 조선신궁, 한양공원, 장충단공원, 박문사(博文寺), 경학원(經學院), 창경원, 파고다공원, 경복궁, 덕수궁 등 9곳의 명소와 유적지를 간단히 설명하고 있다.

| 번역문 |

1. 유람버스 안내

• 진심으로 친절한 태도를 가진 여성 안내인의 설명을 들으면서.

○ 유람코스

경성역 → 남대문 → 조선신궁 → 경성신사 → 장충단 → 박문사(博文寺) → 동대문 → 경학원 → 창경원 → 파고다공원 → 총독부박물관 → 덕수궁의 순서로 소요 시간은 3시간 30분 예정입니다.

○ 출발 코스

오전 9시와 오후 2시 각 2회 경성역 앞에서 출발합니다. 단 겨울철(11월 1일부터 3월 15일까지)은 오전 11시 1회 경성역 앞에서 출발합니다.

○ 요금

대인 2원 20전, 소인 1원 10전, 단체 요금은 별도로 상담을 받습니다. 자세한 내용은 각지의 '투어리스트 뷰어로(여행안내소)', 또는 경성역 출구 경성 관광안내소에 문의 바랍니다.

2. 경성의 유람지

○ 관폐대사(官弊大社) 조선신궁(朝鮮神宮)

1920년 기공하여 5년간의 공사 기간과 200만 원의 거액을 투자하여 반도 진호(鎭護)의 수호로서 남산 중턱의 경관이 뛰어난 위치에 조영하였는데, 아마테라스 오미카미(天照皇大神)와 메이지대제(明治大帝)의 두 신을 모시고 있습니다. 신전(神殿)과 배전(拜殿) 모두 노송나무로 만들었으며 숭고한 신전의 모습을 갖추고 있습니다.

○ 한양공원(漢陽公園)

조선신궁에서 왜성대(倭城臺)에 이르는 남산 중턱 일대를 한양공원이라 칭하는데, 경성 부민들의 훌륭한 산책 코스입니다. 이곳은 다른 이름으로 남산공원이라고도 하며 경성신사(京城神社)·텐만구(天滿宮)·하치만구(八幡宮)·노기신사(乃木神社)[177] 등이 있습니다.

○ 장충단공원(奬忠壇公園)

대대로 조선의 충신들에게 제사를 지내던 곳이었으나, 오늘에 이르러서는 일반에 개방되어 부민들을 위한 좋은 유원지가 되고 있습니다.

177 노기 마레스케(乃木希典, 1849-1912)를 주신으로 삼은 신사이다. 노기는 에도막부의 '조슈정벌' 때 조슈번의 보국대 포병대원으로 참전하였고, 1868년 보신전쟁(戊辰戰爭) 당시 야마가타 아리토모를 따라 막부군에 대항하였다. 1886년-1888년 독일에서 군사학을 배우고 돌아와 청일전쟁에 참전했고, 1904년 러일전쟁 당시 다시 소집되어 같은 해 5월 제3군 사령관으로 뤼순을 공격했다. 1912년 메이지 천황이 죽자 장례일에 도쿄의 자택에서 부인과 함께 자결하였다.

○박문사(博文寺)

이토 히로부미(伊藤博文) 공의 보리사(菩提寺)이며, 종파는 조동종(曹洞宗)으로 가마쿠라시대(鎌倉時代) 풍의 철근콘크리트로 만들어진 절입니다.

○경학원(經學院)

유교의 최고 학부(學府)로 공자 및 그 제자를 제사 지내고 있는 문묘가 부속되어 있습니다. 봄가을 2회에 걸쳐 송대(宋代)의 의식에 따라 성대한 석전제(釋典祭)가 행해지고 있습니다. 또한 의식에 이용되는 40여 종의 악기가 보존되어 있습니다.

조선신궁

남대문

장충단공원

경학원

파고다공원

경회루

경성역

경성신사

박문사

창경원

조선총독부

덕수궁

○창경원(昌慶苑)

이왕가(李王家)가 경성 부민을 위해 개방한 정원 일부로 정원 안에는 동물원과 식물원이 있습니다. 봄철의 밤에 벚꽃 구경을 비롯해 사계절 내내 경치가 아름다운 정원입니다.

○파고다공원

원래는 원각사(元覺寺)의 유적지였는데, 유명한 13층의 한수석탑(寒水石塔)이 있기 때문에 영어로 탑이라는 '파고다'에서 새로운 명칭이 붙여지게 되었습니다.

○경복궁(景福宮)

조선 최초의 궁전이었습니다만, 여러 차례 병화(兵火)를 당하여 거의 잿더미가 된 것을 영걸(英傑) 대원군이 재건한 아주 웅대한 궁전으로 현재는 근정전(勤政殿)과 사정전(思政殿) 및 경회루(慶會樓) 등이 남아 있으며 조선총독부도 이 궁전 안에 있습니다.

○덕수궁(德壽宮)

이곳은 원래 월산대군(月山大君)의 사저였습니다. 고 이왕 전하께서 이곳에서 즉위하시고 또한 이곳에서 탄생하셨습니다. 이곳에는 중화전(中和殿)과 함녕전(咸寧殿) 외에 이왕가의 훌륭하고 아름다운 미술관 및 석조전(石造殿)이 있습니다.

[11] 경성유람승합자동차(京城遊覽乘合自動車)

경성자동차 유람버스계, 1935

집필·번역: 신동규

표지면 펼친 모습, 87㎜×187㎜, 261㎜×187㎜

내지면 펼친 모습

접힌 면(원상태) 앞표지

접힌 면(원상태) 뒤표지

|해제|

이 자료는 1930년대에 경성 장곡천정(長谷川町)의 조선은행(현 한국은행 화폐박물관) 옆에 있던 '경성자동차 유람버스과'에서 발행한 『경성유람승합자동차(京城遊覽乘合自動車)』라는 선전 팸플릿으로 자료 자체는 좌우 3면(앞뒤 총 6면)으로 접혀 있는 상태이다. 표지의 앞뒷면에는 회사가 위치한 거리에 유람버스와 택시가 주행하는 모습의 삽화가 디자인되어 인쇄되고 있는데, 맞은편 정면에는 경성부청(현재 서울도서관) 건물이 보이고 있으므로 이 길은 조선은행 옆길에서 경성부청으로 가는 길이다. 즉, 현재의 길로 생각해 보면 한국은행 화폐박물관 옆길에서 서울시청으로 가는 소공로의 모습이다.

한편, 표지 앞면 그림의 3층 건물 벽면에는 '경성빌딩'과 'KEIJO BUILDING', '경성자동차주식회사'라고 기재되어 있고, 그 건너편에는 '경성택시' 회사가 보인다. 이 '경성택시'에 대해서는 앞에서 제시한 『경성명승유람안내』에서도 살펴보았지만, 특이한 것은 이 2개의 팸플릿에 보이는 '경성자동차주식회사'와 '경성택시' 회사의 전화번호 3개 중 2개가 동일한 것으로 보아 두 회사는 같이 운영되고 있었던 것으로 보인다. 다만, 공식적으로 '경성자동차주식회사'는 1928년에 설립되어 1936년에 '경성택시주식회사'로 개칭되었지만, 버스와 택시라는 특수성으로 인해 2개의 운영 형태를 유지했던 것으로 추측된다.

표지 뒷면에는 '조선 유일의 유람버스'라는 점, 경성을 일주하는데 4시간 30분, 요금이 2원 20전임을 선전하고 있으며, 표지면을 펼친 제일 오른쪽 부분에는 유람 장소, 안내인, 사용 자동차 종류, 발차 시간과 장소, 할인과 전세 요금 등을 안내하고 있다. 내지면 쪽에는 한강 이남의 상공에서 경성 시가지를 바라보고 그린 「경성유람안내도(京城遊覽案內圖)」라는 명칭의 조감도가 전면에 인쇄되어 있는데, 경성 시가지를 유람 승합자동차가 일순하는 코스를 빨간색 라인으로 표시하고 있을 뿐만 아니라, 주요한 관람지와 명승지를 표시하고 있어 당시 관광의 동향을 확인할 수 있는 귀중한 자료라고 할 수 있다.

|번역문|

○ 앞뒷면 표지

- '경성유람승합자동차', 일주 4시간 30분. 경성 장곡천정(長谷川町), 조선은행 옆. 경성택시 유람버스과. 전화 본국 2744, 1040, 776.
- 조선 유일의 유람버스. 친절한 여성 안내인 동승. 2원 20전(단체 80% 할인).
- 다수 유람객의 의견에 따라 용산·한강을 빼고 한층 더 조선의 특색이 풍부한 경학원(經學院)을 새로이 하차·견학 장소로 추가하였으니 많은 양해를 부탁드립니다.
- 티켓 발매소 / 경성 택시 영업소. 미쓰코시(三越) 안 '투어리스트 뷰어로(여행안내소)' / 티켓 예매·배달.

○ 유람장소

경성의 명소(名所)와 구적(舊蹟)을 모두 일주(뒷면의 「경성유람안내도」 참조). 차 안에서의 관람에 적합한 장소가 연도(沿道)의 곳곳에 있으므로 상황에 맞추어 서행 또는 정차하여 설명해 드립니다.

○ 안내인

운전사 이외에 여성 안내인이 함께 탑승하여 역사적으로 흥미로운 설명을 해드립니다. 하차하여 관람 때에도 동행하여 안내해 드립니다.

○사용 자동차

정원 16명의 전망식(展望式) 고급 자동차입니다.

○정기 발차

오전 8시 경성역 앞 발차, 오후 2시 미쓰코시(三越) 앞 차고에서 발차. 단, 겨울철(11월 1일부터 다음 해 3월 31일)에는 오후 1회 발차로 하며, 특히 5인 이상의 신청이 있을 때에 한하여 운행합니다.

○임시 발차

정기 발차 외에 임시 발차도 합니다. 매일 오전 중 경성역 출구에서 티켓을 발매하며 기타 도움을 드립니다.

○발차 장소

장곡천정(長谷川町) 본사 앞(조선은행 옆).

○하차 관람 장소

11개소, 소요 시간 약 2시간 반.

○승차 관람

총 22마일[35.41㎞], 소요 시간 약 2시간.

○승차요금

대인 2원 20전, 소인 반액(단 좌석이 필요 없는 유아는 무료).

[11] 경성유람승합자동차

○할인요금

단체 대인 10인 이상 10% 할인.

○전세(貸切)요금

정원 요금의 10% 할인(단, 16명까지).

[12] 경성명소유람버스영업안내(京城名所遊覧バス營業案内)

경성자동차 유람버스과(京城自動車 遊覽バス課), 연도미상

집필·번역: 허지애

표지면 펼친 모습, 87㎜×187㎜, 261㎜×187㎜

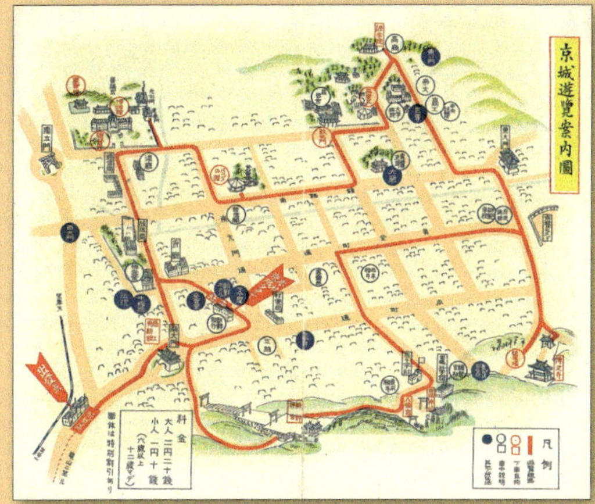

내지면 펼친 모습

| 해제 |

이 자료는 일제강점기에 경성 장곡천정(長谷川町)의 조선은행(현 한국은행 화폐박물관) 옆에 있던 '경성자동차 유람버스과'에서 발행한 『경성명소유람버스영업안내(京城名所遊覧バス營業案內)』라는 선전용 인쇄 팸플릿으로 자료 자체는 좌우 2면(앞뒤 총 4면)으로 접혀 있는 상태이다. 발행 연대가 명확히 표기되어 있지는 않지만, 내지면 전체에 걸친 「경성유람안내도」의 정보에서 발행 시기를 추정할 수 있다. 먼저 중앙에 '본사 경성택시'라고 되어 있는데 경성택시는 1936년 4월에 경성자동차(주)가 이름을 바꿔 설립한 것이다. 그리고 조선호텔은 표시되어 있지만 1938년 5월에 영업 개시한 반도호텔이 표시되어 있지 않은 것에서 이 자료는 1936년 4월부터 1938년 5월 사이에 발행한 된 것으로 추정된다.

표지화를 보면 앞뒷면이 이어지는 하나의 그림으로 윗부분에는 인왕산을 배경으로 시가지를 흐릿하게 그리고 소나무가 울창한 언덕길을 달리는 유람버스가 그려져 있다. 표지 앞면에는 팸플릿의 명칭을 쓰고 그 아래에 '여성 안내인 동승, 한 바퀴 약 3시간 반'이라고 경성유람버스의 유람 시간을 소개하고 있으며, 왼쪽 위에는 "조선 유일의 유람버스"라고 붉은색으로 크게 선전 문구가 인쇄되어 있다. 표지 뒷면에는 유람 장소, 안내인, 사용 자동차, 정기·임시 발차, 발차 장소, 승차 요금과 할인요금, 전세 운행 요금을 안내하고 있으며, 그 아래에는 "본사 또는 경성역 구내의 관광안내소, '투어리스트 뷰로'에 문의하라."고 되어 있다.

다음으로 내지면을 보면, 「경성유람안내도」가 전면에 인쇄되어 있는데, 유람버스의 경로를 붉은 선으로 표시하고, 버스의 출발지는 붉은 리본으로 눈에 띄게 표시해 두었는데 오전에는 경성역 앞에서 출발하고 오후에는 경성역 앞과 경성택시 앞, 두 곳에서 출발하였다. 붉은색 원과 사각형으로 표시한 명소는 주된 관람지로서 유람버스에서 하차하여 관람하는 곳이며, 파란색 원과 사각형의 명소는 버스 안에서 관람하는 곳이다. 하차하여 관람하는 명소를 보면, 경성역, 상공장려관, 총독부, 박물관, 경회루, 파고다공원, 돈화문, 창경원, 경학원(經學院), 박문사(博文寺), 장충단, 경성신사, 하치만구(八幡宮), 조선신궁 등으로 경성을 한 바퀴 돌고 있다. 버스 안에서 관람하는 명소로는 남대문, 조선은행, 미쓰코시 백화점, 덕수궁, 부청, 방송국, 체신국, 독립문, 도청, 보신각, 창덕궁, 전매지국, 대학병원, 고상, 제국대학, 고공, 중앙시험소, 동대문, 부민병원, 사범학교, 경성운동장, 니시혼간지(西本願寺), 전매국, 은사과학관, 총독관저, 적십자사, 히가시혼간지(東本願寺)이다. 유람안내도에 주요 관광지와 명승지가 표시되어 있어 당시의 관광 동향을 확인할 수 있다는 데에 사료적 가치가 있다.

|번역문|

○표지

- 영업 안내, 부인 안내인 포함, 한 바퀴 약 3시간 반.
- 경성 장곡천정 조선은행 옆.[178]

- 경성자동차 유람버스과.
- 전화 본국 2744, 1040, 776.

조선 유일의 유람버스

○유람 장소

- 경성의 명소 유적을 빠짐없이 일주합니다(뒷면의 그림 참조).
- 총독부·경학원(經學院) 등도 따로 관람 허가를 받아 두었습니다.
- 차 안에서 구경하기에 적합한 곳, 연도(沿道)의 모든 곳에서 적당히 서행 또는 정차하여 설명해 드립니다.

178 원문 鮮銀橫.

○안내인

• 여성 안내인이 동승하여 역사적으로도 흥미롭게 설명해 드립니다.

• 하차하여 구경할 때도 동행하여 안내해 드립니다. 창경원, 덕수궁 등의 입장료는 각자 지급 부탁드립니다.

○사용 자동차

• 정원 60명과 20명의 전망식 고급 자동차입니다. 승차감은 소형차보다 뛰어납니다.

○정기 발차

• 오전 9시 오후 1시 두 번 발차. 단, 겨울은 오전 1회 발차.

○임시 발차

• 정기 외 단체 임시 대여 운행도 합니다.

○발차 장소

• 오전은 경성역 앞 발차.

• 오후는 경성역 앞 발차, 장곡천정(長谷川町) 본사 앞 주변.

○승차요금

• 대인 2원 20전, 소인 1원 10전(6세부터 12세까지).

○할인요금

• 단체 특별 할인 협정을 합니다.

○대여 요금

• 기존 코스 외 희망에 따라 어디든지 대여 운행합니다. 단, 가급적 하루 전까지 신청을 부탁드립니다. 요금은 그때 상담해 드리겠습니다.
• 상세한 내용은 본사 또는 관광안내소(경성역 구내), '투어리스트 뷰로(전국)'에 문의해 주십시오.

경성 동양오프셋 인쇄주식회사계

[13] 반도호텔(HANTO HOTEL)

반도호텔(半島ホテル), 연도 미상

집필·번역: 허지애

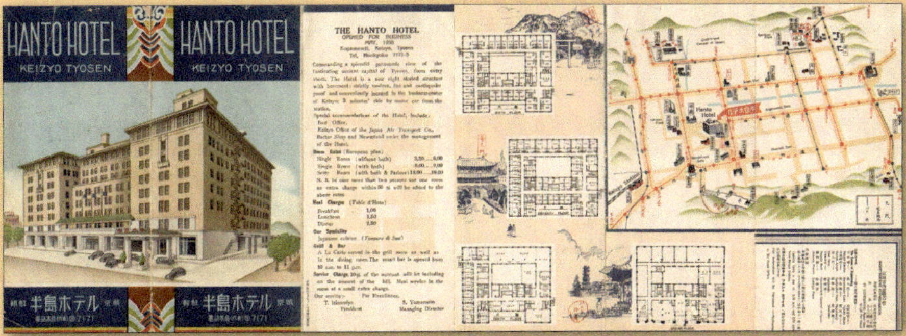

표지면 펼친 모습, 103㎜×222㎜, 617㎜×222㎜

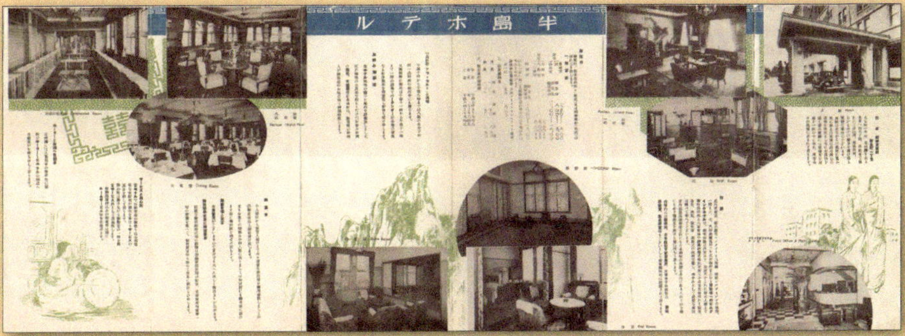

내지면 펼친 모습

접힌 면(원상태) 앞표지

접힌 면(원상태) 뒤표지

| 해제 |

이 자료는 1938년 5월에 영업을 개시한 반도호텔에서 호텔 홍보를 위해 발행한 『반도호텔(HANTO HOTEL)』이라는 선전 팸플릿으로 자료 자체는 좌우 6면(앞뒤 총 12면)으로 접혀 있는 상태이다. 경성 동양오프셋인쇄주식회사에서 제작하였는데 발행 연도가 팸플릿에 명시되어 있지 않지만, 1938년 5월 이후에 발행한 것으로 추정된다.

팸플릿의 표지는 앞뒷면이 하나의 도안으로 연결되어 있는데, 반도호텔의 전경 그림이 가운데에 있고, 위쪽에는 영어로 "HANTO HOTEL, KEIZYO TYOSEN", 아래쪽에는 "朝鮮 半島ホテル 京城"이라 일본어로 기재되어 있다. 영문의 호텔명이 가장 크게 강조되어 있는데 영문으로 된 호텔 안내가 실려 있는 것이 이 팸플릿의 특징이다. 표지의 접힌 면에는 오색의 단청을 그려 넣어 이 호텔의 '조선' 이미지를 강조하고 있다. 한편, 호텔 건물은 정면에 주차장이 완비된 8층의 서양식 빌딩으로 그림에서도 건물의 웅장함이 전달되는데, 1층 현관의 '반도호텔'의 간판과 건물 외벽의 비상계단 등이 인상적이다.

내지면을 펼치면 반도호텔의 위치, 설비, 숙박 요금, 부대시설, 서비스와 팁, 포터와 '마중 자동차'를 소개하고 있다. 위아래에 10장의 객실과 부대시설의 사진을 싣고 일본어와 영어로 설명을 달아 호텔 소개를 돕고 있다. 여백에는 한복차림의 기생, 북한산, 돗자리 문양을 단색의 펜화로 그려 넣어 이 호텔의 조선풍을 강조하고 있다.

반도호텔은 경성부 황금정 1정목(현재 서울시 중구 을지로1가), 경성역에서 자동차로 3분 거리의 경성 비즈니스센터에 위치하며, 근대식 내진·내화 설계가 된 철근콘크리트의 8층 건물이다. 조선 유일의 '빌딩호텔'로 1960년대까지 서울에서 가장 높은 건물이었다. 호텔 옥상에서 남산, 덕수궁, 북한산을 조망할 수 있으며, 이는 앞서 1914년에 개업한 조선호텔과의 차별점이기도 했다. 호텔에는 일본식 결혼식장인 신전(神前) 결혼식장이 있고, 냉난방 및 환기, 위생의 최신식 장치를 완비하였다. 또 우체국, 일본항공회사 경성지점, 매점, 이발소, 사진 암실, 신문 가판대를 갖춘 당시로서는 최신식 호텔이었다.

표지면에는 반도호텔의 위치를 표시한 컬러의 「경성약도」, 경성시내 유람안내, 호텔 평면도, 영문 호텔 소개가 실려 있다. 「경성약도」에는 전차와 버스의 노선이 붉은색과 푸른색으로 표기되어 있고, 그 아래에는 경성역에서 출발하는 '경성시내유람안내' 선전이 실려 있다. 경성시내 유람코스인 "경성역 → 남대문 → 조선신궁 → 경성신사 → 장충단 → 박문사 → 동대문 → 경학원 → 창경원 → 파고다공원 → 총독부 → 박물관 → 덕수궁"이 일문과 영문으로 약도에 표기되어 있다. 이는 호텔을 이용하는 일본인과 외국인 관광객에게 경성 관광의 편의를 제공하기 위한 것으로 보인다.

다음으로 8층 빌딩에서 호텔로 사용하고 있는 1층과 6, 7, 8층의 평면도를 실어 호텔의 설비와 구조를 한눈에 파악할 수 있게 하였다. 평면도 배경에 조선신궁, 남대문, 파고다공원을 펜화로 그려 넣었는데 이는 '경성시내유람' 코스에도 포함된 경성의 관광 명소이다. 표지면의 영문으로 된 호텔 이용 안내에서는 일문 안내와 유사한 내용을 간략하게 소개하고 마지막에 사장과 전무이사의 이름을 실었는데 이는 이 팸플릿이 외국인 관광객을 대상으로 했음을 드러내는 부분이다.

한편, 반도호텔은 일제강점기에는 계속 영업을 이어 나갔지만, 1945년 광복 후에는 주한미군의 사무실과 숙소로 사용되다가 미국에 대사관 용도로 매각되었다. 이후 조선호텔과 함께 대한민국 정부에 소유권이 이양되어 한국관광공사가 운영을 맡았는데 1974년에 ㈜호텔롯데가 반도호텔을 인수하여 그 자리에 롯데호텔 서울을 개관하였다. 현재 반도호텔 건물은 사라지고 없지만, 그 흔적은 롯데호텔 로비라운지의 이름 '페닌슐라(Peninsula, 반도)'에 여전히 남아 있다.

|번역문|

1. 위치: 조선 경성부 황금정(黃金町) 1정목

대경성의 중심, 경성역에서 북동쪽으로 약 5정, 자동차로 겨우 3분 이내, 교통 대단히 편리합니다. 게다가 시내의 소음을 피해 매우 한적한 장소에 있습니다.

주위는 예로부터의 풍치에 넘치고 특히 옥상의 전망은 남쪽은 남산의 취만(翠巒)을 배경으로 하고, 북쪽은 멀리 북한산이 보입니다. 눈앞에는 덕수궁의 원정(園亭)이 한눈에 들어오며 사시사철 조망이 뛰어납니다.

현관

프론트와 로비

2. 설비

근대식 내진(耐震), 내화(耐火) 철근콘크리트 8층 건물, 조선빌딩의 지하, 1층과 6, 7, 8층, 총 연평 2,500여 평을 차지하는 조선 유일의 빌딩호텔입니다. 객실 수는 양실 50실, 화실 50실에 300명까지 수용할 수 있는 대연회장과 신전(神前) 결혼식장, 사교실, 대소식당, 그 외 모든 시설에 난방, 냉방, 환기, 위생 등 최신식의 장치를 완비하여 호텔로써 필요한 시설은 모두 갖추고 있습니다.

실내장식 및 경영방침에도 일본 스타일(趣味)의 아름다운 점을 다분히 반영하여 모든 분이 꼭 만족하실 수 있도록 해 두었습니다.

또한 관내에는 우편소, 일본항공회사 영업소 및 당 호텔 경영의 매점, 이발실, 사진 암실 등도 있어서 모든 업무에 편리하게 설비되어 있습니다.

1층 사교실

바

3. 숙박

객실 요금과 식사 요금 따로(유럽식) 또는 식사 포함(미국식)을 모두 준비했습니다.

1) 객실 요금

• 서양식	보통실	3,50~6,00(원).
	보통실(욕실 유)	8,00~9,00.
	특별실(욕실·응접실 유)	13,00~18,00.
• 일본식	6조(疊)방	3.50부터.
	8조방	5.00부터.
	10조방	8.00부터.
	특별실(욕실·응접실 유)	13.00~18.00.

• 단, 1실에 2인 이상 숙박하는 경우 50% 이내의 추가 요금을 받습니다.

• 편리한 여관권(旅館券)(각지 '투어리스트 뷰로' 발매) 1박 2식 8원.

양실

특별실

조선식 방(온돌방)

2) 식사 요금

- 양식: 조식 1.00, 중식 1.50, 석식 2.50.
- 일식: 조식 1.00, 중식 1.50, 석식 2.50.

3) 정식 시간

- 조식: 오전 7시부터 9시까지.
- 중식: 정오부터 2시까지.
- 석식: 오후 6시부터 9시까지.

○ 일품요리(아 라 칼트[179])와 바(酒場)

오전 10시부터 오후 9시까지는 8층의 식당에서 일본식 및 양식 일품요

179 'à la carte'는 일품요리라는 뜻.

리의 주문에 응대합니다. 또 음료의 주문은 오전 11시부터 오후 12시까지 1층의 바에서 바텐더가 각종 우량한 일본 및 서양 음료를 준비하여 주문을 받습니다.

○취향의 요리

당 호텔만의 독특한 취향으로 설비했습니다. 에도 스타일(趣味)의 스탠딩 레스토랑(立食場)에서 간편한 요리인 스시, 덴푸라 등을 본고장의 재료로 솜씨 좋은 요리사가 손님들의 눈앞에서 조리해 드립니다.

4. 연회

10명부터 300명까지 인원에 맞춰 적당한 방을 준비해 드리며 일식과 양식의 정식 이상의 메뉴를 주문받습니다. 모임의 형편과 인원수에 따라 어떠한 요청에도 부합하도록 상담을 받고 있습니다.

○연회장과 식당

냉방장치가 있어 여름철에도 아주 시원하게 식사를 할 수 있습니다.

○결혼식 및 피로연

장엄한 신전 결혼식장의 설비는 물론 신랑·신부의 대기실, 미용실, 탈의실 등 설비 일체를 갖추고 피로연 등도 간편하게 준비해 드립니다.

8층 사교실

대식당

신전 결혼식장

5. 서비스와 팁

당 호텔에서는 손님의 응대를 모두 온순한 여급사가 하며 서비스에 온힘을 기울이고 있습니다. 팁은 송구하게도 객실 요금의 10%를 규정 서비스료로 받고 있습니다. 또한 방으로 배달하는 식사는 따로 룸 서비스료를 받습니다.

6. 포터와 마중 자동차

경성역에는 주요 열차의 출발과 도착에 맞춰 제복을 입은 포터와 당 호텔의 마중 자동차가 기다리고 있습니다.

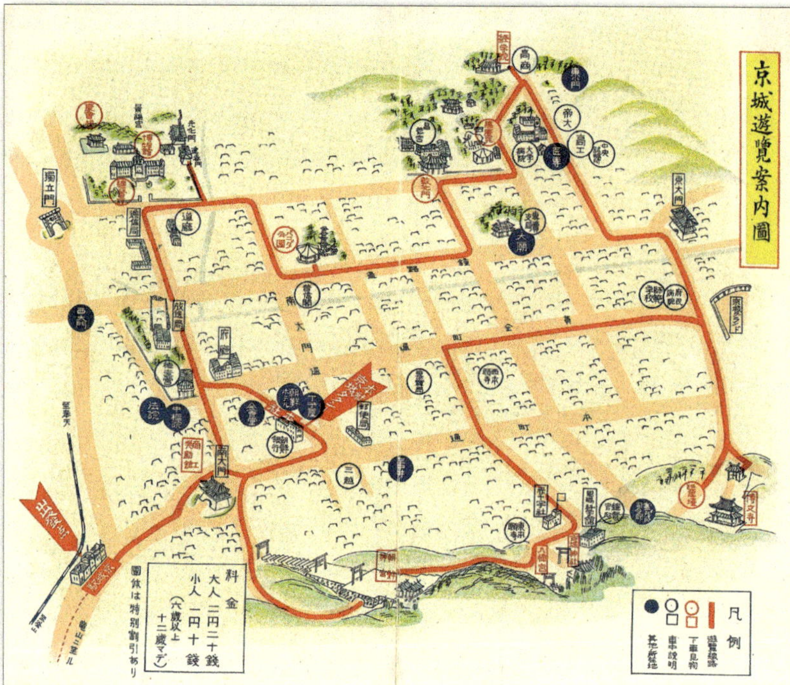

「경성유람안내도」

○경성 시내 유람 안내[180]

• 유람버스 이용: 소요 시간 3시간 반.

180 원문은 영문과 일문 병기.

- 요금: 대인 2원 20전, 소인 1원 10전.
- 유람 코스, 부인 안내자 설명.
- 경성역 → 남대문 → 조선신궁 → 경성신사 → 장충단 → 박문사 → 동대문 → 경학원 → 창경원 → 파고다공원 → 총독부 → 박물관 → 덕수궁.
- 출발 시간
  - □ 오전 9시와 오후 1시의 2회, 경성역에서 출발.
  - □ 단, 동절기(11월 1일부터 3월 15일까지)는 오전 11시 1회.
  - □ 이상의 신청은 호텔 프론트 사무실에 말씀해 주시면 도와드리겠습니다.

7. 영문 번역

- 1938년 5월 영업 개시.
- 조선 경성 황금정(黃金町).
- 전화 본국 7171-5.

모든 방에서 조선의 고대 수도의 매혹적이고 화려한 파노라마 뷰를 감상할 수 있습니다. 이 호텔은 지하 포함 8층짜리 매우 현대적인 새 건물로, 화재 및 내진 설계가 되어 있고 편리하게 역에서 자동차로 3분 거리의 경성 비즈니스센터에 있습니다. 호텔의 특별 숙박시설은 우체국, 일본항공회사 경성지점, 이발소, 호텔 관리하에 있는 뉴스 스탠드를 포함합니다.

○객실 요금(유럽식)

• 싱글룸(욕실 없음) 3.50~6.00.

• 싱글룸(욕실 있음) 8.00~9.00.

• 스위트룸(욕실 및 응접실) 12.00~18.00.

• 주의: 1실에 2인 이상 숙박하는 경우 50% 이내의 추가 요금을 받습니다.

○식사 요금(Table d'Hote)

• 조식 1.00(원), 중식 1.50, 석식 2.50.

○우리의 전문

• 일본요리(덴푸라와 스시)

○그릴 앤 바

• 일품요리(à la carte)는 그릴 룸과 식당에서 제공됩니다.

• 스마트 바는 오전 10시부터 오후 11시까지 운영됩니다.

○서비스 요금

• 요금의 10%가 봉사료로 청구서에 포함됩니다.

• 객실 내 식사 서비스는 소액의 추가 요금으로 제공됩니다.

• 서비스: 탁월함.

사장 T. 이치노미야

전무이사 S. 야마모토[181]

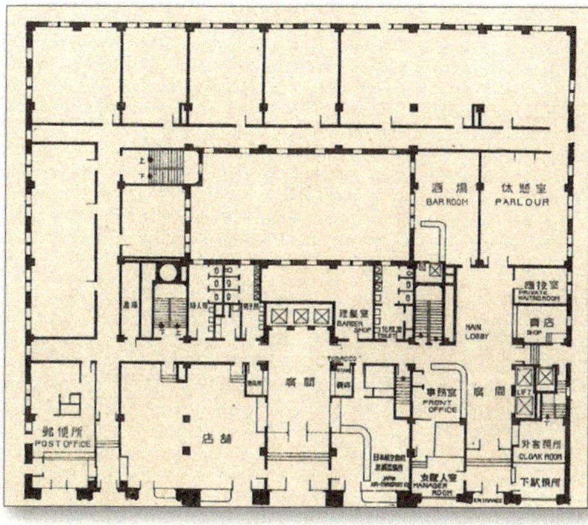

1층 평면도

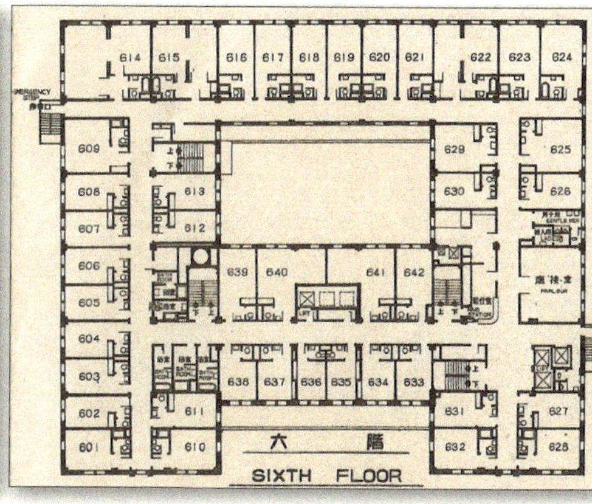

6층 평면도

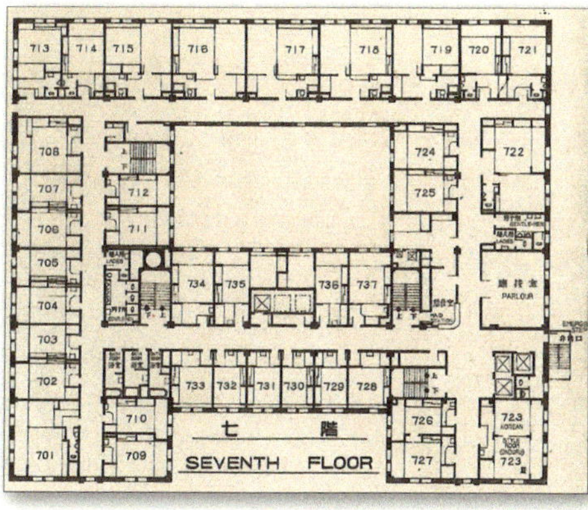

7층 평면도

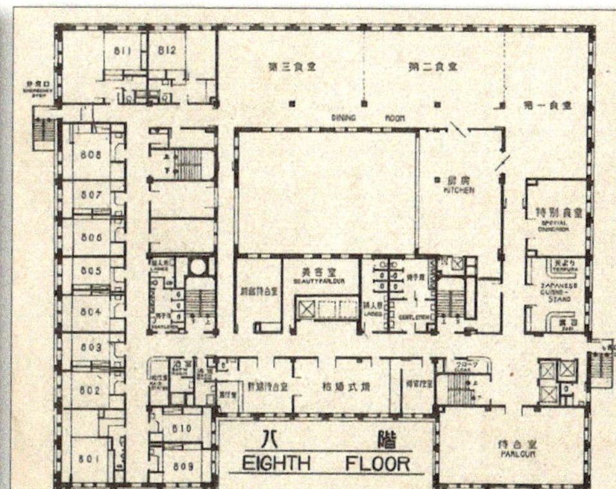

8층 평면도

경성 동양오프셋인쇄주식회사 제작

181 원문에는 각각 이름이 'T.'와 'S.'로 이니셜 표기만 되어 있으나, 『조선은행회사조합요록(朝鮮銀行會社組合要錄)』(1942년)에서 두 사람의 이름이 이치노미야 지카구라(一ノ宮近藏)와 야마모토 쇼조(山本正三)인 것을 확인할 수 있다.

[14] 박문사의 개요(博文寺の槪要)

춘무산 박문사(春畝山博文寺)

집필·번역: 배병욱

博文寺の槪要

春畝山　博　文　寺

표지면 펼친 모습, 99㎜×181㎜, 395㎜×181㎜

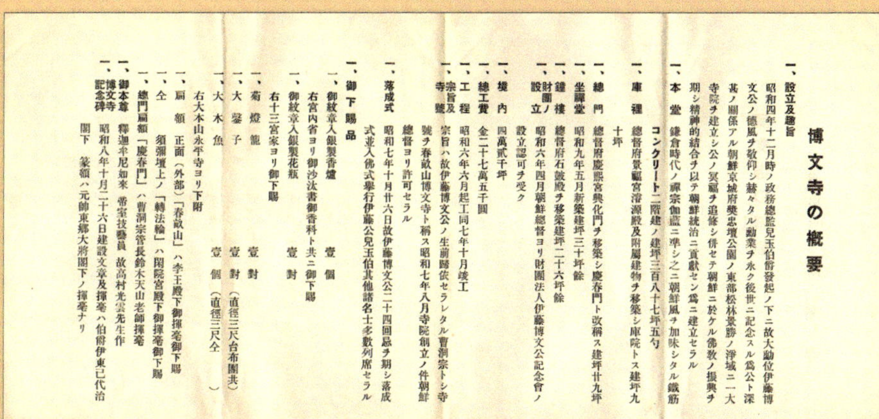

博文寺の槪要

一、設立及趣旨
昭和四年十二月時ノ政務總監兒玉伯爵發起ノ下ニ故大勳位伊藤博
文公ノ德風ヲ敬仰シ赫々タル勳業ヲ永ク後世ニ記念スル爲公ト深
甚ノ關係アル朝鮮京城府奬忠壇公園ノ東部松林景勝ノ浄域ニ一大
寺院ヲ建立シ公ノ冥福ヲ追修シ併セテ朝鮮ニ於ケル佛教ノ振興ヲ
期シ精神的結合ヲ以テ朝鮮統治ニ貢獻セン爲ニ建立セラル

一、本　堂　鎌倉時代ノ禪宗伽藍ニ準シ之ニ朝鮮風ヲ加味シタル鐵筋
コンクリート二階建ノ建坪三百八十七坪五勺

一、庫　裡　總督府景福宮濬源殿及附屬建物ヲ移築シ庫院トス建坪九
十坪

一、總　門　總督府慶熙宮興化門ヲ移築シ慶春門ト改稱ス建坪廿九坪

一、坐禪堂　昭和九年五月新築建坪三十坪餘

一、鐘　樓　總督府石鼓殿ヲ移築建坪二十六坪餘

一、財團ノ設立　昭和六年四月朝鮮總督ヨリ財團法人伊藤博文公記念會ノ
設立認可ヲ受ク

一、境　內　四萬貳千坪

一、總工費　金二十七萬五千圓

一、工　程　昭和六年六月起工同七年十月竣工

一、宗旨及寺號　宗旨ハ故伊藤博文公ノ生前歸依セラレタル曹洞宗トシ寺
號ヲ春畝山博文寺ト稱ス昭和七年八月寺院創立ノ件朝鮮
總督ヨリ許可セラル

一、落成式　昭和七年十月廿六日故伊藤博文公二十四回忌ヲ期シ落成
式並入佛式擧行伊藤公兒玉伯其他諸名士多數列席セラル

一、御下賜品

一、御紋章入銀製香爐　壹　個
右宮內省ヨリ御沙汰書御香料ト共ニ御下賜

一、御紋章入銀製花瓶　壹　對
右十三宮家ヨリ御下賜

一、菊　燈　籠　壹　對

一、大　鑿　子　壹　對（直徑三尺台布團共）

一、大　木　魚　壹　個（直徑三尺仝　）
右大本山永平寺ヨリ下附

一、扁　額　正面（外部）「春畝山」ハ李王殿下御揮毫御下賜

一、仝　須彌壇上ノ「轉法輪」ハ閑院宮殿下御揮毫御下賜

一、總門扁額「慶春門」ハ曹洞宗管長鈴木天山老師揮毫

一、御本尊　釋迦牟尼如來　帝室技藝員　故高村光雲先生作

一、博文寺記念碑　昭和八年十月二十六日建設文章及揮毫ハ伯爵伊東巳代治
閣下　篆額ハ元帥東鄕大將閣下ノ揮毫ナリ

내지면 펼친 모습

| 해제 |

이 자료는 춘무산 박문사에서 발행한 『박문사의 개요(博文寺の概要)』라는 선전 팸플릿이다. 가로 99㎜, 세로 181㎜ 크기의 표지면에는 제목 '박문사의 개요'와 함께 발행처 '춘무산 박문사(春畝山博文寺)'가 세로쓰기 되어 있다. 4면으로 접혀 있는 자료를 펼치면, 가로 395㎜ 길이의 내지면에 구체적 내용이 기술되어 있다. 발행 연도는 미상이지만, 1935년 3월 이후 박문사로 이설되었다는 석고전이 개요에 기록되어 있으므로, 이 시점 이후인 것으로 추정한다.

박문사는 1932년 경성부의 남산 동쪽 기슭에 이토 히로부미(伊藤博文)의 보리사(菩提寺)로 건립된 사찰이다. 현재 서울시 중구 장충동 2가 장충단공원의 신라호텔 영빈관이 그 옛터이다. 장충단은 본래 1894년 이래 순국한 장졸들의 넋을 기리는 제향의 장소였으나, 1909년 이토 히로부미의 추도식이 열린 이래 본래의 기능을 상실하였고, 1920년대 공원으로 변모되었다. 이어서 1932년 공원 동편에 박문사가 건립되면서 '내선융화(內鮮融和)'를 위한 사회교화단체이자 군국주의의 상징적 공간이 되었다. 안중근의 암살 의거 30년 후인 1939년 10월 그의 차남 안준생과 이토의 차남 이토 분키치(伊藤文吉)가 이곳 박문사에서 만나 부친들의 명복을 빎과 함께 '화해'한 사건이 조선총독부에 의해 연출되기도 하였다. 해방 직후인 1945년 11월 23일 화재로 전소되었다.

박문사의 건립 과정은 말 그대로 민관이 '협력'하여 '내선융화'의 전당을 구현하는 것에 다름 아니었다. 건립 구상은 1929년 당시 정무총감 고다마 히데오(兒玉秀雄)에 의해 최초 제기되었고, 재단법인 '이토 이로부미 공 기념회'가 설립되어 총 39만 3,900여 원의 관민 기부금을 모았다고 한다. 그 가운데 32만 1,100여 원을 박문사 조영 공사에 충당하였는데, 그 부지는 4만 1,800여 평에 달하였다. 장충단 전차 종점에서 총문까지 표참도(表参道) 66칸(間)을 축조하였고, 본당까지는 차도와 3단의 계단을 통해 오를 수 있었다. 총문은 경희궁의 정문 흥화문을 가져다 경춘문으로 개칭하였고, 고리는 경복궁 선원전을, 종루는 석고전을 가져다 건축하였다. 또 본당은 가마쿠라시대의 선종 가람 양식에 조선풍을 가미한 것이라고 한다. 본당 중앙 수미단에 간인노미야 고토히토(閑院宮載仁)[182]가 쓴 '전법륜(轉法輪)' 편액을 걸었고, 다카무라 고운(高村光雲)이 제작한 본존불을 안치하였다. 불전에는 천황이 하사한 은제 대향로를 비롯하여 각 궁가에서 하사한 화병, 대본산 에헤지(永平寺)로부터 하부 받은 국화 등롱과 긴스(磬子)[183] 목탁 등이 놓였다. 내부는 황금색의 전등이 엄숙하여 당시 "사원 건축으로서는 일본 제일"을 자랑하였다.[184]

이 팸플릿에는 박문사 사진그림엽서(繪葉書) 총 8매가 봉투와 함께 동봉되어 있다. 가로·세로 약 251㎜ 크기의 정사각형 한지 가운데 '박문사 회엽서(繪葉書)'라고 쓰고, 사방의 가장자리를 접어(접힌 면 가로 101㎜, 세로 170㎜) 사진엽서를 보관했던 것으로 생각된다. 글씨를 쓴 겉면의 배경에

182 간인노미야 고토히토(閑院宮載仁, 1865~1945): 세습 친왕가(親王家) 간인노미야 제6대 당주. 일본적십자사 총재, 육군참모총장(1931~1940) 등을 역임하였다.

183 '게스', 또는 '긴스'라고 한다. 불교에서 쓰는 악기의 일종으로 동이나 청동으로 만든 대형 사발 모양의 범음구(梵音具)이다.

184 『朝鮮新聞』, 1932. 10. 27. (1), 「春畝山博文寺落成, 入佛式の盛儀」.

는 '춘무산(春畮山)', '경춘문(慶春門)' 등 현판과 함께 박문사의 문양을 새겨 놓았다. 그 좌측에는 '춘무산 박문사 발행'이라고 썼다. 춘무산(春畝山, 혹은 '春畮山')은 박문사 인근 언덕을 일컫는 것으로, 이토의 호 춘무(春畝, 슌포)에서 비롯되었다.

사진그림엽서는 각각 박문사의 전경, 박문사 총문, 박문사 참도에서 본 총문 및 시가의 모습, 박문사 참도의 모습, 박문사 고리, 박문사 본당, 박문사 본당 내부, 다카무라 고운 제작의 박문사 본존 석가모니불 등 8매로 박문사의 스탬프가 찍혀 있고, 뒷면은 모두 공백이다.

이 팸플릿은 박문사의 설립 과정과 그 시설 개요를 일목 요연하게 정리해 놓았고, 특히 희귀한 사진그림엽서를 동봉하였으며, 이를 통해 멸실된 선원전의 모습을 확인할 수 있다는 점에서 사료적 가치가 있다. 또 당시 장충단 일대의 시가 모습도 살펴볼 수 있다.

박문사 사진그림엽서 봉투 앞면

뒷면(춘무산 박문사 발행)

박문사 본당

박문사의 전경

박문사 고리(庫裡)

박문사 총문

박문사 참도의 모습

다카무라 고운(高村光雲) 제작의
박문사 본존 석가모니불

박문사 본당 내부

박문사 참도에서 본 총문 및 시가의 모습

|번역문|

박문사의 개요(博文寺の概要)

○설립 및 취지

1929년 12월 당시 정무총감 고다마(児玉)[185] 백작 발기하에 고 대훈위(大勳位) 이토 히로부미(伊藤博文)[186] 공의 덕풍(德風)을 경앙(敬仰)하고 빛나는 훈업(勳業)을 영구히 후세에 기념하기 위해 공과 깊은 관계가 있는 조선 경성부 장충단공원의 동부 송림 경승의 정역(淨域)에 대사원을 건립하였다. 이를 통해 공의 명복을 빌고, 아울러 조선에서 불교의 진흥을 기하여 정신적 결합으로써 조선 통치에 공헌하기 위한 취지이다.

○본당

가마쿠라시대(鎌倉時代)의 선종 가람에 준하되, 조선풍을 가미하였다.

185 고다마 히데오(児玉秀雄, 1876~1947)는 대만 총독과 육군대신을 역임한 고다마 겐타로(児玉源太郎)의 장남으로 통감부 시절부터의 관료로서 조선총독부 정무총감(1929~1931)을 역임하였다. 이후에도 본국의 여러 요직을 거쳐 문부대신(1945)을 지냈다.

186 이토 히로부미(伊藤博文, 1841~1909)는 '메이지헌법'의 초안을 마련하고 양원제 의회를 확립하는 등 일본의 근대화 과정에서 중추적 역할을 했던 인물이다. 초대 내각 총리를 지냈으며, 을사늑약(1905) 후에는 한국의 초대 통감(1905~1909)이 되어 강제 병합을 위한 기초를 마련하였다. 1909년 10월 26일 중국의 하얼빈역에서 독립운동가 안중근 의사에게 피격당해 사망하였다.

철근콘크리트 2층 건평 387평(平) 5작(勺).[187]

○ 고리(庫裡)[188]

총독부의 경복궁 선원전(璿源殿)[189] 및 부속 건물을 이축하여 고원(庫院)으로 하였다. 건평 90평.

○ 총문(總門)[190]

총독부의 경희궁(慶熙宮) 홍화문(興化門)[191]을 이축하여 경춘문(慶春門)이라고 개칭하였다. 건평 29평.

○ 좌선당(坐禪堂)

1934년 5월 신축. 건평 30평 여.

187 '작(勺)'은 '평(平)'의 1/100에 해당한다.

188 사찰의 부엌. 혹은 주지나 그 가족의 거실을 말하는데, 고원(庫院)이라고도 부른다.

189 조선왕조는 국초부터 태조 이성계의 어진을 경복궁 내 선원전(璿源殿)이라는 봉안처를 만들어 보관하였고, 각 지방에도 서울 문소전(文昭殿), 영흥 준원전(濬源殿), 평양 영숭전(永崇殿), 개성 목청전(穆清殿), 경주 집경전(集慶殿), 전주 경기전(慶基殿) 등에 각각 모사하여 봉안하였다. 팸플릿 원문에는 '준원전'이라 기재하고 있는데, 경복궁 내의 "부속 건물을 이축하여"라는 내용으로 보아 '선원전'의 오기로 보인다.

190 사찰의 정문.

191 경희궁의 동문이자 정문으로 현재 서울특별시 유형문화재 제19호이다. 1623년 창건 당시 건립되었으며, 1932년 박문사로 옮겨 정문으로 사용하였다. 해방 후 그 터에 들어선 영빈관과 신라호텔의 정문으로 쓰다가 1988년 현재의 자리로 옮겼다.

○종루(鐘樓)

총독부의 석고전(石鼓殿)[192]을 이축. 건평 26평 여.

○재단의 설립

1931년 4월 조선총독부로부터 재단법인 이토 히로부미 공 기념회(伊藤博文公記念會)의 설립 인가를 받았다.

○경내

42,000평.

○총공비

27만 5,000원.

○공정

1931년 6월 기공, 1932년(昭和7) 10월 준공.

○종지(宗旨) 및 사호(寺號)

종지는 고 이토 히로부미 공이 생전 귀의하신 조동종(曹洞宗)으로 하고,

192 1902년 고종 즉위 40년 및 망육순(望六旬, 51세)을 기념하기 위해 제작된 석고(石鼓)와 석고단(石鼓壇)을 보호하기 위해 건립한 전각으로 석고각(石鼓閣)이라고도 한다. 원래 소공동 6번지에 있었으나, 1923년 석고단 영역에 조선총독부 도서관이 들어서면서 1935년 박문사로 이전하였다. 해방 후에도 한동안 존속하였는데, 1967년 영빈관의 건립과 함께 사라진 것으로 알려진다(허유진·전봉희, 「석고전(石鼓殿)의 마지막 이건과 소멸」, 『대한건축학회논문집』31-4, 2015, 151쪽).

사호를 춘무산(春畝山) 박문사(博文寺)라고 칭하였다. 1932년 8월 사원 창립 건을 조선 총독으로부터 허가받았다.

○낙성식

1932년 10월 26일 고 이토 히로부미 공 24주기를 기하여 낙성식 및 입불식을 거행하였는데, 이토[193] 공, 고다마 백작, 기타 여러 명사가 다수 열석하였다.

○하사품

- 황실 문양(御紋章)이 새겨진 은제 향로 1개. 궁내성으로부터의 문서[194], 향료(御香料)[195]와 함께 하사.
- 황실 문양이 새겨진 은제 화병 1쌍. 13 미야케(宮家)[196]로부터 하사.

193 이토 히로부미의 양자인 이토 히로쿠니(伊藤博邦)의 장남 이토 히로요시(伊藤博精, 1899~1962)를 말한다. 박문사 낙성식에는 사이토 마코토(齋藤實) 수상을 대리하여 고다마 히데오가 참석하여 축사를 낭독하였고, 궁상(宮相)과 척상(拓相) 대리 등도 축사를 했다. 또 조선 총독 우가키 가즈시게(宇垣一成)를 비롯하여 조선인 대표 박영효가 축사를 하는 등 귀족과 문무 관민, 그 부인 등 1,000여 명이 참석하였다고 한다(『朝鮮新聞』 1932년 10월 27일, 「春畝山博文寺落成, 入佛式の盛儀」).

194 원문의 '고사타쇼(御沙汰書)'는 천황, 또는 최고위직의 명령이나 지시임을 나타내는 법령을 뜻한다. 궁내성이 전한 내용은 다음과 같다. "이번 박문사 건립의 취지를 들으시고 황실 문양이 새겨진 은향로 1개와 향화료(香華料) 금 300원을 하사하심"(『朝鮮新聞』 1932년 10월 27일, 「御沙汰書」).

195 원문에 '어향과(御香科)'라 하였는데, '과(科)'는 '료(料)'의 오기로 생각된다. '어향화료(御香華料)'를 일컫는 것으로 장례나 법회에 향이나 꽃을 공양하던 관습에서 유래한 것이다. 유족을 위로하기 위해 그 비용의 일부를 부담하는 조위금(弔慰金)을 의미한다.

196 일본 황실에서 대대로 황족의 신분을 유지할 수 있도록 허락받은 집안.

- 국화 등롱(菊燈籠) 1쌍.
- 대형 긴스(磬子) 1쌍(직경 3척, 받침대 포함).
- 대형 목탁(木魚) 1개(직경 3척, 상동). 이상은 대본산 에헤지(永平寺)[197]에서 하부.
- 편액: 정면(외부) '춘무산(春畝山)'은 이왕(李王)[198] 전하가 휘호를 하사한 것.
- 편액: 수미단(須彌壇) 위의 '전법륜(轉法輪)'은 간인노미야(閑院宮) 전하가 휘호를 하사한 것.
- 총문 편액 '경춘문(慶春門)'은 조동종 관장(管長) 스즈키 텐잔(鈴木天山)[199] 노사(老師)의 휘호임.

○본존

석가모니여래. 제실(帝室) 기술원(技藝員) 고 다카무라 고운(高村光雲)[200] 선생 작.

○박문사 기념비

1933년 10월 26일 건설. 문장 및 휘호는 백작 이토 미요지(伊東已代治)[201]

197 조동종의 대본산 중 하나로 후쿠이현(福井縣) 요시다군(吉田郡)에 있다.

198 고종의 7남인 영친왕(英親王) 이은(李垠,1897~1970)을 말한다.

199 박문사의 초대 주직(住職)이다.

200 다카무라 고운(1852~1934)은 근대 일본의 불상 전문 조각가로 전통 목조 기술의 전수에 중요한 역할을 한 것으로 평가되고 있다. 대표작으로 우에노공원(上野公園)의 사이고 다카모리(西鄉隆盛, 1897) 상(像)이 있다.

201 이토 미요지(1857~1934)는 1882년 이토 히로부미가 헌법 조사·연구를 위해 유럽

각하, 전액(篆額)[202]은 원수 도고(東鄕)[203] 대장 각하의 휘호이다.

에 갔을 때 수행하였고, 이후 이토 히로부미 내각에서 총리 비서관(제1차), 서기관장(제2차), 농상무상(제3차) 등을 역임하였다.

202 전서체로 쓴 비석이나 현판의 글씨.

203 도고 헤이하치로((東鄕平八郎, 1848~1934)는 일본 해군 제독으로 러일전쟁의 클라이맥스를 장식한 쓰시마(對馬島) 해전에서 일본 해군을 승리로 이끈 연합함대 총사령관이다.

[15] 창경원안내(昌慶苑案內)

이왕직(李王職), 1940

집필·번역: 배병욱

표지면 펼친 모습, 90㎜×180㎜, 535㎜×353㎜

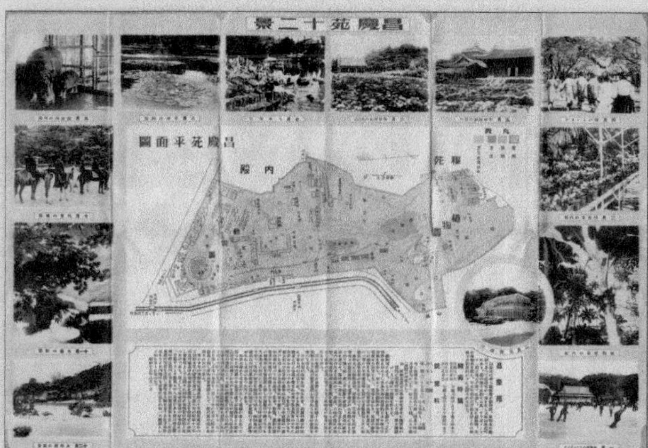

내지면 펼친 모습

|해제|

이 자료는 일제강점기에 대한제국 황실의 의전 및 황족 관련 사무를 담당하였던 이왕직(李王職)에서 1940년 창경원을 소개하기 위해 제작한 『창경원안내』라는 선전 팸플릿이다. 가로 6면, 세로 2면으로 접혀 있는 상태이며, 표제와 발행처는 전서체로 표기하였다. 자료를 펼치면, 내지면 테두리에는 창경원 12경의 흑백사진, 중앙에는 「창경원 평면도」, 하단에 본문이 수록되었고, 뒷면은 표제만이 인쇄되어 있다.

창경원 12경은 월마다 창경원의 대표 이미지를 선정하였는데, 1월은 춘당지의 스케이팅, 2월은 '장식 온실'의 외관과 그 내부, 3월은 배양실 내부를 제시하고 있다. 4월은 벚꽃 터널, 5월은 명정전 앞의 모란, 6월은 휴게소 앞의 꽃창포이며, 7월은 대수금실(大水禽室), 8월은 춘당지 수련을 꼽았다. 이어서 9월 온실의 하마, 10월 아동의 승마, 11월 수변의 단풍에 이어, 12월 수정 앞의 설경으로 마무리하였다.

1:3,300의 축척으로 그려진 「창경원 평면도」는 건물과 도로, 연못과 물길, 잔디밭, 화단, 수림 등을 기재하였다. 특히 건물은 '명정전', '환경전', '경춘전' 등 남아 있는 궁궐 건물과 함께 '수정'과 '배양당', '장식 온실' 등 일제가 건립한 대표적 건물뿐 아니라 집회소와 매표소, 매점, 다방, 휴게소, 변소까지 상세하다. 동물원 구역에는 여우와 너구리, 살쾡이 등 익숙한 짐승들은 물론, 사자나 퓨마 등 조선에서 접하기 어려운 맹수들까지 수용하고 있으며, 사육장의 규모와 배치 순서도 파악할 수 있다. 또 각 출

입문과 함께 전차와 버스 정류소 등을 표기하여 관람객의 편의를 고려하였다.

본문에는 동물원과 식물원의 우수성을 창경원 약사보다 먼저 배치하여 문명의 선전 효과와 함께 옛 궁성에 대한 조선인의 감정도 의식한 것으로 생각된다. 특히 창경궁의 소실 원인이 되었던 임진왜란을 언급하면서 그 주체를 명시하지 않고 '병선(兵燹)'이라는 단어를 선택한 점이 흥미롭다. 1938년 이왕가박물관 폐관 후 일제 말기의 창경원 현황을 볼 수 있다는 점에서 사료적 가치가 있다.

| 번역문 |

1. 창경원 12경

1월 춘당지의 스케이팅

2월 장식 온실

3월 배양실의 내부

4월 벚꽃 터널

5월 명정전 앞의 모란

6월 휴게소 앞의 꽃창포

7월 대수금실

8월 춘당지 수련

9월 온실 내의 하마

10월 아동의 승마

11월 수변의 단풍

12월 수정 앞의 설경

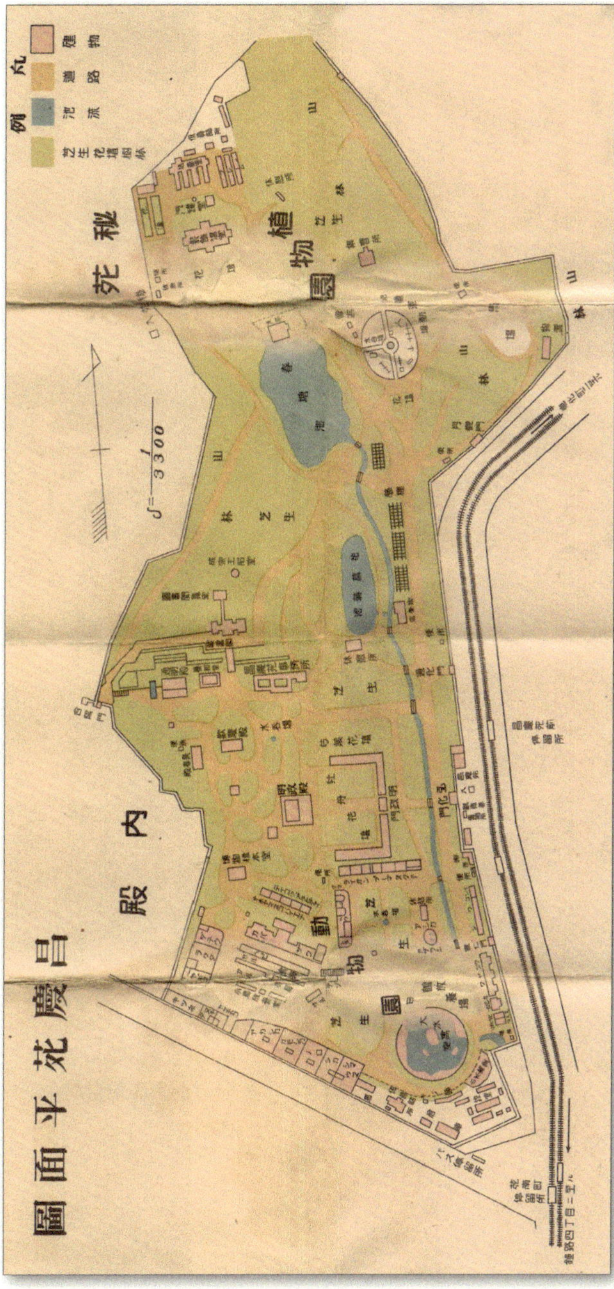

「창경원 평면도」

2. 창경원

창경원은 이왕직 경영의 동물원, 식물원의 총칭이고, 창덕궁의 일부를 이루며, 경성부 와룡정(臥龍町)에 있다. 그 넓이는 약 18만 1,000m²(약 5만 5,000평)에 달한다. 남쪽에 동물원, 북쪽에 식물원이 있고, 연말연시 6일간을 제외하고는 무휴로 다음 규정하에 공개되고 있다.

○개원 시간

- 4월 1일부터 9월 말일 : 오전 8시 반부터 오후 5시까지.
- 10월 1일부터 3월 말일 : 오전 9시 반부터 오후 4시까지.

○관람료

- 대인 10전, 소인 5전.
- 단체(20인 이상) 대인 5전, 소인 및 군인 3전.
- 단, 벚꽃놀이 계절 등 야간 개원 때(개원 일시는 그때마다 따로 정함)는 대인 20전, 소인 10전(단체는 취급하지 않음).
- 또 식물원 온실은 학술 연구자 및 관상가를 위해 특별히 개원 시간 중 1인 10전, 학생단체는 1인 3전으로 관람을 허한다.

동물원에는 대소 70여 동의 축사를 두고 조선산을 비롯하여 세계 각지의 금수 약 190종, 700여 점을 수용하고, 가능한 한 각종 동물의 생태·습성 등에 순응하는 사육을 하여 번식을 꾀한다. 몇몇 종류의 동물에게는 조교(調教)도 붙여 관람자의 감흥을 끌어내고, 원의 일부에 소년용 승마장을 두어 아동 운동장과 함께 보건 및 마사(馬事) 사상의 보급을 기하고 있다.

장식 온실의 내부

식물원에는 '장식 온실', 배양실, 화단 등을 두어 열대지방의 관상식물부터 온대지방의 산초류에 이르기까지 약 1,400종 1만 8,000여 점을 심어 타국의 식물상(植物相)을 연상케 하는, 사철 끊임없는 화원의 정경을 보여준다. 원내에 자생하는 수림 아래, 정지(淨池)·소류(小流) 주변에는 조선·일본산 등의 수목 수백 종을 재배하여 각기 설명문을 붙여 수종의 감별을 돕는 등 식물원의 사명에 주의하고 있다.

기타 부근에는 정취에 젖어 휴식할 만한 산림과 광활한 잔디밭이 높고 낮게 펼쳐져 있어 어디라도 대중의 마음을 설레게 한다.

다음으로 본원의 유래를 찾아보니, 옛날 고려의 이궁(離宮) 터에 왕가 9대 성종 왕이 지금으로부터 458년 전 창경궁이라고 하는 궁전을 지었고, 그 후 1609년(광해군1)에 합병되었다. 그런데 지금으로부터 349년 전 선조 때 당시의 건물은 홍화문과 명정전 일곽만을 남기고 그 외는 전부 병선(兵燹)을 입어 소실되었고, 현재 원의 중앙부에 남아 있는 통명(通名), 경춘(景春), 환경(歡慶), 양화(養和)의 제 전당은 대개 후년에 재건된 것이다. 또 남방의 동물원은 옛날 보루각이라고 칭하였던 측후소 터로, 지금도 대수금실(大水禽室) 부근에 돌층계 모양의 큰 일시계대(日時計臺)[자격루]가 남아 당시의 역사를 이야기하고 있다. 식물원의 춘당지는 옛날 농사 장려를 위해 국왕이 친히 왕림하여 경작하였던 논이 있던 곳이다.

이와 같이 유서 깊은 본 궁지는 오랫동안 폐허의 모습으로 되어 있었으나, 1907년 고 이왕[순종] 전하가 덕수궁에서 새롭게 창덕궁으로 옮기신 것을 계기로 당시 총리대신 이완용 후작의 발기에 따라 왕가에 위락을 제공할 목적으로 중앙부에 박물관, 남북에 동·식물원을 창설하였으며, 그 공사가 마무리되자 전하의 배려로 1909년 11월 1일을 기하여 이들 시설을 옛 궁의 명칭에 따라 일괄해서 창경원이라고 칭하고, 실물 교육기관으로써 일반 민중을 위해 공개하게 된 것이다.

그런데 중앙의 박물관은 이래 약 30년간 당원에서 조선 문화의 변천을 전시하고 있었으나, 1938년 6월 소장품 중 미술품을 선택하여 이를 덕수궁으로 이전하여 진열하고 미술관으로서 공개함과 동시에 박물관은 폐관되었던 것이다. 그리하여 본원은 봄가을의 좋은 계절에는 1일 수천 명에서 수만 명의 방문객이 있다. 그중 벚꽃이 만발할 때는 원내에 대낮 못지않을 정도의 전등 조명을 하고 소위 밤 벚꽃의 정경을 공개하는데, 대성황을 보이는 등 조선은 물론 일본에서도 쉽게 볼 수 없는 일대 낙원으로 알려지기에 이르렀다.

1940년 8월 1일

[16] 경복궁지안내(景福宮址案內)

조선총독부, 1935

집필·번역: 신동규

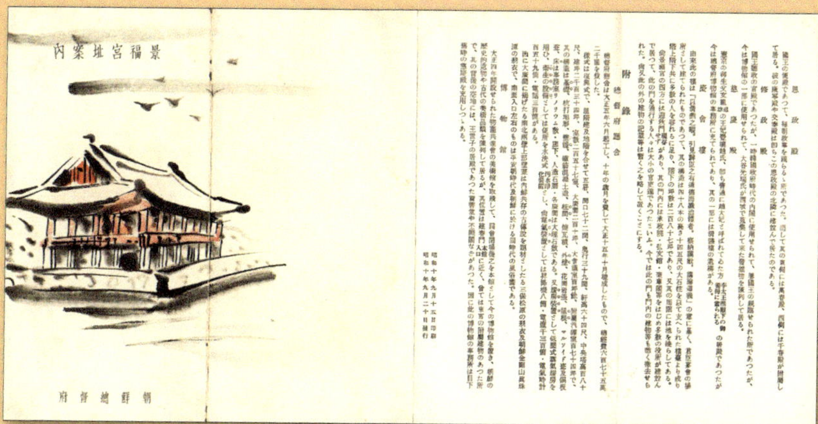

표지면 펼친 모습, 91㎜×180㎜, 361㎜×180㎜

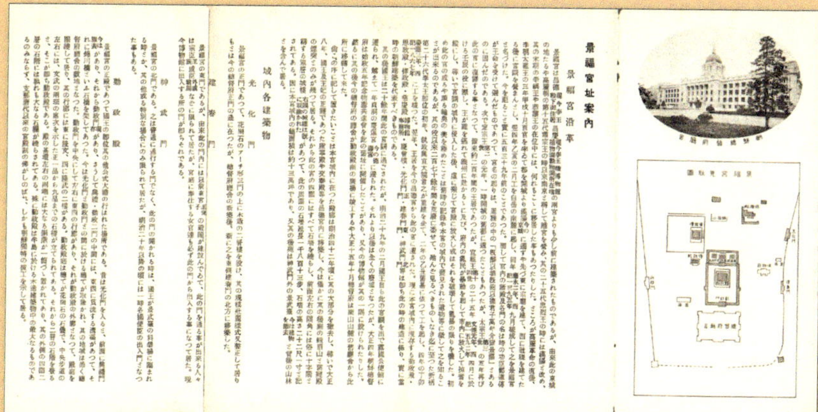

내지면 펼친 모습

접힌 면(원상태) 앞표지

접힌 면(원상태) 뒤표지

|해제|

이 자료는 조선총독부에서 1935년 9월 15일에 인쇄하여 동년 9월 20일에 발행한 『경복궁지안내(景福宮址案內)』라는 팸플릿으로 자료 자체는 좌우 4면(앞뒤 총 8면)으로 접혀 있는 상태이다. 당시 조선총독부는 1910년 한국병합, 1915년 조선물산공진회의 개최로 경복궁 내의 전각과 시설 등이 철폐되거나 이축 또는 이전되었기에 경복궁의 내력과 궁궐 안의 전각들에 대한 소개할 필요가 있었다. 여기에 1926년에 총독부 청사 건립, 1929년에 조선박람회 개최 이후 일본인 관광객의 경복궁 견학과 관광이 증가하는 추세에 있었다는 점도 팸플릿 발행 배경의 하나라고 할 수 있다.

우선, 표지면 전체를 살펴보면, 표지의 앞뒷면에 해당하는 왼쪽의 두 면에는 경복궁 경회루의 모습이 붓으로 그려진 동양화 같은 그림이 인쇄되어 있다. 내지면을 보면, 오른쪽 첫 면에 조선총독부 청사의 타원형 사진과 그 아래에 「경복궁견취도(景福宮見取圖)」가 삽입되어 있으며, 그다음부터 『경복궁지안내』라는 제목하에 경복궁의 연혁, 궁내의 각 건축물에 대한 설명, 그리고 부록으로 총독부 청사와 박물관에 대해 비교적 상세히 언급하고 있다.

경복궁 연혁 부분에서는 경성 지역이 고려 충렬왕 때 한양으로 불리기 시작했으며, 1394년 10월에 조선의 도읍을 한양(경성)으로 천도하였고, 1395년에 궁궐 공사를 시작해 동년 9월에 준공하여 정도전의 주청에 따라 경복궁이라는 명칭을 붙였음을 설명하고 있다. 또한, 1592년 '임진의

역(壬辰の役)'[임진왜란] 당시 선조가 의주로 피난을 가자, 백성들이 폭동을 일으켜 방화와 약탈을 자행하며 궁궐까지도 불태우고 파괴하여 난폭함이 극에 달했다고 소개하고 있는데, 당시 조선을 식민지로 지배하고 있던 제국주의 일본의 시각에서 백성에 의한 '폭동·방화·약탈·파괴·난폭'이라는 용어를 사용하여 임진왜란 때 일본군의 침략으로 소실된 것이 아니라는 점을 강조하고 있다. 그 후에 고종이 즉위한 이후 재건을 모색하였고, 1865년 공사를 시작해 1867년에 공사를 끝마쳤다는 사실, 1896년 2월 고종의 아관파천 이후 폐허가 되었다가, 1915년 조선총독부의 '시정5년기념 조선물산공진회'가 경복궁을 중심으로 개최되면서 박물관이 건립되었고, 1926년 10월에는 새로운 총독부 청사가 건립되면서 남산의 총독부가 이곳으로 이전한 것을 소개하고 있다.

다음으로 경복궁 내의 여러 건축물에 대한 소개가 이어지는데, 기재된 건축물들은 광화문(光化門), 건춘문(建春門), 신무문(神武門), 근정전(勤政殿), 사정전(思政殿), 수정전(修政殿), 자경전(慈慶殿), 경회루(慶會樓)의 내력을 간단히 언급하고 있다. 부록에는 경복궁 내에 건립된 조선총독부 청사와 박물관에 대해서 추가로 상세히 언급하고 있다. 특히, 총독부 청사에 대해서는 1916년 6월에 기공을 거쳐 1926년 10월에 준공하였고, 총경비 675만 2,000원(엔)을 들여 르네상스 양식으로 건축하였으며, 총 5층으로 정면의 폭은 72칸, 안쪽의 길이 39칸, 높이 64척, 중앙탑 높이 180척, 건평 2,134평, 사무실 257실, 대형 홀 210평, 대회의실 100여 평, 부속 기관실 174평이라는 점을 밝히고 있다. 또한 건축구조로서 벽은 철근콘크리트, 외벽은 화강암 타일, 복도는 인조석, 각 홀은 대리석으로 만들어졌다는 점, 난방장치와 위생시설로서 수세식(오수 정화 장치) 화장실, 승강기 8

대, 전등 1,300개, 전기시계 159개, 전화 300대 등의 설비를 갖추고 있다는 세부 사항까지도 소개하고 있다.

|번역문|

1. 경복궁(景福宮) 연혁

경복궁은 창덕(昌德, 현재 이왕 전하 거주), 창경(昌慶, 현재 이왕직박물관, 식물원·동물원 소재지)의 두 궁전보다도 조금 앞서 건축되었다. 그 유래를 보면 경성 지역은 고려 왕조의 제15대 숙종 이래 남경(南京)이라 불러 이궁(離宮)으로 삼았고, 그 25대 충렬왕(忠烈王) 때에는 한양이라 고쳤으며, 고려 말기의 신(辛)·우왕(禑王) 재위 중에는 모두 이곳으로 이거(移居)하기도 했었다. 그러다가 고려 혁명 직후인 이조 1394년(태조3) 10월에 백관을 거느리고 도읍을 개성에서 한양(지금의 경성)으로 천도하였는데, 가장 먼저 동쪽에 종묘를 세우고 서쪽에 사직을 세운 후에 궁궐을 짓고자 하여 다음 해인 1395년(태조4) 2월에 백악(白岳)의 남쪽 기슭에서 공사를 시작하였다. 같은 해 9월에 준공하여 이를 경복궁이라고 이름 붙였는데, 지금으로부터 실로 539년 전의 일이다.

그리고 궁내의 여러 궁전과 각 문의 이름은 그 시절의 공신 정도전이 왕명을 받아 고른 것으로 궁 명칭의 기원은 『시경(詩經)』「주아(周雅)」의 "이미 술에 취하고 이미 덕에 배부르니, 군자 만년 그대의 큰 복을 도우리라."[204]에서 유래한 것이다. 이어서 정종왕(定宗王, 제2대) 원년인 1399년 일

204 "旣醉以酒, 旣飽以德, 君子萬年, 介爾景福."

시적으로 개성의 옛 도읍지로 수도를 옮긴 일이 있었지만, 1405년(태종5) 다시 이곳의 궁전으로 복귀한 이래 약 200년간 왕이 거주하였던 곳이었다.

그러나 선조 왕 때인 1592년(선조25) 4월 '임진의 역'[임진왜란]으로 왕이 난을 피하여 의주로 가기에 이르러 부내(府內)의 난민들이 폭동을 일으켜 시내를 방화하고 약탈을 자행하였으며, 심지어는 궁궐의 성내에도 침입한 후에 비어 있던 궁궐을 불태우거나 혹은 그것을 파괴하여 난폭함이 극에 달하였다. 당초에 이 궁궐이 완성되었을 때 대단히 크고 화려한 미를 뽐내었다는 것은 구시대의 기록과 본궁 안에서 발견된 유물 등으로 보아 그것을 알 수 있지만, 그 '난'[임진왜란] 이래 270여 년간을 황폐한 상태로 두어 볼만한 것이 거의 남아 있지 않았다. 그러다가 제26대 이태왕[고종] 즉위의 초년, 집정(執政) 홍선대원군이 이에 대한 중건(重建)을 모색하여 1865년(고종2) 을축년, 옛터에 공사를 시작하여 1867년 정묘년에 공사를 끝마쳤다. 다음 해에 왕거(王居)를 현재의 창덕궁(昌德宮)에서 이곳으로 옮겼다. 현재 본 궁의 역내에 현존하는 근정전(勤政殿), 사정전(思政殿), 수정전(修政殿), 자경전(慈慶殿, 박물관 사무국), 경회루(慶會樓), 광화문(光化門, 정문), 건춘문(建春門, 동문), 신무문(神武門, 북문) 등이 이 시기에 건조되었고, 실로 당시의 조선 건축을 대표할 만한 것이다.

그 후에 국왕은 20여 년간 이 궁궐에서 지내다가 1896년 2월 국왕이 스스로 이곳을 떠나 러시아 공사관으로 옮겼는데, 해를 넘긴 1년 후에 정동(貞洞)의 경운궁(慶運宮, 지금의 덕수궁)으로 환궁하였다. 이후에 완전히 폐허가 되었다가 1915년 조선총독부가 '시정5년기념 조선물산공진회'를 이 옛 궁터에서 개최한 적이 있었으며, 이때 또한 현재의 박물관이 한 모퉁이에 건설되기도 했다. 그런 후에 지금의 총독부 청사가 근정전 남쪽 광장에 준공되었으며, 1926년 10월 총독부 청사가 남산 산록에 있던 옛 청사에서 이곳으로 이전해 왔다.

또한 여기에서 기재해 두고 싶은 것은 본 궁의 역내에 있었던 전랑(殿廊)은 1909년 무렵에 그 대부분을 철거하였으며, 그 후인 1919년에 국왕과 왕비의 정침(正寢)이었던 강령전(康寧殿)과 교태전(交泰殿) 등을 창덕궁 내로 이전 건축하여 지금은 고작 그 뒤뜰 정원인 아미산(蛾眉山)과 옛 침전의 굴뚝만이 남아 있다는 점이다. 또한 이 궁전의 사방에는 모두 돌로 담을 쌓아 둘렀으며, 전면 좌우의 모퉁이에는 일반적으로 십자각(十字閣)이라 칭하는 단층의 성루(오른쪽 모퉁이의 성루는 이미 철거)가 있는데, 이 주위의 돌담 길이는 1,813보(步)[3.3㎞]이고, 높이는 22척 1촌[22.1척, 6.7m]이라고 기록되어 있다. 따라서 본 궁궐 구역 내의 총면적은 약 13만 평이고, 또한 그 후원(後苑)은 신무문(神武門) 밖의 경무대(景武臺, 지금은 건물을 철거했음)와 배후의 산림을 포함하고 있다.

2. 경복궁 내의 각 건축물

○광화문(光化門)

경복궁의 정문으로 화강석의 아치형으로 만든 3개의 문(三門) 위에 목조의 2층 누각을 설치하였으며, 그 규모가 웅장하고 양식 또한 정돈되어 있다. 원래는 지금의 총독부 정문 옆에 있었으나, 총독부 청사 신축 후에 새롭게 그 문을 동쪽 건춘문의 북쪽으로 이전 건축하였다.

○ 건춘문(建春門)

경복궁의 동문이며 원래 이 문 안에는 이전 동궁(東宮, 왕세자)의 전각이 세워져 있다. 이 문을 지날 수 있는 사람들은 종신(宗臣, 왕족)과 척신(戚臣, 외척·부마) 등으로 한정하고 있었지만, 궁정에서 봉사하는 여관(女官)들도 반드시 이 문으로 출입하게 되어 있다. 현재 박물관으로 출입하는 문이 바로 이 문이다.

○ 신무문(神武門)

경복궁의 북문이다. 이 문은 평소에 통행하는 문이 아니었으며, 이 문이 열릴 때는 국왕이 경무대(景武臺)의 과거장으로 행차하실 때와 그 외에 특별한 경우에 한하였으며, 1887년 이후 무렵부터는 한때 각국 사신의 출입구로 사용되었던 적이 있다.

○ 근정전(勤政殿)

경복궁의 정전으로 국왕의 즉위식과 기타 공식적인 대례가 행해지는 장소이다. 이전에는 광화문을 들어오면 전면에 홍례문(興禮門, 현재는 철거)이 있었고, 다음에 근정문(勤政門, 현존)이 있었으며, 또한 홍례·근정 두 문의 중간에는 동서를 가로지르며 흐르는 작은 도랑이 있어 거기에 금천교(錦川橋)라고 부르는 돌다리가 놓여있었다. 지금은 광화문과 근정문 사이의 모든 것이 철거되어 그 지역이 모두 총독부의 청사 터가 되었다. 근정문을 중앙으로 하여 좌우에 동서 행랑이 있으며, 그것이 근정전의 외랑(外廊)이 되어 궁전의 뜰을 둘러싸고 있다. 그 행랑에는 동쪽으로 융문(隆文), 서쪽으로 융무(隆武)라는 2개의 누각이 있다. 근정전 터는 전부가 화강석의 돌조각으로 바닥을 깔았으며 중앙 보도의 좌우에는 문무 양반의 자리 순서를 표시한 정1품에서 9품까지의 돌 표시가 세워져 있다. 그리고 2층의 돌계단을 오르면 그곳이 바로 근정전이다.

근정전의 기단 좌우의 양쪽 끝에는 커다란 청동 향로가 한 개씩 놓여 있으며 그 바깥쪽의 사위(四圍)에 있는 2층의 돌계단에는 모두 커다란 돌난간(石欄)이 에워싸고 있다. 특히 근정전은 반도의 목조 건축물 중에서 최대일 뿐 아니라, 중국 당대(唐代) 이래 궁전제(宮殿制)의 모습을 생각나게 하며, 게다가 조선 특유의 독특한 기공을 잘 드러내고 있다.

○ 사정전(思政殿)

국왕의 편전으로 매일 아침 정사를 보는 곳이다. 그리고 그 동쪽에는 만춘전(萬春殿), 서쪽에는 천춘전(千春殿)이 부속되어 있다. 강령전(康寧殿)과 교태전(交泰殿)은 이 사정전의 북쪽 옆에 세워져 있다.

○ 수정전(修政殿)

국왕의 청정(聽政)을 위한 궁전이었는데, 한때는 '한국정부시대'[대한제국]의 내각으로 사용되었고, 국왕이 친히 자주 행차하던 곳이었으나 지금은 박물관의 일부로 사용하고 있으며, 오타니 고즈이(大谷光瑞)가 서역에서 수집하여 온 발굴물이 진열되어 있다.

○ 자경전(慈慶殿)

헌종(憲宗)의 생부 문조(文祖, 추존)의 왕비 풍양 조씨, 즉 평소에는 조대비라고 불리는 분(이태왕 희[熙] 전하의 양모에 해당)의 궁전이었으나, 현재는 총독부 박물관의 사무소로 사용되고 있으며, 그 일부에는 청연루(淸讌樓)라는 유적이 있다.

○경회루(慶會樓)

원래 이 누각은 "청연(淸燕, 신하들과의 강연) 때에 도덕이 있고, 정치의 체제를 아는 신하들을 인견하여 좋은 계획을 받아들이고 도의를 강론한다."[205]는 의미를 기반으로 군신 연회의 장소로 지어진 것이다. 그 구조는 48개의 높이 14·5척[4.24-4.55m]의 커다란 돌기둥으로 지탱하는 누대 위에 지어졌는데, 위아래 모두 다수의 사람을 수용하는데 충분하고, 계단 아래의 평수는 287평이며 그 주위는 연못으로 둘러싸여 있다.

또한 경복궁의 서쪽에는 영추문(迎秋門, 현존하지 않음)이 있고, 그 문 안에는 승정원(承政院)·홍문관(弘文館)·규장각(奎章閣) 등을 비롯해 다수의 관청이 들어서 있다. 이 문을 통행하는 사람들은 대소(大小)의 관리들이었다고 한다. 현재는 이 문과 함께 문 안쪽의 건물 등도 모두 철거되었다. 그리고 기타 건물 등의 설명에 대한 기재는 일단 여기서 생략하도록 하겠다.

3. 부록

○총독부(總督府) 청사

총독부 청사는 1916년 6월에 기공하여 10년의 세월을 거쳐 1926년 10

205 河崙,『慶會樓記』"以淸燕之暇 引見群臣之有道德 而識治體者 察納謨猷 講論道義."

월에 준공된 것으로 총경비 675만 2,000원을 사용하였다. 양식은 르네상스식으로 지층과 지상을 합하여 5층, 정면의 폭은 72칸[130.91m], 안쪽의 길이 39칸[70.91m], 높이 64척[19.39m], 중앙탑 높이 180척[54.55m], 건평 2,134평, 사무실 257실, 대형 홀 210평, 대회의실 100여 평, 부속 기관실 174평이다. 그 구조 면에서 기초는 항타지형(杭打地形)[206]이고, 벽체는 철근콘크리트, 기둥 사이는 연와(煉瓦)를 쌓아 올렸으며, 외벽은 화강암 타일, 지붕은 말투아드[Malthoïde][207] 방수제 및 동판, 바닥은 사무실 리놀륨 장판, 복도는 인조석, 각 홀은 대리석으로 되어 있다. 또한 난방장치로서 저압식 증기난방을 사용하였고, 위생 설비로는 변소를 수세식(오수 정화 장치)으로 만들었으며, 전기 장치로는 승강기 8대, 전등 1,300개, 전기시계 159개, 전화 300대가 있다.

참고로 대형 홀에 걸려 있는 남북 양쪽 벽의 상부 벽화는 '내선(內鮮) 공존'의 옛 전설, 즉 '미호(三保)의 마쓰바라(松原)'[208]라는 곳의 우의(羽衣)[날개 달린 옷]와 조선 금강산 진주담(珍珠潭)의 우의(羽衣)를 소재로 삼고 있으며, 남쪽 입구 좌우의 것은 조선과 헤이안조(平安朝) 동시대의 풍속화이다.

206 토목공사에서 땅에 말뚝을 박고 터를 다지는 기초 공사.

207 원문에는 '마루소이도(マルソイド)'로 표기. 다만, '마루소이도'는 '말투아드(Malthoïde)'를 말하는 것으로 방수 및 습기 차단용의 건축 자재로 주로 지붕, 테라스, 기초공사 등의 방수층을 만들 때 사용되는 재료이다.

208 '미호(三保)의 마쓰바라(松原)'는 일본 시즈오카현 시즈오카시 미호 반도에 있는 경승지이다. 1915년에 실업일본사(実業之日本社)가 주최한 신일본 3경의 하나로 선정되었고, 하고로모 전설(羽衣伝説)의 무대이기도 하다. 즉, 마쓰바라 바닷가에 선녀가 내려와 날개옷을 걸쳤다고 하는 전설의 '하고로모의 소나무(羽衣の松)'가 있는 곳으로 인근의 미호신사(御穂神社)에는 날개옷의 자투리가 보존되고 있다.

○박물관(博物館)

1915년 개설된 물산공진회(物産共進會)의 미술관을 남겨두어 공진회 폐장 후 이것을 본관으로 삼아 지금의 박물관을 설치하였다. 조선의 역사적 유물과 고대 미술품 종류를 진열하고 있는데, 그 위치는 건춘문(建春門, 본관 입구)에 가깝고 예전에는 동궁의 부속 건물이 있던 곳으로 그 배후의 공터에는 왕세자의 궁전이었던 자선당(資善堂)과 비현각(丕顯閣) 등이 있다. 그리고 이 박물관의 사무소는 현재 옛 자경전(慈慶殿)을 사용하고 있다.

1935년 9월 15일 인쇄

1935년 9월 20일 발행

[17] 박물관약안내(博物館略案內)

조선총독부박물관, 연도 미상

집필·번역: 박영희

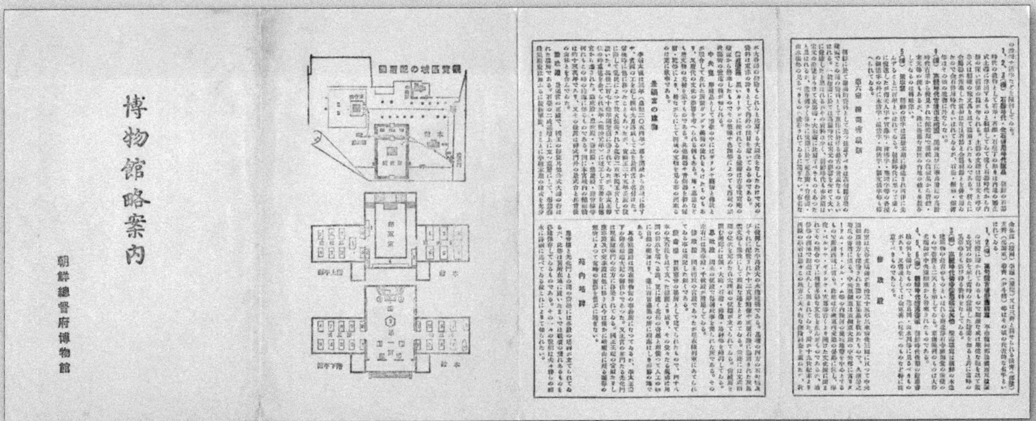

표지면 펼친 모습, 120㎜×188㎜, 479.5㎜×188㎜

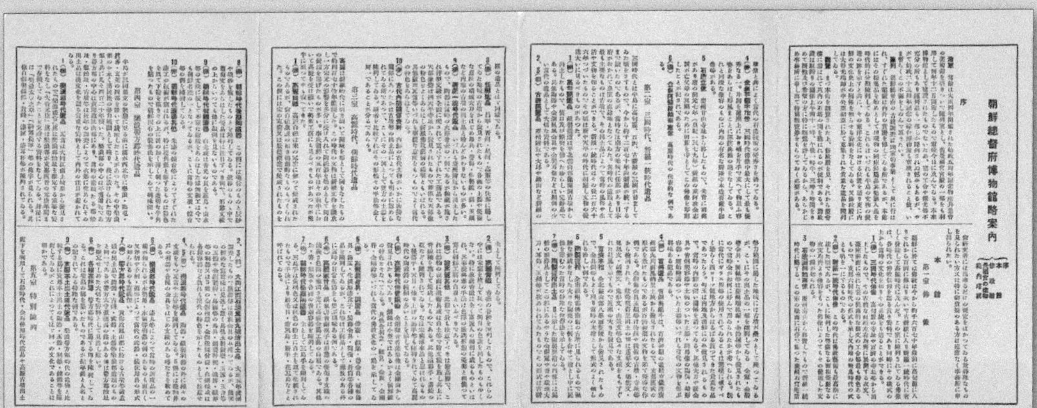

내지면 펼친 모습

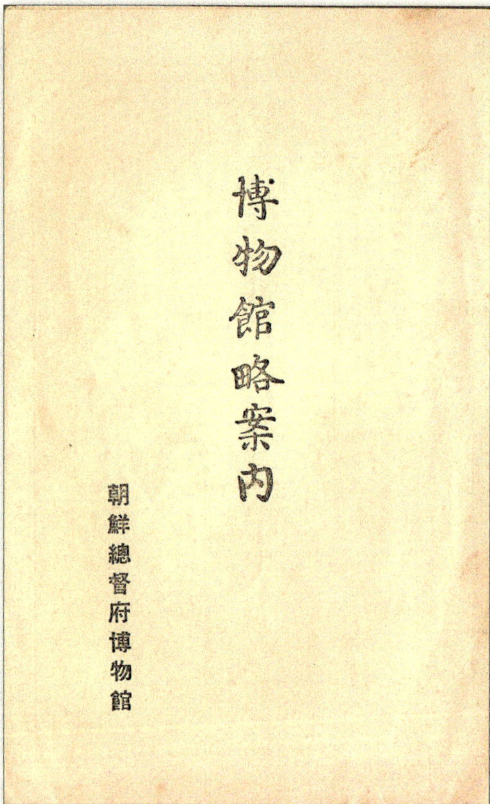

접힌 면(원상태) 앞표지

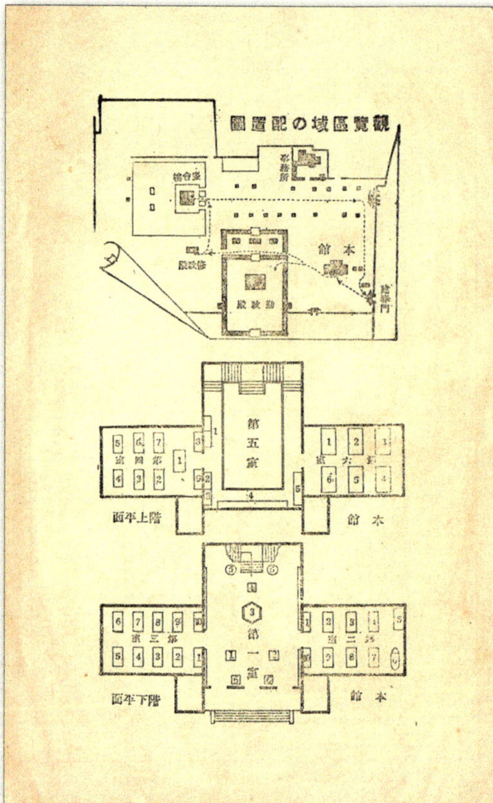

접힌 면(원상태) 뒤표지(관람 구역의 배치도)

|해제|

이 자료는 조선총독부박물관이 시정25주년을 기념하여 종합 박물관 설립을 앞두고 발행한 소책자 『박물관약안내(博物館略案內)』이다. 페이지 번호는 따로 기재되어 있지 않으며, 내지면 총 6페이지로 구성되어 있다. 정확한 발행 시점은 명시되어 있지 않지만, 조선총독부가 1936년 종합 박물관 3개년 계획을 수립하고, 1937년에는 정무총감을 위원장으로 하는 '박물관 건설위원회'를 설치해 기존 박물관의 개축 및 종합 박물관 건립을 추진했던 점을 고려할 때, 본 자료는 1936~1937년 사이에 제작된 것으로 추정된다. 그러나 이 계획은 중일전쟁의 격화로 인해 중단되었다.

조선총독부는 1916년부터 '고적 조사 5개년 계획'을 시행하며 한사군(漢四郡), 고구려, 신라, 임나(가야), 백제 등 한국의 주요 고적에 대한 본격적인 조사를 실시하였다. 이 사업은 일본 제국의 식민사관을 뒷받침할 유물 발굴을 목표로 한 정치적 목적이 강했으며, 학술적 연구보다는 식민 통치의 정당성을 강화하는 데 주안점을 두고 있었다. 이와 같은 맥락에서, 1915년 시정5주년 기념으로 개최된 '물산 공진회'에서 전시된 미술관을 계승하여, 경복궁의 일부 공간을 활용한 조선총독부 박물관이 같은 해 12월 개관하게 되었다.

소책자의 앞표지에는 제목과 발행처가 세로쓰기로 기재되어 있으며, 뒤표지에는 박물관 내부 관람 구역의 배치도가 실려 있다. 내지 내용은 크게 서문, 본관, 수정관, 경복궁 건물, 박물관 내 탑비 소개로 구성되어 있다. 서문에서는 박물관의 연혁과 전시 구성, 관람 시 유의 사항 등이 간략히 설명되어 있다. 본관은 총 6개의 전시실로 구성되어 있으며, 각 전시실은 시대별 유물을 중심으로 꾸며졌다. 제1실에는 불상, 제2실에는 삼국시대 및 통일신라시대의 유물, 제3실에는 고려와 조선시대의 유물, 제4실에는 낙랑과 대방군 시대의 유물, 제5실에는 청동기시대의 유물이 전시되어 있다. 마지막으로 제6실은 회화와 서적류를 시대별로 구분해 전시하고 있다. 이들 유물은 일본과 조선 간의 역사적 연관성을 부각하는 데 중점을 두었으며, 박물관은 이를 통해 양국의 유사성과 '문화적 연속성'을 강조하고자 하였다.

경복궁 건물에 대한 설명에서는 근정전, 수정전, 사정전, 경회루, 원내 탑비 등 주요 건축물들이 소개되고 있다. 수정관에는 오타니(大谷光瑞) 탐험대가 중앙아시아에서 수집한 유물들이 전시되어 있다. 이 건물들은 본래 조선 왕실의 핵심 공간이었으나, 일제는 이를 식민 통치의 상징 공간으로 재구성함으로써 지배 이데올로기를 시각적으로 구현하고자 했다. 특히 근정전과 수정전은 조선 왕실의 권위를 상징하는 건축물임에도 불구하고, 박물관이 되는 과정을 통해 일본 제국의 식민 통치를 정당화하는 상징적 장소로 전환되었다.

일제는 조선의 문화유산을 단순히 보존하는 데 그치지 않고, 박물관을 통해 문화재에 대한 지배와 통제를 제도화하였다. 이를 통해 조선의 전통문화를 자의적으로 해석하고, 일본 중심의 식민 이데올로기를 정당화하는 수단으로 활용하였다. 이 자료는 표면적으로는 박물관의 운영과 전시 내용을 안내하는 목적을 가지고 있지만, 그 이면에는 일제의 문화재 통제 정책과 식민 이데올로기가 반영되어 있다. 따라서 이 소책자는 당시 일본이 박물관을 통해 조선 문화에 대한 지배적 해석을 어떻게 시도하였는지를 보여주는 중요한 역사적 사료이며, 식민지 조선의 문화 정책과 일본 제국의 통치 전략을 이해하는 데 학술적 가치가 크다.

|번역문|

• 목차: 서문(序), 본관, 수정전(修政殿), 경복궁 건물, 원내(苑內) 탑비(塔碑).

1. 서문

1) 연혁

당관(當館)은 1915년에 개최된 시정5주년 기념 물산 공진회의 미술관을 이어받아 진열실로 사용되었으며, 구 경복궁 궁전의 일부를 활용하여 같은 해 12월에 개관하였다. 이후 현재에 이르고 있다. 본래 박물관으로 지어진 건물이 아니기 때문에, 진열실의 환경이나 채광 등에서 다소 아쉬운 점이 있으며, 현재는 일부 전시품만 공개되고 있는 점도 아쉽다. 그러나 곧 시정 25주년을 기념하는 종합 박물관으로 새롭게 조성될 예정이므로, 이러한 불편함에 대해서는 잠시 양해를 부탁드린다.

2) 전시[陳列]

조선총독부의 고적 조사는 국가적인 사업으로 일찍부터 시작되었으며, 그 훌륭한 업적은 국내외에서 높은 평가를 받고 있다. 본관에는 고적 조사에서 채집한 유물과 매장물, 국고에 귀속된 유물, 그 외에 구입한 유물들이 시대별로 분류되어 전시되고 있다. 이 유물들은 한반도의 문물 발달 과정을 보여줄 뿐만 아니라, 동양 문화 속에서의 위치를 조명해 주며, 나아가 조선과 일본(內鮮) 문화사 간의 관계를 이해하는 데에도 중요한 자료가 된다. 또한, 수정전에는 오타니 고즈이(大谷光瑞)[209]의 중앙아시아 탐험 관련 유물도 전시되어 있다.

3) 관람

우선 본관을 관람한 후 수정전을 둘러보고, 경회루에서 잠시 휴식을 취한 다음, 원내에 자리한 석탑 사이를 거닐어 보는 동선이 가장 편리하다. 근정전은 관리상의 이유로 오전 11시, 오후 1시 30분, 3시에 단체 및 희망하는 사람들에게 특별 관람을 허용하므로, 미리 사무소에 신청하여 특별 관람권을 발급받아야 한다. 특히 연구자에게는 가능한 한 편의를 제공해 드리며, 특별 관람을 원하시거나 궁금한 사항이 있으신 분은 사무소로 문의해 주시기 바랍니다.

209 오타니 고즈이는 일본의 승려이자 탐험가로, 니시혼간지(西本願寺)의 제22대 세습 법주이며, 작위는 백작, 법명은 교뇨(鏡如)였다. 부친에게서 서본원사(西本願寺)의 문주직을 물려받기 전까지는 영국 런던에서 유학하며 영국 왕립 지리학회 회원으로도 활동했다. 1902년, 27세의 나이에 '스타인'의 중앙아시아 탐험 소식을 접한 후 곧바로 제1차 중앙아시아 탐험(1902~1904)에 착수하였으며, 1914년까지 총 세 차례에 걸쳐 중국령 중앙아시아로 고고학 조사단(발굴단)을 파견했다.

2. 본관

1) 제1실: 불상

조선의 불교는 약 1,670년 전 고구려에 전해진 후, 백제와 신라를 거쳐 통일신라시대에 크게 발전하였고, 이후 고려시대에 영향을 미쳤다. 이 전시실에 전시된 불상들은 각 시대의 불교 신앙을 엿볼 수 있는 귀중한 자료일 뿐만 아니라, 그 양식을 통해 당시의 문화와 계통을 알 수 있는 중요한 역할을 한다.

① 선반: 삼국시대 불상

고구려와 백제의 사지(寺址)에서 출토된 불상들은 예스럽고 소박한 좌우균제(左右均齊)로 펼쳐진 의문(衣文)[210]과 대좌(臺座)[211] 전면에 늘어뜨린 치마의 장식적인 주름 형태 등에서 가장 두드러진 특징을 보인다. 이러한 양식은 중국 6조시대(六朝時代)의 형식을 반영하고 있으며, 일본 아스카시대(飛鳥時代)의 불상 양식과도 유사한 면모를 지닌다.

② 선반: 통일신라시대 불상

이 시대는 불교 예술이 절정에 이르던 시기로, 이곳에 전시된 불상들은 풍만한 형태와 우아하면서도 아름다운 의문 규제를 이루고 있다. 그 뛰어난 상용(像容)을 통해, 당시 발달했던 문물의 일단을 엿볼 수 있다.

210 회화나 조각에서 인물의 의상에 나타나는 파도 모양의 늘어진 형상이나 주름.
211 불상과 보살상을 안치하는 자리.

③ 석조약사여래상(石造藥師如來像)

경주 남산에서 옮겨 온 이 유물은 통일신라시대에 속하며, 전시실 벽면에 석고로 장식된 경주 석굴암의 여러 존상(尊像)과 함께 당대 석조 기술의 우수성을 보여주고 있다.

④ 선반: 금강보살반가상(金銅菩薩半跏像)

삼국시대 불상 중 가장 크고 우수한 작품 중 하나로 평가받는 이 불상은 한쪽 다리를 연좌(蓮座) 위에 올리고 뺨을 한 손으로 괴며 번민하는 듯한 용모를 표현한 조형미에서 혼박전아(渾樸典雅)한 정취를 자아낸다. 이러한 모습은 일본의 유명한 고류지(廣隆寺) 목조 보살 반가상에서도 그 유사한 형식을 찾아볼 수 있다.

⑤ 석조입상

경주 감산사지(甘山寺址)에서 옮겨온 이 불상은 후광(光背)에 각명(刻銘)이 새겨져 있으며, 그 내용에 따르면 1379년 신라의 중아찬(重阿飡)[212] 김지성(金志誠)이 돌아가신 부모님의 명복을 기리기 위해 전장(田莊)을 사원으로 만들고 그곳에 불상을 조각했다는 기록이 남아 있다.

⑥ 선반: 금동아미타여래좌상(金銅阿彌陀如來座像)

고려시대의 대표적인 사례이다.

212 신라시대 17관등의 6등급인 아찬(阿飡)을 다시 4단계로 나눈 것으로 제일 아래 등급을 말한다.

2) 제2실: 삼국시대, 통일신라시대 유품

삼국시대는 고구려, 백제, 신라 세 나라가 각각 번영하며 정립(鼎立)된 시기를 가리킨다. 이 시기는 약 1,270년 전 신라가 통일을 이루기 전까지 이어졌으며, 당시 남쪽 지역에는 임나(任那)가 존재해 일본부(日本府)가 설치되어 황실의 직례지(直隷地) 역할을 했다. 이 시대의 중요한 유물 중 하나인 고분에서 출토된 유물들은 당시 사람들의 풍속과 생활, 문화를 이해하는 데 큰 도움을 준다. 통일신라시대는 이후 266년간 지속되었으며, 이 시기에는 당나라와 일본 덴표(天平) 시대에 필적하는 수준의 문물 발달이 이루어졌다.

① 선반: 고구려 유품

철제 곤로(焜爐)는 평안북도 운산군 용호동 고분에서 출토된 것으로 아궁이와 굴뚝을 갖춘 완전한 형태의 귀하고 양호한 유물이다. 그 외에도 도기(陶器), 청동 봉황 금구(金具), 금제 귀걸이 등은 당시 유물 가운데에서도 보기 드문 사례로, 그 시대의 문화를 이해하는 데 있어 중요한 자료로 평가된다.

②③ 선반: 신라[213] 유품

경주 부근을 비롯해 대구, 양산 등 신라 세력권에 속한 지역에는 많은 고분들이 남아 있으며, 그 출토품 일부는 현재 전시 중이다. 금관, 금제

213 원문에는 '고신라(古新羅)'로 표기.

허리띠 양식, 요패(腰佩) 등은 경주 서봉총(瑞鳳塚), 금령총(金鈴塚) 등에서 출토된 것으로 당시 사람들이 금(金)을 얼마나 선호하고 널리 사용했는지를 보여준다. 특히 유리병이 사용되었음을 보여주는 유물은 매우 놀라운 사실로 이는 아마도 멀리 서쪽의 서로마에서 전래된 귀중한 물품으로 추정된다. 곡옥(勾玉)은 일본(內地)과 조선에서만 발견되는 유물로 당시 일본과의 밀접한 관계를 시사한다. 그 외에도 대도(大刀), 안장의 장신구(鞍金具), 청동제 용기, 토우가 붙은 토기, 기마상(騎馬像) 도기, 배 모양 용기, 원시 회화가 그려진 토기 등은 모두 당대의 문물을 엿볼 수 있는 흥미로운 유품들이다.

④ 선반: 백제 유품

청동제 자루솥(鐎斗)은 백제 초기의 유적인 경기도 광주군 구천면 풍납리 토성에서 발견된 유물로, 중국 한식(漢式)을 계승하면서도 백제 초기 문화를 대표하는 중요한 사례이다. 또한, 금동식(金銅飾) 금구(金具)와 옥류(玉類) 등은 공주나 부여의 고적·사지(寺址) 등에서 발견되었다. 부여 규암리에서 출토된 벽돌은 연화문(蓮華文)·와운문(渦雲文)[214]·봉황문(鳳凰文)·반용문(蟠龍文)[215]·귀형문(鬼形文)·산경문(山景文)[216] 등 다양한 문양이 새겨져 있어 백제의 우수한 기풍을 잘 보여주는 중요한 발견이다.

214 뭉게뭉게 피어오르는 구름 모양.

215 하늘에 오르지 못하고 땅에 있는 용을 표현한 무늬.

216 산의 경치, 즉 산과 나무를 형상화한 장식.

⑤ 백제 목관

전북 익산군 팔봉면 쌍릉(雙陵)에서 발견된 금구병(金具鋲)[217] 등은 당시 목관의 형식을 잘 보여주는 진귀한 사례로 그 당시의 특징을 충분히 알 수 있는 중요한 유물이다.

⑥ 도제옹관(陶製甕棺)

전남 나주군 반남면의 고분에서 발견된 두 개의 큰 도옹(陶甕)은 견고(堅緻)하게 구워져 하나로 합쳐진 형태의 관을 이루고 있으며, 그 안에는 시체가 매장되어 있어 당시의 특수한 매장법을 잘 보여준다.

⑦ 선반: 도제옹관 출토품

⑥번에서 설명한 도제옹관 내부에는 시체의 부장품으로 금동관이나 신발, 환두대도(環頭大刀)·귀걸이·구슬 등 다양한 유물이 포함되어 있었으며, 그 형식은 신라의 유품과 유사한 형태를 띠고 있다.

⑧ 선반: 임나(任那) 유품

창녕·진주·성주·고령 등 임나에 속한 지역의 고분에서 발견된 유물들에는 각종 토기와 함께 우아하고 아름다운 디자인의 환두대도를 비롯한 마구(馬具)·허리띠 장식·방제경(仿製鏡)[218]·팔찌·구슬 등 일본 고분의 출토품과 거의 동일한 것들이 많이 발견되었다.

217 쇠 장식과 못.

218 대륙에서 수입된 박재경(舶載鏡)을 본떠 만든 거울.

⑨ 선반: 통일신라시대 유품

모든 유물은 경주 부근에서 출토된 것으로, 그중 도기는 당시의 화장 유골함(骨壺)의 한 사례로, 유약이 발린 압형(押型) 문양이 전체적으로 새겨진 매우 훌륭한 공예품이다. 천부상벽(天部像甓)은 사천왕사지(四天王寺址)[219]에서 발견되었으며, 웅혼한 천부상의 특색을 잘 드러내어 신라 불교 예술의 정수(精華)로 평가받고 있다. 그 외에도 부전(敷塼)[220]과 와당(瓦當)[221]등은 모두 화려한 디자인으로 되어 있어 당대의 특색을 잘 나타내고 있다.

⑩ 선반: 고대 조일 관계자료

조선과 일본의 고대 문물이 얼마나 밀접한 관계에 있었는지는 고분 등에서 출토된 유물들을 통해 확실히 입증되고 있으며, 이를 보여주는 사례로 쌍방의 토기가 함께 전시되어 있다. 양국의 토기를 비교해 보면, 형체와 제작 기법 등 거의 모든 면에서 동일하다는 점을 확인할 수 있다.

3) 제3실: 고려시대, 조선시대 유품

고려는 신라를 계승하여 개성(開城)을 도읍으로 삼고 건국한 이후 약 470년간 존속하였다. 이 시기의 문물은 신라의 전통을 이어받는 동시에, 송(宋)과 원(元)의 영향을 받아 도자기 등 여러 분야에서 독자적인 발전을

219 원문은 사천평사지(四天平寺址).

220 도자기로 만든 블록을 깔아 놓은 바닥.

221 지붕에 기와를 입혀 내려온 끝을 막는 건축재.

이룬 사례가 많다. 이어지는 조선의 500년 동안 전반기에는 고려의 전통을 계승하여 미술과 공예에서 뛰어난 성과를 나타냈으나, 후반기로 갈수록 점차 그 예술적 역량이 쇠퇴하는 경향을 보이게 된다.

① 선반: 고려백자

고려백자는 송나라의 정요(定窯)[222]를 모방하여 가마에서 구워낸 것이지만, 오히려 백자상감과 같은 독자적인 양식을 창조해 냈다. 이 선반에는 주로 송나라 정요 또는 경덕진요(景德鎭窯)[223]에서 구워낸 백자들이 전시되고 있다.

② 선반: 고려청자

청자의 다양한 종류가 전시되어 있으며 그중 일부는 송요(宋窯)[224]를 본떠 독자적인 색조로 만들어 낸 작품도 있다. 특히 상감청자는 고려인이 독창적으로 발전시킨 것으로 알려져 있으며, 그 화려하고 우아한 기법은 빛나는 윤기와 매끄러운 형태의 뛰어난 아름다움이 어우러져 정말로 조선 공예의 백미라고 할 수 있다.

222 중국 허베이성 취양현(曲阳县)에 있던 백자계의 도기를 굽는 가마.

223 중국 장시성 동북부 창강(昌江) 남안에 있는 중국 제일의 도요지이다.

224 송나라때 만든 도자기.

③ 선반: 회고려(繪高麗)[225]와 그 외

이 선반에서 가장 눈여겨봐야 할 것은 회고려이다. 이는 기물(器物)의 표면에 철회구(鐵繪具) 혹은 백토 등으로 그림 문양을 덧붙인 후, 그 위에 청자유(青磁釉)를 입혀 가마에서 구워낸 것이다. 그 외에도 산화철을 안료로 사용해 채색한 기법의 도자기(鐵彩手), 초벌구이 병(素焼の瓶)[226] 등도 전시되어 있다. 또한 송의 도자기로 여겨지는 물품, 긁거나 벗겨내는 기법의 도자기(掻落手),[227] 천목(天目),[228] 네리아게(練り上げ),[229] 우즈라데(鶉手)[230] 등도 진열되어 있어 고려시대의 다양한 도자기 종류를 볼 수 있다.

④ 선반: 고려시대 불상 유물

금동관음보살좌상은 금강산에서 발견되었으며, 동종(銅鐘)은 소형이지만 조선시대 종의 특성을 잘 갖추고 있다. 그 외에도 사리합(舍利盒)·경합

225 송(宋) 시대 이후 자주요(磁州窯) 일대의 요(窯)에서 소성한 그림이 붙는 도기의 총칭.

226 유약을 바르지 않은 채 낮은 온도에서 구워서 만든 도자기.

227 일본어로 '가키오토시테(掻落手)'라고 하는데, 도자기 제작법의 하나로 긁거나 벗겨내서 표현하는 기법으로 주로 도자기 표면에 질감이나 무늬를 표현할 때 사용한다.

228 다도에서 '말차(抹茶)'를 마시는 막자사발과 비슷한 찻잔.

229 서로 다른 색의 흙을 반죽하거나 겹쳐서 무늬를 만드는 기법.

230 '우즈라데(鶉手)'는 메추라기의 깃털 무늬나 점박이 무늬에서 유래한 도자기 기법으로 메추라기의 알껍데기나 깃털처럼 작은 점들이 흩어진 무늬를 표현할 때 사용한다.

(經盒)[231]·금고(金鼓)·금강저(金剛杵)[232]·금강령(金剛鈴)[233] 등은 모두 당대 불교 문화의 일면을 보여준다.

⑤ 선반: 고려장신구·일상용품(調度品)

등대(燈臺), 경가(鏡架),[234] 허리띠 장식(帯金具), 관모 장신구(冠帽飾具), 장식용 구슬(飾玉), 화장용 칠합자(漆盒子),[235] 머리 장식(髮飾金具), 팔찌(腕輪), 은침통(針筒) 등 다양한 물품들이 전시되어 있다. 이들 모두 공예품으로서의 아름다움뿐만 아니라, 당시의 일상생활을 엿볼 수 있는 흥미로운 유물들이다.

⑥ 선반: 고려 살림 도구(家什品)

은상감청동병자(銀象嵌青銅瓶子)는 우아한 형태와 정교한 문양, 맑고 윤택한 색조(雅潤)를 통해 고려 금속공예의 백미를 잘 보여준다. 이 외에도 숟가락, 젓가락, 은그릇(銀盌) 등 다양한 청동 용기들이 함께 전시되어 있다.

231 경전을 넣어두는 상자.

232 금강석처럼 단단하고 부서지지 않는 힘을 상징하는 불교 법구(法具)로 무명의 어둠을 가르고 번뇌를 파괴하는 깨달음의 도구.

233 금강저의 한쪽 끝에 달린 방울.

234 거울을 달아 세우고, 그 아래에 화장품 등을 넣어둘 수 있는 서랍이 있는 가구를 말한다.

235 옻칠을 한 작은 상자.

⑦ 선반: 조선시대 초기 도자기

주로 분청사기(三島手)[236]가 전시되어 있다. 분청사기는 황갈색 또는 쥐색(鼠色)의 태토(胎土)[237]에 백토로 장식한 기법을 말하는데, 기법에 따라 쇄모목(刷毛目)[238]·회삼도(繪三島)[239]·고요미데(暦手)[240]·하나미시마(花三島)[241] 등으로 불린다.

⑧ 선반: 조선시대 후기 도자기

이 선반에는 염하(染荷)[242]와 진사(辰砂)[243]나 철사(鐵砂)[244]를 활용한 작품들이 전시되어 있다. 특히 철사로 만든 포도 문양(葡萄文)을 표현한 뛰어난 작품은 매우 주목할 만한 사례로 그 형태와 문양에서 다른 곳에서는

236 일본에서 조선의 분청사기의 일종을 '미시마데(三島手)'라고 불렀다. 작은 새끼줄 모양의 문양이 있는 백토 장식의 도자기로 무로마치시대(室町時代) 말기부터 문양이 미시마 고요미(三島暦, 무가사회에서 사용한 달력)의 초서체와 닮았다고 해서 붙여진 이름이다.

237 질그릇이나 도자기의 밑감이 되는 흙.

238 그릇에 백토를 붓으로 바르는 기법으로 만든 차완 종류의 하나이다.

239 그림을 그려 넣은 것.

240 여러 가지 색과 문양을 화려하게 섞어 장식한 기법을 말하며, 에도시대 초기 고쿠타니야키(古九谷焼)에서 나타난 양식 중 하나이다. 녹(緑)·청(青)·황(黄)·자(紫)·적(赤) 등의 5색을 자유롭게 배합하는데, 그림 주제는 인물·화조·산수·기하학 문양 등 매우 다양하다.

241 흰색과 회색의 그러데이션에 커다란 꽃문양이 들어가 있다.

242 연꽃을 이용한 염색 기법.

243 점판암(粘板岩)·혈암(頁岩)·석회암(石灰岩)에서 산출되며, 도자기의 안료(顔料)로는 구리를 첨가해 무늬를 그리는 데 사용된다.

244 모래 형태로 강이나 바다 밑에 퇴적된 철광석으로, 제철(製鐵)의 원료(原料)로 사용된다.

쉽게 찾아볼 수 없는 독특한 특징을 지니고 있다.

⑨ 선반: 조선시대 나전칠기

백광(白光) 또는 청광(靑光)의 조개껍질을 화조(花鳥)나 산수(山水) 등의 문양에 박아 화려한 그림을 완성한 나전 세공은, 오늘날까지도 조선의 대표적인 공예로 손꼽힌다. 전시장에는 당시의 문궤(文櫃), 경대(鏡台) 등이 함께 전시되어 있다.

⑩ 선반: 조선시대 칠기(漆器) 기타

주칠(朱漆) 경대 등은 훌륭한 칠공(漆工) 기술을 엿볼 수 있는 작품인데, 특히 '화각장(花角張)'이라 불리는 장식은 채색 후 밑그림(下繪)을 그리고 그 위에 얇게 벗긴 투명한 소뿔(牛角)을 붙여 조선 고유의 장식법을 표현하고 있어 흥미롭다.

4) 제4실: 낙랑(樂浪), 대방군(帶方郡) 시대 유품

반도가 삼국정립(三國鼎立) 상태에 이르기 전에 한나라(漢)는 서북쪽 지역에 낙랑(樂浪), 임둔(臨屯), 진번(眞番), 현도(玄菟)의 4군을 설치하여 통치한 바 있다. 그중 낙랑군은 오랫동안 한민족의 세력 범위 안에 있었으며, 이후 설치된 대방군과 함께 약 420년 동안 존속되었다. 낙랑군의 중심은 평양 부근에 있었고, 대방군의 중심은 황해도 봉산군에 있었다. 당시의 군치지(郡治址), 현치지(縣治址), 고분 등은 최근의 조사로 점차 밝혀지고 있으며, 그 출토품은 한문화를 보여주는 귀중한 자료로서 국내외에서 주목받고 있다.

① 선반: 낙랑군 시대 유품

와당(瓦當)은 대동강면 토성리에서 발견되었으며, 그 위에 새겨진 '낙랑예관(樂浪禮官)'이라는 글귀는 낙랑군 치지(治址)를 추정할 수 있는 중요한 자료가 된다. 또한 '대진원강(大晋元康)'이라는 글귀는 낙랑군이 중국 서진(西晋) 원강(元康) 연간까지 존속했음을 입증하는 중요한 자료로 남아 있다. 봉니(封泥)[245]에는 '낙랑태수지장(樂浪太守之章)', '염한장인(詽邯長印)' 등의 글귀가 새겨져 있다. 그 외에도 백동제경감(白銅製鏡鑑)[246]·화전(貨錢)·칠갑(漆匣)·칠이배(漆耳杯)[247] 등의 유물이 전시되어 있다.

②③ 선반: 대동강면 석암리 제9호분 출토품

1916년에 발굴된 웅각반(熊脚盤)은 현재 금구(金具)만 남아 있지만, 웅각(熊脚)의 경묘(輕妙)한[248] 사실미(寫實味)가 돋보여 놓치기 어려운 작품이다. 그 외에도 옥제곡벽(玉製穀璧)·옥돈(玉豚)·옥함(玉含) 등의 옥기(玉器)나 금동제 재갈(轡)·마면(馬面) 등의 마구(馬具)·동제노기(銅製弩機)·철모(鐵鉾)·쇠도끼(鐵斧) 등의 무기(利器) 또는 3선반의 금동 반지(指鐶)·금동 웅각부연(熊脚

245 옛날 중국에서 간책(簡册) 등의 문서를 끈으로 묶고 봉할 때 사용하던 아교질의 진흙 덩어리를 말한다. 지금의 봉랍(封蠟) 같은 것으로 우리나라에서는 주로 낙랑 유적지에서 많이 출토되었다. 또한 봉니에 조각된 다양한 자획은 당시의 행정과 문서 제도를 이해하는 데 중요한 사료로 평가된다.

246 구리에 10~30% 정도의 니켈이 섞은 합금 거울.

247 옻칠을 한 손잡이 있는 술잔.

248 '경쾌하고 교묘한'이라는 의미임.

付硯)·백동경(白銅鏡)등 각종 용기들은 모두 한나라(漢代)의 특색을 잘 보여 주며 큰 이목을 끌고 있다.

④⑤ 선반: 낙랑군 시대 유품

도기(陶器)와 철제 무기 외에도 다양한 문양을 가진 와당이나 토관(土管) 등이 전시되어 있다. ⑤선반에는 녹유이호(綠釉井戶)[249]의 명기(明器)와 각종 금구를 비롯한 문양이 있는 벽돌(塼) 등이 있다.

⑥ 선반: 낙랑군 시대 유품

칠궤(漆几) 등을 통해 당시의 일상용품(調度品)을 엿볼 수 있으며, 목제마(木製馬)와 목우(木偶) 등 명기(明器)의 사례도 흥미롭다. 또한, 도끼(斧柄), 창(矛柄), 덮개(蓋) 등에 사용된 당대의 무기와 의장(儀仗) 용구 형식은 그 자체로 [역사적] 의미를 지닌다.

⑦ 선반: 대방군 시대 유품

황해도 봉산군(鳳山郡)에서 출토된 고분을 비롯한 여러 유적에서는 거울(鏡鑑), 고전(古錢), 무기, 토기 등이 발견되었으며, 이들은 낙랑군 유적과 유사한 특징을 보인다. [특히] 대방태수 장무이(帶方太守 張撫夷)의 이름이 새겨진 벽돌(塼)은 대방군의 치지를 추정할 수 있는 중요한 자료로 빼놓을 수 없는 역사적 가치를 지닌다.

249 우물 둘레(井戶枠)를 형상화한 도자기 모델이다. 우물형 이외에도 벽돌로 쌓은 우물 둘레까지 하나로 표현하고 있다.

⑧ 선반: 각종 새김벽돌(銘塼)

대방군 시대에 속하는 벽돌이 전시되고 있으며 이는 분묘(墳墓)의 외관(槨)을 쌓아 올린 것으로, 기년명(紀年銘)과 이름이 기록된 특수한 사례이다.

⑨ 선반: 중국 본토 출토 한대(漢代) 유품

낙랑, 대방군 시대의 유물들을 비교하기 위해 중국 본토에서 출토된 도기, 옥기, 무기, 거울 등을 함께 전시하고 있다. 이러한 유물들을 통해 두 지역이 거의 동일한 문화권에 속해 있었음이 명확하게 드러난다.

5) 제5실: 특별 전시

복도를 따라 석기시대에서 금석병용시대(金石併用時代)로 이어지는 과도기, 즉 청동기 시대로 넘어가는 유물들이 전시되어 있다. 이곳에는 유품과 함께 고려 고분에서 출토된 거울이나 활자 등의 유물도 진열되어 있다.

①②③ 선반: 석기시대·금석병용시대 유품

조선 석기시대의 유물로는 돌도끼(石斧), 석촉(石鏃), 석포정(石庖丁)[250]등이 있으며, 이러한 유물들은 일본(内地)의 야요이(弥生式) 토기와 함께 출토되는 경우가 많아 먼 석기시대부터 조선과 일본의 깊은 관계를 엿볼 수 있다. 토기의 문양은 빗살무늬(櫛目)로 꼬챙이(串)나 빗모양(櫛様)의 시문구(施文具)[251] 등을 이용해 음각으로 새긴 것이다. 또한 금속기(金屬器)가

250 편평한 반달형으로 곡물의 이삭을 거둘 때 사용하는 도구.

251 토기 따위에 무늬를 새기는 도구.

도래한 초기에는 석기와 금속 무기가 병합되어 사용되었는데, 이를 금석 병용시대라고 부르며 석검·동검·동모(銅鉾) 등이 그 시대의 유물이다.

④ 선반: 고려시대 고분 출토분 거울(鏡鑑)

개성 및 강화도 부근의 고려시대 고분에서 발견된 거울류 중에는 한경(漢鏡)[252]이 있으며 그중 일부는 당경(唐鏡)이나 송원(宋元) 등의 거울을 모방한 유물이 있다. 특히 우아한 장식이 특징인 일본(內地)의 거울도 다수 존재한다는 점이 흥미롭다.

⑤ 선반: 활자류

조선의 활자는 고려 말기에 주조되어 서양에 200년이나 앞서 있다고 알려져 있다. 조선시대에 이르러 활자는 매우 발달하였으며, 그중 위부인자(衛夫人字)[253]·실록자(實錄字)[254]·한구자(韓構字)[255]·정리자(整理字)[256] 등의 각종 동활자(銅活字) 외에도 목활자(木活字)·철활자(鐵活字)·도활자(陶活字)[257]·언문활자(諺文活字) 등 다양한 종류의 활자들이 전해지고 있다.

252 중국 한 대(漢代)에 만들어진 거울로 전한경(前漢鏡)과 후한경(後漢鏡)으로 구분할 수 있다. 주로 한반도에서는 서북한 지역과 동남부 지역의 분묘에서 발견되지만, 일부 생활 유적에서 파경(破鏡)이 발견되기도 한다.

253 '갑인자'를 통속적으로 이르는 말.

254 조선시대, 1668년에 역대 실록을 인쇄하기 위하여 만든 구리 활자를 이르던 말.

255 1782년에 김석주가 문신인 한구(韓構)의 필체를 본보기로 하여 만든 구리 활자.

256 1796년에 구리로 만든 활자.

257 조선시대 흙으로 만든 활자.

6) 제6실: 회화, 서적류(書蹟類)

조선시대 회화적 자료 가운데 우선적으로 주목해야 할 것은 고구려 고분 벽화로 이는 동양에서 가장 오래되고 귀중한 회화 자료로 손꼽힌다. 일반 회화의 흐름을 보면 고려시대는 송나라와 원나라의 영향을 받아 크게 발전했다고 할 수 있지만, 그 자료는 많지 않다. 조선시대 역시 초기에는 송나라와 원나라의 영향(餘流)을 받아 중국화(支那畵)·야마토화(大和畵)에 견줄만한 수준의 작품들이 존재했으나, 현재까지 전해지는 사례는 매우 드물다. 그나마 후기에 남아 있는 화조화, 초상화, 산수화 등이 비교적 감상할 만한 작품으로 전해지고 있다. 유명한 작가로는 김홍도(단원[檀園]), 이정(탄은[灘隱])[258] 또는 삼제(三齊)라고 불리는 겸제(謙齊) 정선(鄭敾), 현재(玄齋) 심사정(沈師正), 공재(恭齋) 윤두서(尹斗緖) 등이 있으며, 이들은 그 시대의 대표적인 명인(名手)으로 손꼽힌다.

①② 선반: 고구려 고분 벽화 모사(模寫)

평안남도(平南) 용강군 지운면(池雲面) 쌍영총(双楹塚) 실내 벽에 그려진 벽화는 세련되고 웅장한 분위기 속에 대단히 사실적인 아름다움을 담아내고 있다. 이를 통해 당시에 발달한 회화 기법을 엿볼 수 있을 뿐만 아니라 당시의 풍속을 이해할 수 있는 중요한 자료로 여겨진다.

258 원문에는 '탄원(灘院)'으로 표기.

③ 선반: 고려시대 불사(佛寺) 벽화 모사와 기타

벽화 모사는 조선의 목조 건축물 중 가장 오래된 것으로 불리는 경북 부석사 조사당 앞 벽에 있으며, 여기에는 보살과 이천(二天)이 묘사되어 있다. 동쪽에 전시된 작품은 오타니 고즈이(大谷光瑞)가 중앙아시아에서 가져온 것이다.

④⑤⑥ 선반: 조선시대 회화 서적

조선시대 후기 회화와 서적 사례를 전시한 것으로 화조도와 산수도 등 감상할 만한 작품들이 있다. 특히 김정희(완당)의 작품 등은 주목할 만하다.

3. 수정전(修政殿)

이 전시실은 오타니 고즈이가 1902년부터 전후 세 차례에 걸쳐 중앙아시아 지역을 탐험하며 수집한 품목을 전시한 공간으로 구하라 후사노스케(久原房之助)의 기증과 관련이 있다. 중앙아시아는 아시아 대륙의 중앙부에 해당하는 타림(ターリム)·이리(イリ)·시르(シル)·아무(アム) 등의 내륙강 유역을 중심으로 한 이른바 서역(西域)에 해당한다. 이 지역은 고대부터 동서 교통의 중요한 도로(要路)에 있었으며, 인도·페르시아[259]·그리스·중국 등 고대 문화권에 둘러싸여 다양한 문화를 융합하면서 형성되었다.

259 원문에는 '베르샤(ベルシャ)'로 표기.

그러나 지리적 특성상 오랫동안 조사에 제한이 있었고, 19세기 말부터 서구의 학자들이 여러 차례 이 지방에 대한 대대적인 탐험 조사를 시작했다. 오타니의 탐험도 이러한 대규모 조사 중 하나로, 그가 수집한 자료는 동양의 자랑으로 국내외에서 높은 평가를 받고 있다.

○전실벽화(前室壁畵)

검은 커튼으로 가려져 있는 이 벽화는 고사원(古寺院) 굴암(窟庵) 벽면에서 옮겨온 것으로, 그 필선(筆線)과 색조를 통해 서역 지역에서 발전한 종교 예술의 발달 정도를 엿볼 수 있다.

○중앙실

조각품 중 일부 소상(塑像)은 그리스 예술과 불교가 융합하여 탄생한 간다라 미술의 영향을 받은 작품이 있으며, 또한 당대(唐代) 문화의 영향을 엿볼 수 있는 사례도 있다. 벽돌(塼)이나 묘지 등 당 문물이 널리 퍼졌음을 보여주는 증거이다. 그 외에도 도기, 청동기, 관모(冠帽), 신발 등은 서역의 문물을 생생하게 확인할 수 있는 귀중한 자료로, 이를 통해 당시의 문화와 교류를 고스란히 엿볼 수 있다는 점에서 매우 의미 있는 일이다.

4. 경복궁 건물

조선 태조(太祖)는 즉위 3년(황기 2054년)에 도읍을 개성에서 경성으로 옮겨 궁궐 공사를 시작하였고, 1396년(태조4) 9월에 완공하여 이를 경복궁이라고 이름 지었다. 그 이후 궁궐은 간헐적으로 다른 장소로 옮겨지기도 했지만, 선조(宣祖) 25년 '임진의 역(壬辰の役)'[임진왜란] 중 난민(亂民)에 의한 방화로 경복궁이 소실되기까지 약 200년간 왕궁으로 사용되었다. 이후 약 270년 동안 황폐하게 방치되었으나, 이태왕(李太王)이 즉위한 뒤 중건을 계획하여 [고종] 5년(明治원년)에 공사를 마쳤으며 왕거(王居)를 창덕궁으로 옮겼다. 근정전·사정전(思政殿)·수정전(修政殿)·자경전(慈慶殿)·경회루 등은 모두 이 시기의 건축물들과 관련이 있다. 본궁 역내의 총면적은 약 30만 평에 달하며, 또 후원(後苑)에는 신무문(神武門) 외에도 경무대(景武臺)와 그 뒤편의 산림(山林) 등이 포함되어 있다.

○근정전(勤政殿)

경복궁의 정전은 국왕의 즉위식과 그 외의 공식 대례가 거행되던 중요한 장소이다. 이 건물은 석축으로 된 이성 기단(二成基壇) 위에 중층 구조로 세워져 있으며, 그 형태는 위엄 있고 삼엄하며, 규모 또한 매우 크고 웅장하다. 또한 장식이 화려하여 조선 말기의 건축 양식을 잘 보여주는 반도 최대 규모의 목조 건축물로 손꼽힌다. 기단의 네 면에는 굽은 돌난간이 설치되어 있고, 그 위에는 십이지 신상들이 배치되어 있다. 정면에는 양각(陽刻)으로 새겨진 쌍봉운문(双鳳雲文) 아취가 장엄하게 자리 잡고 있어 웅장한 분위기를 자아낸다. 앞 정원에는 문무(文武) 양반의 위계를 나타내는 백대리석 위표가 세워져 있으며 궁궐의 회랑(廻廊)에는 액자, 대포(大砲), 불상, 탑비 등의 다양한 유물이 전시되어 있다.

○사정전(思政殿)

국왕의 편전으로 매일 아침 정사를 보던 곳이었으며 좌우에는 만춘전(萬春殿)과 천추전(千秋殿)이 부속되어 있다.

○수정전(修政殿)

국왕이 청정(聽政)을 하던 궁전이었으나, 현재는 전시실로 사용되고 있다는 점은 앞서 언급한 바가 같다.

○경회루(慶會樓)

군신(君臣) 연회를 위해 지어진 이 건물은 48개의 돌기둥으로 지지되는 누대 형식으로 구성되어 있으며, 웅장한 규모와 구조는 주변의 벽수(碧水) 연못과 어우러져 멀리 북악(北岳)의 기봉(奇峯)과 함께 인공적인 절묘함과 자연의 아름다움이 조화를 이룬다. 이는 백관들의 연회 장소로서 그 지세에 걸맞은 뛰어난 경치를 자랑한다.

한편 자경전(慈慶殿)은 현재 박물관 사무소로 사용되고 있으며 이곳은 이태왕(李太王) 전하의 생모인 대왕대비 조대비(趙大妃)가 거주했던 곳이다. 왕궁의 정문인 광화문은 현재 건춘문의 북쪽으로 이축되어 있다. 또한 국왕과 왕비의 상전(常殿)이 되었던 강녕전(康寧殿)과 교태전(交泰殿)은 다른 곳으로 옮겨졌으며, 현재는 아미산(峨嵋山)에 남아 있는 화채(畵彩)의 굴뚝을 통해 당시의 모습을 추억할 수 있을 뿐이다.

5. 원내(苑內) 탑비(塔碑)

경회루와 광화문 사이의 광장에는 여러 개의 탑비가 세워져 있었으나, 원래 위치에 두면 파괴될 우려가 있어 안전한 곳으로 옮겨져 보존되고 있다. 각 탑비에 대한 자세한 설명은 옆에 설치된 푯말에 적혀 있으니 이를 통해 확인할 수 있다.

[18] 경성어안내-부 조선의 토산품안내서
(京城御案內-附朝鮮のおみやげ栞)

토산품 우미이치상회(海市商會), 미상

집필·번역: 배병욱

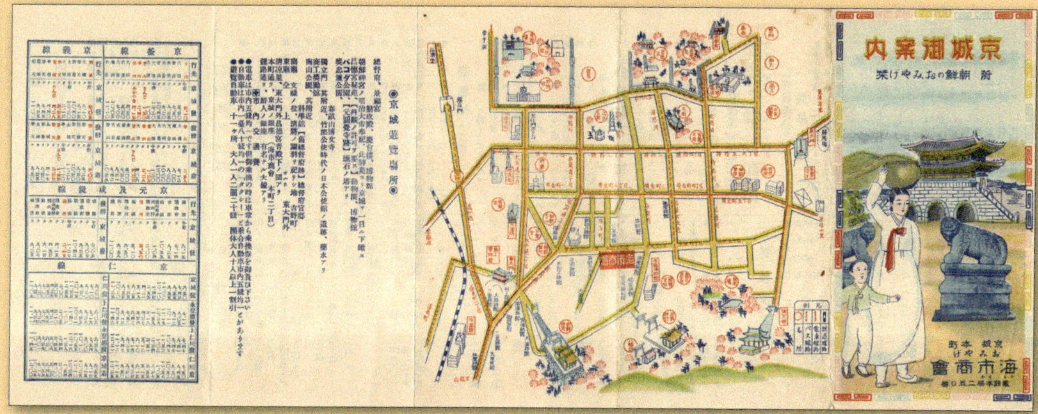

표지면 펼친 모습, 96㎜×178㎜, 464㎜×178㎜

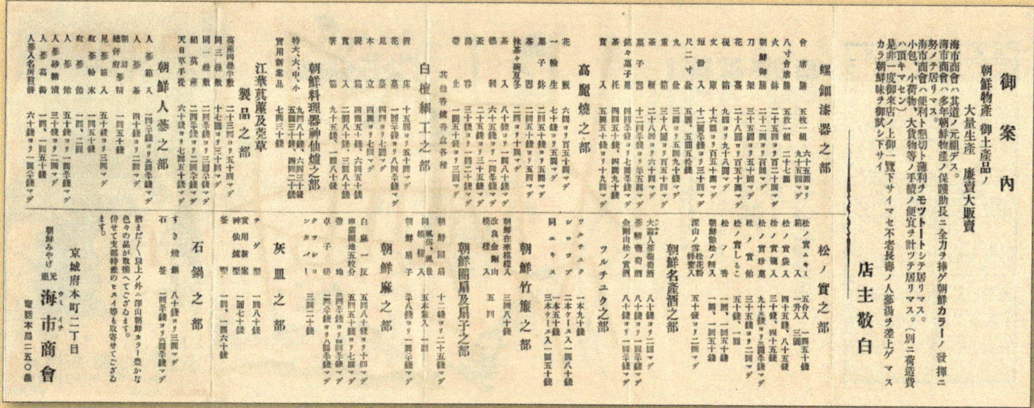

내지면 펼친 모습

접힌 면 앞표지

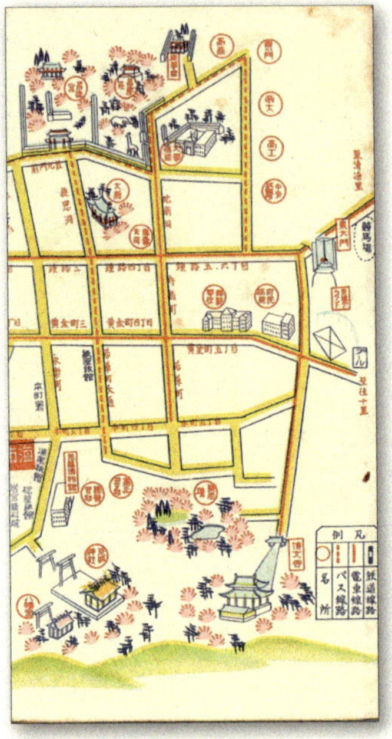

접힌 면 뒤표지

「경성유람장소 지도」

|해제|

이 자료는 경성의 '원조' 조선 토산품 상점 우미이치상회(海市商會)에서 발행한 연도 미상의 『경성어안내(京城御案內)』라는 팸플릿이다. 가로 96㎜, 세로 178㎜ 크기의 표지 면에는 제목 아래 '조선의 토산품 안내서(朝鮮のおみやげ栞)'라는 부제가 붙어 있고, 오른쪽 아래에 우미이치상회의 소재지와 전화번호가 기재되어 있다. 또 광화문을 배경으로 해태상 한 쌍과 물독을 머리에 인 흰옷의 여인, 짚신을 신은 소년을 전면에 배치하였고, 전통 창살 문양으로 테두리를 하는 등 조선의 정취를 강조하였다. 5면으로 접혀 있는 자료의 내지면을 펼치면 점주의 인사말과 취급하는 제품에 대한 안내가 기재되어 있다. 반대쪽 표지면에는 「경성유람장소 지도」, 경성의 유람 장소, 경성을 오가는 각 선의 기차 시간표가 수록되었다. '경성안내'를 타이틀로 걸었지만, 전체적으로 가게 홍보 위주이고, 간략한 여행 정보를 곁들인 것으로 경성을 찾는 여행객들을 상대로 한 상업적 목적의 광고 전단지의 성격을 지니고 있다.

강제 병합으로 제국의 영역이 확장되자 조선은 일본인들에게 인기 관광지가 되었고, 여행 기념품이나 선물로 조선의 토산품도 주목을 받게 되었다. 특히, 고려청자와 나전칠기는 정교한 제작 기법과 화려함, 천하제일 비색을 갖춘 조선을 대표하는 고미술품으로 인식되고 있었다. 이들에 대한 여행객들의 수요가 높아지자, 조선의 자본가들은 근대적 기술로 그 전통미를 재현하는 한편, 일본인들의 취향에 맞게 변용한 상품들

을 대량 생산·유통하였는데, 우미이치상회도 그 대표적 상점 중 하나였다.[260]

야마구치현(山口縣) 출신의 상인 우미이 벤조(海井辨藏, 1875~?)가 설립한 우미이치상회는 당시 조선 토산품 판매의 '원조'를 자임하였다. 1904년 조선에 건너와 경성에서 식료잡화상을 시작한 그는 1907~8년경 이를 그만두고 조선 각지에서 수집한 토산품 상점을 운영하였다.[261] 경성부 본정 2정목 99번지에 본점을 개업하여 사업을 본격화한 것은 1912년으로, 동사헌정(東四軒町)에 도기 공장을 세우고 "형상과 조각, 모양·상감 등 옛 양식을 본뜬" 한양고려소(漢陽高麗燒)를 제조하여 내놓았다.[262] 그리고 이를 1914년 도쿄다이쇼박람회(東京大正博覽會)에 출품하여 동패를 받았으며, 궁내성(宮內省)에도 납품하였다. 이어서 나전칠기와 백단(白檀), 신선로 공장을 설립하였으며, 경성 본정에 본점 외 2개의 지점을 운영하였고, 조선호텔의 매점에서도 상품을 판매하였다. 나아가 대구와 원산을 비롯하여, 도쿄 니혼바시(日本橋)에도 지점을 개설하는 등 사업은 더욱 성황을 이루었다. 1923년 2월에는 주식회사로 변경하여 본점을 도쿄로 옮기고, 사토 이치주로(佐藤市十郎) 등 도쿄의 실업가들과 함께 우미이도 이사 겸 경성 지점장으로 경영에 참여하였다.[263] 1930년 12월 주주총회 결의에 따라 해

260 우미이치상회와 함께 '이왕가미술품제작소'와 '조선미술품제작소', 동화상회(東華商會), 그리고 미츠코시(三越)·조지야(丁子屋)·미나카이(三中井)·화신(和信) 등의 백화점도 함께 거론된다(『나무상자에 담긴 일제강점기의 기념품』, 서31547, 서울역사박물관).

261 국사편찬위원회 한국사데이터베이스 근현대인물자료 참조.

262 『釜山日報』, 1918년 11월 07일, 「朝鮮の古美術を復興せる海市商會-漢陽高麗燒と天日草高麗編」. '고려소(高麗燒)'란 고려청자를 말한다.

263 1925년부터는 이와미야 소베(岩宮庄兵衛)가 경성지점장이 되어 경영하였다(中村資良 編, 『朝鮮銀行會社要錄』, 東亞經濟時報社, 1925).

산하였으나,[264] 1937년까지 상점 광고 등의 기록이 있는 것으로 보아 이후에도 체제를 달리하는 등의 형태로 운영되었던 것 같다.[265]

내지면 서두에 실린 점주의 인사말을 보면 조선 토산물을 대량 생산하여 염가 대매출하는 박리다매의 영업 전략이 잘 나타나 있다. 상회는 상품의 포장 발송도 취급하였던 것 같으며 방문 고객을 위해 인삼탕으로 '조선의 맛'을 선보였다. 판매하는 상품 종류는 나전칠기와 고려소, 백단 세공, 신선로, 강화 돗자리 및 왕골 제품, 조선 인삼, 갓, 조선 명산주, 대나무 발, 부채, 마(麻), 재떨이, 돌솥 등으로 저렴한 것부터 고가까지 가격대도 다양하다. 구체적으로 살펴보면 한국의 전통 양식을 계승한 것이라기보다 고려소와 나전칠기에서 보듯 일본식으로 개량하거나 일본인들의 생활 도구에 한국적 색채를 입힌 것 위주로 일본인 여행객들로 하여금 '제국의 확장'을 실감케 할 수 있는 제품들이다. '조선 요리기 신선로'나 '지게형 재떨이' 등 '조선풍'을 강조한 제품도 있어 여행의 즐거움을 더한다.

겉면에 제시된 '경성유람장소'에는 주요 고객인 일본인 여행객들에게 추천할 만한 여행 정보가 기재되어 있다. 여행지에 대한 소개가 소략하고, 비슷한 시기 경성관광협회에서 발행한 경성 안내 팸플릿[266] 등에서 흔히 보이는 게이샤, 기생 등에 관한 정보가 생략되었다는 점에서 여행 안내서에 충실하기보다 상점 홍보에 집중하고자 했던 제작 목적을 읽을

264 『朝鮮總督府官報』 제1182호, 1930년 12월 10일, 「商業及法人登記」.

265 朝鮮總督府殖産局 編纂, 『朝鮮工場名簿』(朝鮮工業協會, 1937) ; 和田重義, 『大京城都市大觀』(朝鮮新聞社, 1937).

266 『京城案內-近郊·溫泉』, 京城觀光協會, 1935.

수 있다. 타 자료와 추천 장소가 대체로 겹치지만, 다케조에(竹添) 공사 시대의 일본공사관이나 남묘(南廟)와 동묘(東廟)를 언급한 것은 이색적이다. 전체 분량에 비해 구체적이기도 하고, 임진왜란 기간 명나라와의 관계로 건립된 관왕묘(關王廟)라는 점에서 일본인들의 취향을 반영한 여행 정보라고 하겠다.

그 우측의 「경성유람장소 지도」는 우미이치상회를 중심으로 추천한 여행지를 한눈에 볼 수 있도록 그렸다. 서북쪽의 홍제리와 독립문, 동북쪽의 동소문과 동대문 일대, 남쪽의 박문사(博文寺), 경성신사, 조선신궁 정도를 경계로 삼았고, 대체로 사대문 안과 남산 아래의 일본인 거류지를 포함하였다. 당시 경성부 영역 안에 있었던 일본인 거류지 용산과 신용산을 제외했다는 점에서 본격적인 '경성 안내'는 아닌 셈이다. 또 경성역과 남대문에 이르는 버스·전차·철도 선로 등도 표기하였고, 경성을 착발하는 기차 시간표를 함께 제시하여 편리함을 더하였다. 일본인 관광객들이 이용할 만한 호텔과 일본식 여관을 수록하였고, 벚꽃 명소도 표기하여 색채감을 더하였다.

팸플릿의 제작 시기는 미상이지만, 경성부립부민병원(京城府立府民病院, 1934년),[267] 경성운동장 수영장(京城グラウンドプール, 1934년)[268] 등 1930년대

267 『東亞日報』, 1934년 3월 3일, 「京城府民病院 落成式擧行」. "협착한 관계로 40만 부민 환자에게 많은 불편을 주던 경성부립부민병원에 대해서는 (중략) 시내 훈련원에 새로이 병원을 건축 중이던바 드디어 완성되어 금 2일 오후 2시에 낙성식을 거행한다고 한다."(현행 맞춤법으로 표기) 조선 후기 훈련원 청사는 현재의 현대시티아웃렛 동대문점(서울특별시 중구 을지로6가 17-2) 자리에 있었다. 해방 후 서울시립시민병원이 되었다.

268 손환·하정희, 「일제강점기 경성운동장 수영장에 관한 연구」(『체육사학회지』 24-1, 한국체육사학회, 2019), 16쪽.

전반 설립된 시설들이 지도에 반영되어 있어 대략 추정할 수는 있다. 특히 홍제리·효자동 등의 행정구역 명칭이 정(町)으로 표기되지는 않았으나,[269] 경부선 특급열차 아카쓰키(あかつき)[270]가 배치된 것을 볼 때, 1936년 12월 이후 1937년 초 발행된 것으로 짐작된다. 지도에 표기된 남산 왜성대의 총독 관저는 경복궁 북쪽으로 신청사를 지어 이전한 후(1939.9), 역대 조선 통감·총독의 초상과 관련 유물을 전시하는 시정기념관(始政記念館)으로 개편되었으므로(1940년 11월), 늦어도 1939년 9월 이전에 발행된 자료라고 하겠다. 이 팸플릿은 조선의 토산품과 함께 일본인들의 경성 여행에 관한 상세를 알 수 있고, 근대 공예사 등 연구의 공백을 메울 수 있는 자료라는 점에서 가치가 있다.[271]

269 1936년 3월 23일 조선총독부 경기도 고시 제32호에 따라 경성부의 행정구역 명칭이 기존의 '동(洞)'에서 '정(町)'으로 개칭되었다. 지도에는 변경 사항을 미처 반영하지 못한 듯하다.

270 1936년 11월 20일 경부선에 배치되어, 12월 1일 운행. 1943년 11월 태평양전쟁으로 폐지되었다.

271 조선의 토산품과 우미이치상회에 대해서는 아래 연구를 참조. 김세린, 「일제강점기 금속제 신선로의 제작 양상과 소비문화」(『한국학』162, 한국학중앙연구원, 2021).

| 번역문 |

1. 안내(御案內)

- 조선 특산 토산품의 대량 생산, 염가 대매출.
- 우미이치상회는 그 길의 원조입니다.
- 우미이치상회는 다년간 조선 물산의 보호·조장에 전력을 바쳐 조선 컬러의 발휘에 노력하고 있습니다.
- 우미이치상회는 편리와 친절과 박리(薄利)를 좌우명으로 하고 있습니다.
- 소포, 소하물(小荷物), 대화물(大貨物) 등의 수속 편의를 제공하고 있습니다(포장비는 별도로 받지 않습니다).
- 꼭 한번 방문하셔서 일람해 주세요. 불로장수의 인삼탕을 드리니 조선의 맛을 느껴보세요.

점주 경백(敬白)

○나전칠기 부(部)

- 가이세키젠(會席膳)[272]: 5매 1조(組) 65원부터 95원까지.
- 팔촌회석선(八寸會席膳)[273]: 5매 1조 27원.

272 가이세키요리(會席料理)를 차려 내는 상.

273 '핫슨가이세키젠'이라고 부르며 가이세키 요리를 차려 내는 사방 여덟 치 높이의

- 화로(火鉢): 25원부터 120원까지.
- 조선 밥상(朝鮮御膳): 22원부터 100원까지.
- 칼걸이(刀架): 35원부터 50원까지.
- 화대(花臺)[274]: 28원부터 150원까지.
- 연상(硯箱)[275]: 9원부터 98원까지.
- 문고(文庫)[276]: 16원부터 150원까지.
- 서예 종이 보관함(短冊入)[277]: 12원 50전부터 30원까지.
- 척이촌분(尺二寸盆)[278]: 5원, 5원 50전.
- 둥근 쟁반(丸盆): 3원부터 5원 90전까지.
- 찬합(重箱): 38원부터 150원까지.
- 다궤(茶櫃)[279]: 28원부터 60원까지.
- 과자 그릇(菓子器): 12원 50전부터 35원까지.
- 과자 앞 접시(銘々菓子皿): 4원 50전부터 7원 50전까지.
- 잔 받침(茶托): 4원 50전, 4원 90전.
- 담뱃갑(莨入): 5원 50전부터 19원까지.

나무쟁반을 말함.

274 꽃병·화분을 올려놓는 받침.

275 연갑(硯匣), 벼룻집.

276 서류·문방구 등을 넣어 두는 상자.

277 일본어로 '단자쿠이레(短册入)'라고 하는데, '단자쿠(短册)'는 단카(短歌)나 하이쿠(俳句) 등을 쓰는 직사각형의 긴 종이로 이것을 넣어두는 함을 말함.

278 '샤쿠니슨본(尺二寸盆)'이라고 부르며 한 자 두 치(약 36.36㎝)의 일본 전통 쟁반을 말함.

279 다기 한 세트를 넣어두는 목제 용기.

○고려자기(高麗燒) 부

- 화병: 6원부터 150원까지.
- 꽃병(一輪生)[280]: 70전부터 5원까지.
- 과자 그릇(菓子鉢): 2원 50전부터 5원까지.
- 다기: 2원 50전부터 5원까지.
- 여름·겨울용 말차 다완(抹茶々碗夏冬): 2원부터 10원까지.
- 차통(茶入): 80전부터 1원 80전까지.
- 도쿠리(德利)[281]: 65전부터 1원 50전까지.
- 잔: 25전부터 35전까지.
- 찻잔(湯呑): 30전부터 1원 20전까지.
- 오비도메(帶止)[282]: 1원 50전부터 3원까지.
- 기타 향로, 향합 각종.

○백단(白檀) 세공 부

- 오키도코(置床)[283]: 15원부터 50원까지.
- 화대: 1원 20전부터 8원 50전까지.
- 독서대(見臺): 4원부터 7원까지.
- 책꽂이(本立): 4원부터 7원까지.

280 한 송이 꽃을 꽂아 두는 화병.
281 목이 가늘고 하부가 부풀어 오른 형태의 술병.
282 기모노의 오비를 고정하는 끈에 다는 장신구.
283 화병 등을 올려 둘 수 있는 '도코노마(床の間)' 대용의 선반. '도코노마'는 방이나 객실의 윗자리에 바닥을 조금 높여 꾸민 곳으로 벽에는 족자를 걸어두거나 꽃이나 장식품을 놓아 둠.

• 연상: 4원 50전, 6원 50전.

• 담뱃갑: 2원 80전, 3원 80전.

• 젓가락 통(箸箱): 95전, 1원 80전.

○조선 요리기 신선로 부

• 특대, 대, 중, 소: 9원 80전, 6원 30전, 5원 30전, 4원 20전.

• 개량형 제품(實用新案品): 7원 30전.

○강화 돗자리(莫蓙) 및 왕골(莞草) 제품 부

• 돗자리 4첩(疊) 반: 23원부터 50원까지.

• 돗자리 3첩: 17원부터 30원까지.

• 돗자리 1첩: 2원 50전부터 3원 80전까지.

• 비단 자리(絹莫蓙): 2원 30전부터 2원 90전까지.

• 천일초 손가방(天日草手提)[284]: 60전부터 7원 50전까지.

○조선 인삼 부

• 인삼(상자 포장): 1원 20전부터 5원 50전까지.

• 인삼차: 40전부터 2원까지.

• 조선총독부 삼정(蔘精): 1원 50전.

• 미삼(尾蔘,[285] 상자 포장): 50전부터 3원까지.

284 천일초(天日草)는 물가에 야생하는 섬유질이 강한 수초로 길이는 6척 5촌 내외이며, 주로 대동강 하류의 황해도 안악군 강기슭 갈대 사이에서 자란다.

285 인삼의 잔뿌리.

• 홍삼 분말: 1원 50전.

• 홍삼 엿: 1원, 2원.

• 인삼 엿: 50전부터 1원 50전까지.

• 인삼청(砂糖漬): 30전부터 2원까지.

• 인삼 갈탕(葛湯): 1원, 1원 50전.

• 인삼 전병(명소 포함): 60전부터 1원 80전까지.

○잣 부

• 껍질 벗긴 잣(상자 포장): 5홉(合) 1원 50전, 1되(升) 3원.

• 잣(봉지 포장): 45전, 85전.

• 잣(바구니 포장): 30전, 45전.

• 잣진과(珍菓): 95전부터 3원 50전까지.

• 잣엿: 35전부터 2원까지.

• 잣단팥죽: 50전, 1원.

• 솔향(松ノ香): 1원, 1원 50전.

• 송정(松ノ精)을 넣은 조선 엿: 1원, 1원 50전.

• 송홧가루와 꿀을 섞어 만든 심산의 눈(深山ノ雪): 50전부터 2원까지.

○조선 명산주(名產酒) 부

• 마늘 인삼 포도주: 80전부터 2원까지.

• 삼정 포도주: 80전부터 1원 30전까지.

• 금강산 잣술: 80전부터 1원 30전까지.

○쓰루추쿠(ツルチュク) 부

• 쓰루추쿠: 1병 90전.

• 시럽: 2병(케이스 포장) 1원 80전.

• 쓰루추쿠 엑기스: 1병 50전, 3병(케이스 포장) 1원 50전.

○조선 대나무 발(竹簾) 부

• 조선 재래 문양 삽입: 3원 80전.

• 개량 금강산 문양 삽입: 5원.

○조선 둥근 부채(團扇) 및 접이식 부채(扇子)[286] 부

• 조선 둥근 부채: 12전부터 25전까지.

• 조선 둥근 부채(풍속, 풍경 문양): 5개(상자 포장) 1원.

• 조선 접이식 부채: 38전부터 1원 20전까지.

○조선 마(麻) 부

• 백마(白麻) 1필[287]: 5원 80전부터 10원까지.

• 방석 커버 5매분: 5원 50전부터 7원까지.

• 오비 원단(帶地): 3원 50전부터 4원 50전까지.

• 탁자보: 1원 80전부터 8원 50전까지.

• 쿠션 커버: 3원 20전.

286 단선은 둥근 모양의 부채, 선자는 접부채를 각각 지칭한다.

287 약 10.6m.

○재떨이 부

• 지게형(チゲ型): 1원 80전.
• 개량형 신제품 신선로형: 1원 70전.
• 가마솥형(釜型): 1원, 1원 60전.

○돌솥(石鍋) 부

• 스키야키 냄비(すき燒鍋): 80전부터 3원까지.
• 돌솥(石釜): 1원 50전부터 6원 50전까지.

또한 이상 외에도 조선 컬러가 풍부한 여러 물품들을 많이 갖추고 있습니다. 아울러 중국 특산의 비취(翡翠) 등도 구비하고 있습니다.

경성부 본정 2정목 / 조선 토산품 원조 우미이치상회 / 전화 본국 250번.

2. 경성 유람 장소

• 총독부, 경복궁: 근정전, 경회루, 박물관.
• 조선신궁의 메이지천황(明治大帝) 봉사(奉祀): 이 신원(神苑)에서 경성을 한눈에 내려다볼 수 있다.
• 창덕궁 비원: 관람 허가를 요함. 동물원, 박물관.
• 파고다공원: 전 원각사 터. 납석(蠟石)[288] 탑[원각사지십층석탑]이 있음.

288 촉감이 매끈매끈하고 기름 같은 광택이 나는 광물을 통틀어 이르는 말. 곱돌.

- 장충단공원: 춘무산(春畝山) 박문사(博文寺).
- 독립문과 그 부근: 다케조에(竹添)[289] 공사 때의 일본공사관[290] 유적, 약수가 있음.
- 상공장려관.
- 남산공원과 그 부근: 과학관(구 총독부 터),[291] 총독부 관저.
- 남묘(南廟)[292]: '분로쿠의 역(文禄の役)'[임진왜란] 때 중국 장수가 관우를 제사 지낸 곳. 길야정(吉野町).
- 동묘(東廟): 위와 동일한 묘. 동대문 밖.[293]

289 다케조에 신이치로(竹添進一郎): 제2대 주조선 일본 공사(1882~1885). 갑신정변이 발발하자 경우궁에 일본군을 파견하여 고종과 명성황후를 경호하는 등 김옥균 등 개화파를 지원하였다. 갑신정변 후 서대문 밖 경기감영에 일본의 임시공사관을 마련하였는데, 당시 공사 다케조에를 기념하기 위해 그 일대를 1914년부터 죽첨정(竹添町, 다케조에마치)이라 하였다. 1946년 충정로로 바뀌었다.

290 개화기 일본공사관의 변천 내력은 다음과 같다. 제1차 임시공사관(1880.4~1882.7)은 서대문 밖 청수관(임오군란까지), 제2차 임시공사관(1882.8~1884.11)은 왜장대 아래 이종승의 집(본정 2정목), 제3차 일본공사관(1884.11~12.7)은 교동 박영효의 옛집터에 신축(갑신정변 화재로 소실), 제4차 임시공사관(1885.1)은 서대문 밖 경기감영으로 갑신정변 직후 며칠 머물다가 새 공사관으로 이전, 제5차 일본공사관(1885)은 남산 녹천정으로 훗날 총독 관저. 따라서 본문에서 언급한 다케조에 공사 시절의 일본공사관은 제4차 임시공사관으로 현재의 서대문역 교차로 부근의 서울적십자병원이 있는 곳이다.

291 지도에는 '은사박물관'으로 표기되어 있다. 정식 명칭은 '은사기념과학관(恩賜記念科學館)'인데, 다이쇼천황(大正天皇)의 결혼 25주년 기념 하사금으로 과학 사상 보급을 위해 1927년 5월 건립하였다. 우리나라 최초의 과학관으로 왜성대의 구 총독부 청사를 활용하였다.

292 1598년(선조31) 5월 명나라 유격장 진린(陳寅)이 한양 남대문 밖 도제고현(都祭庫峴)에 건립한 조선 최초의 관왕묘이다. 남관왕묘(南關王廟)라고도 한다. 본문에서는 진린을 '청장(清將)'이라 하였다.

293 동관왕묘(東關王廟)는 1601년(선조34) 명나라의 요청으로 한양 동대문 밖에 건립되었다.

• 청량리: 동대문 밖 창덕궁 진[李晋][294] 전하의 묘[崇仁園]가 있음.

• 본정통(本町通): 경성의 긴자(銀座, 우미이치상회 본정 2정목).

• 종로통: 조선인의 긴자, 유명한 대종[보신각종]이 있음.

○시내 교통비

• 전차는 시내 5전 균일입니다. 단 환승할 때는 차장으로부터 환승권을 받아 주세요.

• 자동차는 시내 1대 80전 균일의 택시와 시내 5전 균일의 승합자동차가 있습니다.

• 유람자동차 11개소 대인 1인 2원 20전, 단체 대인 10인 이상 10% 할인.

3. 교통편(기차)

경부선[295]

행선지	경성발	출발역	경성착
부산	3:10	부산	2:58
대전	5:30	목포	7:12
부산	7:50	부산	8:00
수원	8:35	천안	8:20

294 이진(李晋, 1921~1922)은 영친왕 이은과 이방자 사이에서 태어난 장남으로 탄생 당시 '이왕세손'으로 불렸으며, 덕수궁 석조전에서 사망하였고 묘소는 청량리동 숭인원(崇仁園)이다.

295 이하 시간표의 붉은 글씨는 원문에 따랐다.

천안	9:20	대전	10:00
부산	10:45	수원	12:00
대전	12:20	대전	13:20
수원	13:05	부산	13:35
부산	임시 13:50	부산	15:28
부산	14:40	대전	16:06
부산	아카쓰키[296] 16:15	부산	임시 16:23
대전	16:30	수원	17:00
수원	17:30	부산	19:30
대전	19:00	수원	20:31
부산	22:05	천안	21:42
목포	23:10	부산	22:35

경의선

행선지	경성발	출발역	경성착
신징(新京)	03:05	신징	03:03
토성(土城)	06:10	펑텐	07:25
펑텐(奉天)	08:15	개성	08:30
신막(新幕)	10:40	펑텐	10:30
토성	12:20	토성	11:27
토성	14:13	평양	13:10
펑텐	15:35	단둥	임시 13:43

296 '아카쓰키(あかつき)'는 1936년 11월 20일 경부선에 배치된 특급 급행열차. 종전 11시간이 소요되었던 히카리(ひかり, 1933), 노조미(のぞみ, 1934) 등의 급행열차에 비해 이 열차는 부산잔교역과 경성을 6시간 45분 만에 주파하였다. '여명'이라는 이름에 걸맞게 새벽 6시에 도착하는 관부연락선과 연계하여 떠오르는 여명을 바라보며 경성역에 도착할 수 있도록 시간을 배치하였다. 1943년 11월 태평양 전쟁으로 폐지되었다.

단둥(安東)	임시 16:28	펑텐	14:33
평양	16:40	토성	16:17
펑텐	19:45	신막	18:40
개성	21:35	토성	20:35
펑텐	23:00	펑텐	21:50

경원 및 함경선

행선지	경성발	출발역	경성착
복계(福溪)	06:15	함흥	07:05
의정부	07:14	청진	08:07
성진(城津)	08:25	의정부	09:35
복계	10:55	복계	10:42
용산(始發) 원산행	13:04	복계	13:27
의정부	14:00	나진	14:15
나진(羅津)	15:50	의정부	16:15
복계	17:10	원산(始發) 용산착	16:53
의정부	18:50	복계	18:13
청진	21:58	의정부	21:07
함흥	23:00	성진	21:25

경인선

경성발	영등포발	상인천발	인천착	인천발	상인천발	영등포발	경성착
06:50	07:11	07:47	07:50	06:00	06:06	06:39	06:55
07:43	08:05	08:41	08:45	07:10	07:16	07:54	08:13
08:55	09:12	09:47	09:50	08:20	08:26	09:00	09:15
09:55	10:11	10:49	10:52	09:30	09:35	10:10	10:25
11:03	11:19	11:53	11:57	10:15	10:21	10:55	11:10
12:10	12:28	13:02	13:05	11:35	11:40	12:16	12:34

13:43	13:59	14:34	14:37	12:55	13:03	13:38	13:54
14:55	15:16	15:51	15:55	14:00	14:05	14:44	15:00
16:21	16:37	17:12	17:15	15:05	15:10	15:45	16:00
17:18	17:34	18:10	18:13	16:25	16:31	17:08	17:23
18:25	18:42	19:19	19:23	17:50	17:55	18:30	18:45
19:35	19:52	20:27	20:30	19:00	19:04	19:39	19:55
20:55	21:13	21:47	21:50	20:20	20:26	21:01	19:17
22:20	22:37	23:12	23:15	21:30	21:34	22:10	20:25
23:25	23:46	24:21	24:25	23:05	23:11	23:45	24:00

[19] 경성운동장사용조례(京城運動場使用條例)

경성부, 1925

집필·번역: 허지애

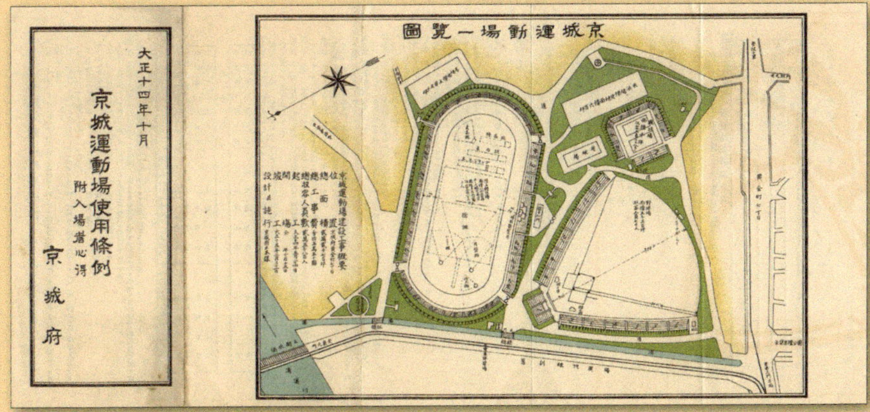

표지면 펼친 모습, 80㎜×178㎜, 390㎜×178㎜

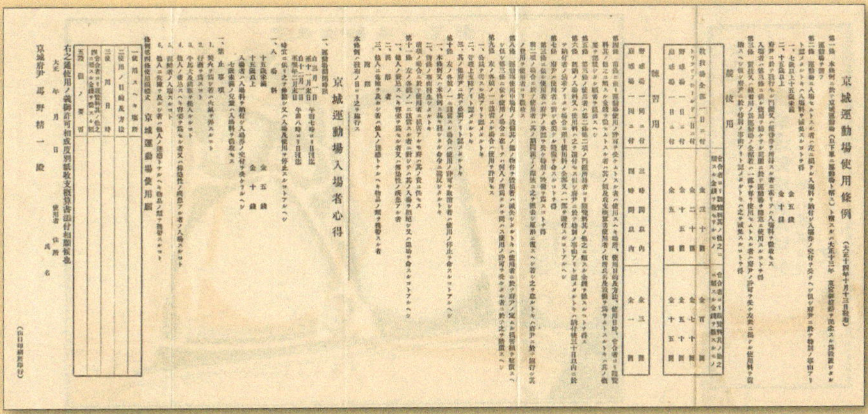

내지면 펼친 모습

|해제|

이 자료는 1925년 10월에 경성부에서 경성운동장 개장에 맞춰 발행한 『경성운동장사용조례(京城運動場使用條例)』라는 인쇄 팸플릿(리플릿)으로 자료 자체는 좌우 5면(앞뒤 총 10면)으로 접혀 있는 상태이다.

표지면에는 '경성운동장사용조례'라는 제목과 함께 발행일, 부록 제목, 발행처가 기재되어 있다. 리플릿을 펼치면 표지에 이어지는 세 면에 「경성운동장 일람도」가 4색으로 실려 있고, 내지면에는 '경성운동장사용조례', 경성운동장 입장자 주의 사항, 경성운동장 사용신청서가 실려 있다. 먼저 왼쪽에는 경성운동장 건설공사 개요가 있는데 위치, 총면적, 총공사비, 총수용 인원수, 기공일, 개장일, 준공일, 설계 및 시행사에 대한 정보를 기재하였다. 경성운동장은 경성부 토목기사 오모리 쓰루키치(大森鶴吉)가 설계하고 조선총독부의 지원을 받아 지은 종합운동장으로 당시 동양에서는 '메이지신궁 경기장' 다음으로 큰 운동장이었다. 개장 당시 경성운동장은 총면적 22,700평으로 육상경기장, 야구장, 정구장, 마장(馬場)이 있었고, 정구장 옆에 수영장 예정지가 표시되어 있는데, 수영장은 1933년 7월에 착공하여 1934년 6월 30일에 낙성식이 거행되었다.

1912년 일제의 '경성시구개정사업'을 시작으로 1920년대의 경성부의 시가지 확장 사업은 조선 성곽의 훼철과 지형의 소멸을 야기했는데, 일람도를 보면 운동장 정문 앞에 '구 훈련원 광장'을 표시하여 총독부가 조선 500년의 국방과 한양의 치안을 담당했던 훈련원[297]을 헐어낸 자리에 경성운동장을 세웠음을 명시하고 있다. 그리고 경성운동장을 중심으로 왼쪽에 청계천, 오른쪽에 황금정(黃金町) 7정목을 그리고, 길마다 이어지는 경성의 주요 지점을 기재하여 경성운동장의 위치를 가늠하게 하였다.

다음으로 내지면의 '경성운동장사용조례'를 보면, 이 조례가 경성운동장 개장일인 1925년 10월 15일보다 이틀 앞선 10월 13일에 발포되었음을 알 수 있다. 전문 11조인 조례 제1조에서 1924년에 거행된 동궁의 결혼을 기념하기 위해 설치한 운동장이라 밝히고 있는데, '경성그라운드'로도 불린 경성운동장의 정식 명칭은 '동궁전하 어성혼기념 경성운동장(東宮殿下御成婚記念 京城運動場)'으로 '동궁'은 히로히토(裕仁) 일본 황태자를 가리킨다. 그리고 경성운동장 개장일인 1925년 10월 15일은 조선신궁 진좌제(朝鮮神宮 鎭坐祭)가 거행된 날이자 신축한 경성역(京城驛)의 영업개시일이었다. 경성운동장은 조선신궁 진좌제가 끝난 오후에 개장했다. 1925년부터 1944년까지 매해 경성운동장에서는 조선신궁 경기대회(朝鮮神宮 競技大會)가 개최되었다.

제2조부터 제8조까지 입장료 및 시설 대여비, 사용료, 손해 배상 등에 대한 내용으로, 사용료는 경기장 전체, 트랙 필드, 야구장, 정구장에 대해 각각 사용료를 명시하고 있다. 경성운동장은 경성부의 공설운동장으로 조선 최초로 시설 사용료를 징수하였다. 입장 및 시설대여 등에 대해 현

297 훈련원은 조선시대 군사의 시재, 무예 훈련, 병서의 습득 등을 담당하였던 병조 소속의 관서이면서 조선 건국 초에 설치된 훈련관을 계승한 것으로 1446년 훈련원으로 개칭하고 기틀을 만들었다. 무과 등 무관 선발을 위한 시험이나 활쏘기, 창법과 같은 무예 연마를 관장하였고 습득 관제도를 두어 각종 병법서와 통감 등에 대한 교육을 주관하였다. 현재 '훈련원공원'으로 그 자취가 남아 있다.

서울시장에 해당하는 경성부 부윤 마노 세이이치(馬野精一)의 허가를 받아야 한다는 내용이 들어 있는 것에서 경성운동장의 관리 책임이 경성부에 있었음을 알 수 있다.

1925년에 개장한 경성운동장은 해방 이후 서울운동장, 1985년 동대문운동장으로 이름을 바꿔가며 서울의 종합운동장으로 이용되다가 2007년에 철거되고 공원화가 진행되었다. 2009년 동대문역사문화공원이 개장하였는데 입구에 동대문운동장 기념관이 세워져 경성운동장의 자취를 찾아볼 수 있다. 이 자료는 「경성운동장 일람도」 및 운동장 사용조례를 통해 20여 년 전까지 서울 시민들이 이용했던 동대문운동장의 전신인 경성운동장의 1925년 개장 당시의 상황을 알 수 있다는 데에 사료적 가치가 있다.

|번역문|

1925년 10월

경성운동장사용조례

부록: 입장자 주의 사항

경성부

1. 경성운동장 건설공사 개요

- 위치: 경성부 황금정 7정목.
- 총면적: 2만 2,700평.
- 총공사비: 15만 5,000원.
- 총수용 인원수: 2만 5,808명.
- 기공: 1925년 5월 24일.
- 개장: 1925년 10월 15일.
- 준공: 1926년 3월 31일.
- 설계 및 시행: 경성부 토목과.

2. 경성운동장 사용조례

• 1925년 10월 13일 발포.

제1조 본 조례에서 경성운동장(이하, 간단하게 운동장으로 칭함)이라 칭하는 것은 1924년 동궁(東宮)[298] 결혼을 기념하기 위해 설치한 운동장을 말한다.

제2조 운동장에 입장하고자 하는 자는 아래의 입장료를 납부하고 입장권을 교부받아야 한다. 단, 부윤(府尹)이 특별한 사유가 있다고 인정한 경우는 입장료를 감면할 수 있다.

1. 7세 이상 15세 미만 5전.
2. 15세 이상 10전.

부윤이 발행한 문표(門鑑) 또는 우대권을 소지한 자는 입장료를 징수하지 않는다.

입장자는 제3조에 따른 사용을 방해하지 않는 범위에서 운동장을 임의로 사용할 수 있다.

제3조 경기 또는 연습을 위해 운동장의 전부 혹은 일부를 사용하고자 하는 자는 부윤의 허가를 받고 아래의 표에 게재한 사용료를

298 쇼와천황(昭和天皇, 재위 1926~1989)이 된 황태자 히로히토(裕仁)를 가리킨다. 1924년 1월 26일에 중 구니노미야 구니요시(久邇宮邦彦)의 딸인 나가코(良子)와 결혼하였다.

사전 납부해야 한다. 단 부윤이 특별한 사유가 있다고 인정한 경우는 이를 감면할 수 있다.

경기용

	모임 참가자에게 관람료, 그 밖의 이러한 종류의 금전을 징수하지 않는 경우	모임 참가자에게 관람료, 그 밖의 이러한 종류의 금전을 징수하는 경우
경기장 전체 1일	30원	100원
트랙 필드 1일	20원	70원
야구장 1일	15원	50원
정구장 1일	5원	15원

연습용

야구장 1회	3시간 이내	3원
정구장 1회	4시간 이내	1원

제4조 앞 조에 따라 운동장 사용 허가를 받고자 하는 자는 사용 장소, 사용 목적 및 방법, 사용 일시, 모임 참가자에게 관람료 및 기타 이에 준하는 금전을 징수하고자 하는 자는 그 액수 및 수지 개산서(收支槪算書), 사용자의 주소 및 성명, 설비를 하고자 할 때는 그 개요를 기재한 서류를 제출해야 한다.

제5조 제3조의 사용자는 제2조 제2항의 문표 소지자에게 관람료 및 기타 이에 준하는 금액을 징수할 수 있다.

제6조 기납부한 입장료 또는 사용료를 환급(還付)하지 않는다. 단, 부윤이 특별한 사유가 있다고 인정하면 납부 후 30일 이내에 납

부자의 청구가 있는 경우에만 사용료의 전부 또는 일부를 환급할 수 있다.

제7조 부윤은 사용자에 대해 필요한 설비를 명할 수 있다.

제3조에 의해 사용자는 부윤의 승인을 받아 특별한 설비를 할 수 있다.

앞 2항의 경우 사용자는 그 기간만료 시 속히 이를 철거하고 원형을 복구해야 한다. 만약 이를 게을리하면 부윤이 시행하고 그 비용을 사용자에게 징수한다.

제8조 운동장 사용 중 장내의 설비 그 외의 물건을 훼손 혹은 파괴(滅失)하였을 때는 사용자가 부윤이 정하는 손해액을 배상해야 한다. 단, 제3조에 의해 사용한 경우는 누구의 행위인지 불문하고 사용 허가를 받은 자가 이를 배상해야 한다.

제9조 다음 각호의 1에 해당하는 경우는 사용을 허가하지 않는다.

1. 공익을 해치는 점이 있다고 인정되는 경우.
2. 관리상 지장이 있다고 인정되는 경우.
3. 그 외 부윤이 필요하다고 인정하는 경우.

제10조 다음 각호의 1에 해당하는 경우는 사용 허가를 취소하거나 사용 정지를 명할 수 있다.

1. 본 조례 또는 본 조례에 기반하여 발한 명령을 위반한 경우.

2. 앞 조에서 언급한 사유가 발생한 경우.

3. 앞 항의 경우에서 사용자에게 손해가 있는 경우는 그 책임을 지운다.

제11조 다음 각호의 1에 해당하는 자에 대해서는 그 입장을 거절하거나 퇴장을 명할 수 있다.

1. 타인이 혐오감을 일으킬 수 있는 외모인 자, 또는 전염성 질환이 있는 자.
2. 만취자.
3. 타인에게 위험을 끼치거나 타인의 폐가 될 만한 물품류를 휴대한 자.

부칙

본 조례는 발포일로부터 이를 시행한다.

3. 경성운동장 입장자 주의 사항

○운동장 개폐 시각

- 3월 1일부터 11월 말일까지: 오전 7시부터 일몰까지.
- 12월 1일부터 다음 해 2월 말일까지: 오전 8시부터 일몰까지.
- 시기에 따라 이를 조정하거나 입장 및 사용을 정지할 수 있다.

○입장료

• 15세 미만, 5전.
• 15세 이상, 10전.
• 입장자는 입장료를 납부하고 입장권을 교부받아야 한다.
• 7세 미만의 아동은 입장료를 징수하지 않는다.

○금지 사항

1. 모닥불을 피우거나 화기로 장난치는 것.
2. 행상을 하는 것.
3. 소, 말, 개 및 기타 수레를 끌어들이는 것.
4. 타인이 혐오감을 일으킬 수 있는 외모인 자 또는 전염성 질환이 있는 자가 입장하는 것.
5. 만취자가 입장하는 것.
6. 타인에게 위험을 끼치거나 타인에게 폐가 될 만한 물품류를 휴대하는 것.

○조례 제4조 사용신청서 양식

경성운동장 사용신청서

1. 사용 장소	
2. 사용 목적 및 방법	
3. 사용 일시	

4. 모임 참가자에게 관람료, 그 밖의 이러한 종류에 속하는 금전의 징수액	
5. 설비 필요 여부	

위와 같이 사용 건에 대해 허가를 요청하며, 별지로 수지개산서(收支概算書)를 첨부하여 삼가 청원합니다.

다이쇼(大正) 년 월 일 사용자 주소

성명

경성부윤 마노 세이이치(馬野精一) 귀하

야마구치(山口)인쇄소 인쇄 및 발행

[20] 조선여행의 안내(朝鮮旅行の手引)

조선박람회사무국, 연도 미상

집필·번역: 최은경

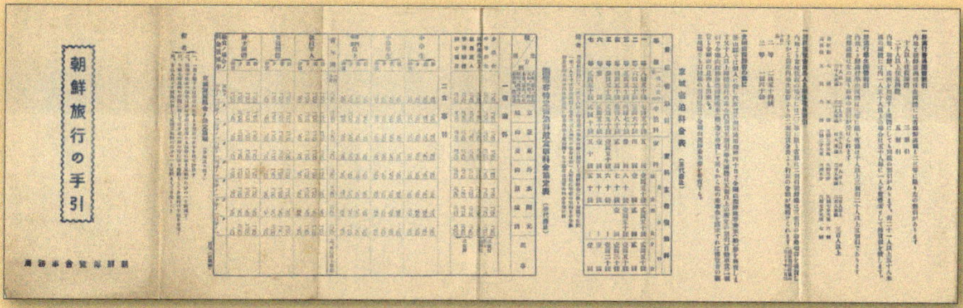

표지면 펼친 모습, 80㎜×178㎜, 390㎜×178㎜

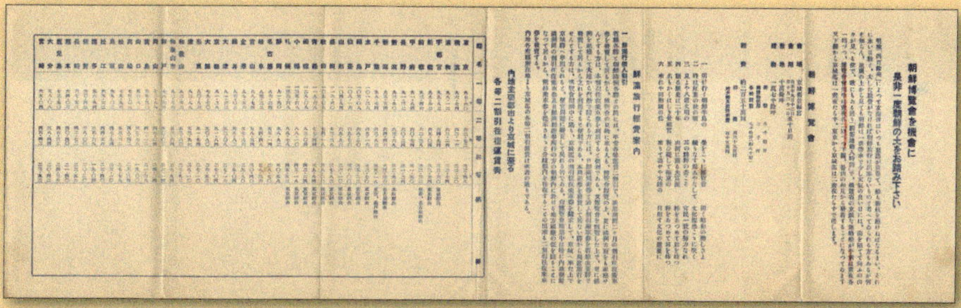

내지면 펼친 모습

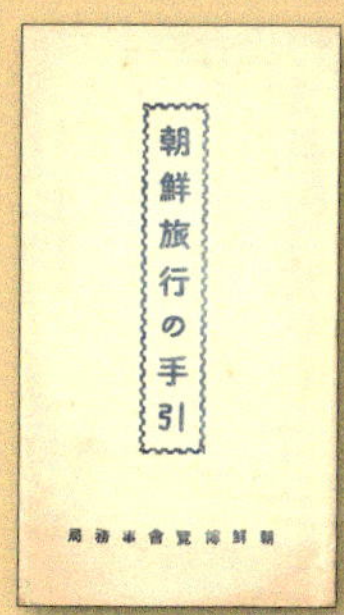

접힌 면(원상태)
앞표지

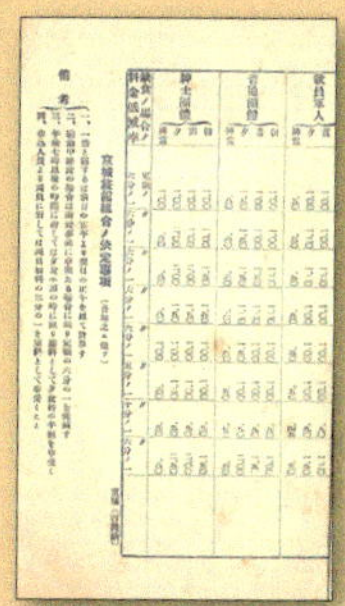

접힌 면(원상태)
뒤표지

| 해제 |

이 자료는 1929년 조선박람회를 계기로 조선을 방문하는 여행객의 편의를 위해 조선박람회사무국이 발행한 『조선여행의 안내(朝鮮旅行の手引)』라는 제목의 인쇄 팸플릿이다. 자료 자체는 좌우 6면(앞뒤 총 12면)으로 접혀 있는 상태이다. 크기는 가로 106㎜이고 세로 181㎜이며, 펼친 상태는 가로 600.5㎜, 세로 181㎜이다. 표지에는 요철선의 사각 테두리 안에 『조선 여행의 안내』라는 제목이 세로로 쓰여 있으며, 아래에는 발행처인 '조선박람회사무국'이 우에서 좌로 가로쓰기로 인쇄되어 있다.

내지면은 "조선박람회를 기회로 꼭 한 번 조선을 방문해 주세요."라는 큰 제목과 아울러 '사백여주(四百餘州)'를 언급하면서 '현해양(玄海洋)'을 건너 가까운 조선을 관광하기를 적극적으로 장려하는 문구로 시작하고 있다. 여기서 '사백여주'란 중국 전체를 의미하는 말로, 청일전쟁 당시 일본인의 사기를 북돋기 위해서 지어졌던 군가(軍歌)의 한 구절이다. 청일전쟁은 일본의 승리를 가져다준 전투였지만, 조선에 있어서는 한반도에 일본군이 남게 되는 결과를 맞이하게 되었다. 일제가 조선 관광 안내서 서두에 청일전쟁을 상기시키면서 현재 식민 지배하는 조선을 언급해 가는 것에는 제국으로서의 고취된 자신감이 엿보인다.

아래에는 조선박람회에 관한 간략한 안내와 조선박람회 노래 가사도 싣고 있다. 박람회의 기간을 '올해 9월 12일부터 10월 31일까지 50일간'으로 명기하고 있어 이 자료의 발행 시기가 1929년이고, 적어도 9월 이전에는 발행되었을 것으로 파악된다. 또한 같은 시기에 거의 흡사한 표지와 구성의 팸플릿이 확인되어 조선박람회의 홍보물로 여러 종류로 제작되고 배부되었음을 알 수 있다.

이 자료에는 조선박람회의 노래 가사가 수록되어 있다. 박람회의 개최를 축하하면서 일제 강점의 '20년 역사'와 '시작되는 쇼와(昭和)'를 말하며 식민 조선의 현실을 환기하는 내용이다. 또한 '동포의 나라'와 '대륙을 지향하는' 등의 구절에서는 제국주의 식민 지배의 정당성과 대륙침략의 야욕을 여실히 노출하고 있다.

이어서 '선만(鮮滿) 여행 경비 안내'라는 제목에는 '선만행 개인 할인'과 함께, 홋카이도의 오타루에서 규슈의 가고시마에 이르기까지 49개[마에바시(前橋)와 니가타(新潟)는 경유지가 달라서 중복으로 표기]의 역명이 명시된 '일본 주요 도시에서 경성까지 각 등급 20% 할인 왕복 운임표'를 내지면 3쪽에 걸쳐 싣고 있다. 그리고 표지면은 경성 숙박 요금표를 1에서 7등급까지 구분하여 세세하게 적고 있다. 마지막으로 '단체객 특정 숙박료 및 식사 요금 협정표'에는 각 학교와 일반 단체객의 지역별 숙박료와 식사 요금이 세세하게 표시되어 있다. 일본의 각 역에서 조선(경성)으로의 이동 시 운임과 숙박비 등을 개인과 단체, 등급별에 따라서 표시함으로써 다양한 여행객층의 요구에 맞춘 관광을 소개한다. 특히 학생들의 수학여행지로서 조선이 주목되었음을 짐작할 수 있다.

덧붙여 이 자료에서는 조선박람회로 조선을 방문하는 일본 여행객에게 금강산과 만주로의 여행도 권하고 있다. 부산으로 입항한 여행객은 철도와 자동차 할인 승차권을 이용하여 경성과 금강산까지 구경할 수 있다고 홍보하고 있다. 조선총독부 철도국은 부설한 철도 노선을 중심으로 식민 조선의 관광지를 개발해 갔다. 금강산은 이전부터 국내외적으로 명승지로 알려져 있었으며, 일제는 1914년 경원선 부설, 1915년 조선물산공진회 개최를 계기로 금강산을 적극 개발, 활용해 갔다. 또한 남만주철도주식회사의 만주선을 안내하며 조선뿐 아니라 만주까지 연결되는 여행을 홍보하고 있다. 즉, 식민지 조선에서 만주로 가는 여행코스는 대륙으로 확장된 '대동아공영권'을 이루고자 하는 제국주의 정책의 포석으로 작용하고 있다.

요컨대 이 자료는 조선박람회를 홍보하며 조선으로의 관광을 유도하는 선전물이며, 동시에 조선을 통해 대륙으로 진출해 가는 제국 일본의 위력을 과시하고자 하는 의도를 내재하고 있다고 말할 수 있다.

|번역문|

조선박람회를 기회로 꼭 한번 조선을 방문해 주세요.

창가(唱歌) '사백여주(四百餘州)'[299]에 의하면 현해양(玄海洋)은 언제나 성난 파도가 소용돌이쳐서 배도 난항을 하기 일쑤입니다. 게다가 긴 일정과 많은 여비가 없으면 조선 여행은 가능하지 않다고 생각하고 계신 분도 있지만, 지도상으로 봐도 조선과는 일위대수(一葦帶水)[300]로 가깝고, 조금이라도 날씨가 좋은 날에는 바다 건너 맞은편의 산들이 보일 정도입니다. 노래에도 있듯이 '부관 연락(關釜連絡) 8시간'으로 철도성(鐵道省)의 멋진 연락선이 평소는 주야 각 1회씩, 박람회 회기중(會期中)에는 주야 각 2회씩 시모노세키(下關), 부산을 상호 출발·도착하게 되어 있습니다. 또 시모노세키에서 경성까지는 하루가 걸리지 않고, 도쿄에서 경성까지는 이틀이 걸리지 않아 도달합니다.

299 '사백여주'는 중국의 전토(全土)를 일컫는 말이다. 여기서 창가는 청일전쟁(1894~1895) 직전(1892년)에 국민의 사기를 북돋기 위해 만들어진 일종의 군가로, 원래 제목은 '원구(元寇)'(작사.작곡:永井健子)이다. 또 '원구'란 1274년, 1281년 두 차례 걸쳐 몽골제국(원나라)이 일본 규슈지역을 습격해 실패로 끝난 난을 의미하는 말로, 가사 처음에 "四百余州を挙る(중국땅을 다 모아서)"가 나오며, 마지막 구절에 "天は怒りて海は逆巻く大浪に国に仇をなす(하늘은 노하고 바다는 소용돌이쳐서 큰 파도로 나라의 앙갚음을 한다)"라는 내용이 있다.

300 한국과 일본이 옷의 띠나 갈대, 좁은 강의 폭만큼 가깝다는 의미로 쓰이고 있다. 흔히 일의대수(一衣帶水)라고 한다.

1. 조선박람회

- 회장(會場): 경성 옛 경복궁.
- 회기(會期): 올해 9월 12일부터 10월 31일 50일간.
- 부지(敷地): 10만여 평.
- 건물(建物): 1만 7천여 평.
  - -신영(新營): 8천여 평.
  - -구(舊)건물 사용: 2천 평.
  - -각 특설관: 7천여 평(약 80관).
- 경비: 약 250만 원.
  - -국비: 135만 원.
  - -지방비 및 협찬회비: 115만 원.

① 서서히 밝아오는 조선 반도의 영광, 여기 박람회. 시작되는 쇼와(昭和)의 즐거움이여.

② 때는 단풍의 계절 가을, 금색으로 물들어 아름답고, 문화 찬연히 여기에 피어.

③ 보라! 팔도 문명의, 그 정수(精粹)의 모습이야말로, 관민일치(官民一致)의 노력이어라.

④ 20년 역사를 말하고, 산하에 가득한 대부원(大富源), 정수를 모아서 당신을 기다린다.

⑤ 이름도 향기로운 경복궁, 곱게 치장한 극동의, 정수를 모아서 당신을 기다린다.

⑥ 오시게 동포 나라를 위해, 모두 와서 대륙을 지향하는 문화의 진전을 맘껏 보라.

2. 선만여행 경비 안내

○선만행(鮮滿行) 개인 할인

성선(省線) 각 역과 조선 만주 각 역과의 사이에는 평소 각 등급의 운임 20% 할인으로 통용기간 2개월의 할인 왕복승차권을 발매하고 있으니 박람회 구경하러 오는 사람도, 박람회 관람한 뒤 만주 방면으로 시찰하려는 분은 본 할인 왕복 승차권을 이용하면 편리하다. 또 박람회를 관람한 뒤에 만주를 시찰하고 다롄까지 기선(汽船)으로 돌아가시는 분에게는 일선만주유권(日鮮滿周遊券)이라는 할인 승차권을 성선 주요역에서 발매하고 있으니, 이것을 이용하면 편리하다. 본 주유권을 발매하지 않는 역에서 주유 여행을 하려는 분은 박람회 개기 중(開期中)에 한하여 경성까지 할인 왕복승차권을 구매하여 경성으로 온 뒤에 경성역에서 신청하면 편의주유(便宜周遊)로 변경해 줄 것이다. 박람회 기간 중은 특히 일본, 조선, 만주의 할인 왕복승차권 및 일선만주유권을 소지한 분은 조선에서 지방 시찰을 할 수 있기에, 소지한 승차권을 제시하면 분기선내(分岐線內)를 왕복할 수 있는 20% 할인 왕복승차권을 발매한다. 일본 각 부현(府縣) 소재지에서 경성까지 각 등급의 20% 할인 운임은 표와 같다.

일본 주요 도시에서 경성에 이르는 각 등급 20% 할인 왕복 운임표

역명(驛名)	1등(원)	2등(원)	3등(원)	적요(摘要)
도쿄(東京)	97.60	62.73	32.48	
요코하마(橫濱)	96.74	62.16	32.20	
우라와(浦和)	98.12	63.24	32.74	
우쓰노미야(宇都宮)	99.82	64.94	33.60	도쿄 경유
마에바시(前橋)	99.92	65.40	33.64	도쿄 경유
마에바시(前橋)	93.46	62.38	32.32	시노이(篠井), 나고야 경유
고후(甲府)	91.84	60.74	31.50	
나가노(長野)	91.32	60.24	31.24	
니가타(新潟)	93.90	63.68	32.96	마이바라(米原) 경유
니가타(新潟)	95.54	64.46	33.36	나고야 경유
지바(千葉)	98.74	63.86	33.18	도쿄, 가메이도(亀戸) 경유
미토(水戸)	101.26	65.16	33.70	도쿄 경유
후쿠시마(福島)	103.80	68.20	35.22	도쿄 경유
센다이(仙臺)	108.16	69.96	36.10	도쿄 경유
야마가타(山形)	104.84	69.96	36.10	도쿄 경유
모리오카(盛岡)	113.60	73.38	37.82	도쿄 경유
아키타(秋田)	109.60	74.18	38.22	도쿄 경유
아오모리(青森)	119.68	77.44	39.84	도쿄 경유
하코다테(函館)	128.80	83.40	42.64	도쿄 경유
오타루(小樽)	135.68	88.10	45.18	도쿄 경유
삿포로(札幌)	136.68	88.78	45.52	도쿄 경유
시즈오카(靜岡)	91.90	58.92	30.58	
나고야(名古屋)	68.24	55.14	28.70	
기후(岐阜)	85.22	54.48	28.36	
도야마(富山)	88.74	58.54	30.40	
가나자와(金澤)	87.56	57.36	29.80	

후쿠이(福井)	68.20	55.82	29.40	
오쓰(大津)	81.62	52.80	27.16	
교토(京都)	81.28	51.84	27.40	
오사카(大阪)	79.70	50.80	26.52	
나라(奈良)	80.86	51.94	27.10	
쓰(津)	82.88	53.96	28.10	
와카야마(和歌山)	82.52	53.60	27.92	
와카야마시(和歌山市)	82.56	53.64	27.94	
고베(神戶)	78.56	50.20	26.14	
오카야마(岡山)	72.88	46.24	24.24	
히로시마(廣島)	65.20	41.12	21.68	
야마구치(山口)	56.82	41.12	19.00	
다카마쓰(高松)	75.60	48.42	25.34	
마쓰야마(松山)	79.96	53.32	27.78	
돗토리(鳥取)	69.20	47.94	25.10	
마쓰에(松江)	65.62	44.56	23.40	
하카타(博多)	56.94	35.68	19.40	
사가(佐賀)	60.42	38.00	20.20	
나가사키(長崎)	67.52	42.72	22.56	
구마모토(熊本)	64.20	40.40	21.40	
가고시마(鹿児島)	72.90	46.32	24.36	
오이타(大分)	58.08	38.44	20.42	
미야자키(宮崎)	65.04	45.42	23.92	

○선만행(鮮滿行) 보통 단체 할인

• 일본과 조선, 만주 간 왕복 단체에는 성선(省線), 선만선(鮮滿線)도 2·3 등에 한해 할인이 있습니다.

- 10인 이상 왕복단체: 30% 할인.

- 20인 이상 왕복단체: 50% 할인.

- 일본, 조선, 만주를 여행하는 단체도 같은 할인이 있습니다. 또한 21인 이상 50인 미만의 단체에는 1인, 50인 이상의 경우는 50인마다 1인을 감독자로 하여 무임(無賃)으로 합니다.

○선만행(鮮滿行) 학생단체 할인

일본에서 오는 조선과 만주행 학생단체는 3등에 한해서 철도 성선(省線)은 10인 이상 30% 할인, 20인 이상 50% 할인입니다. 또한 선만선(鮮滿線)은 높은 할인을 받을 수 있습니다.

- 조선선(朝鮮線)
  - 10인 이상 20인 미만: 50% 할인.
  - 20인 이상 50인 미만: 50% 할인.
  - 50인 이상 100인 미만: 52.5% 할인.
- 만주선(滿洲線)
  - 10인 이상 20인 미만: 50% 할인.
  - 20인 이상 50인 미만: 60% 할인.
  - 50인 이상 100인 미만: 62.5% 할인.

○조선박람회 출품인 및 관계 직원 할인

일본에서 경성 왕복으로 올 경우에는 2등, 3등에 한해서 성선은 20% 할인, 조선선은 30% 할인의 환승 티켓을 발매하기 때문에 일본 주요역에서 20% 할인 운임표부터 다음의 금액이 감액될 수 있습니다(통용기간 발매일에서 11월 30일까지).

• 2등: 2원 54전.

• 3등: 1원 40전.

○금강산 탐승객을 위해서

부산역에서는 개인에 대하여 기차 운임 30% 할인, 통용기간 40일로 금강산 탐승 연대승차(선)(探勝連帶乘車[船]) 권을 발매합니다. 또 10인 이상 단체여행의 경우, 기차 운임 50% 할인(학생단체는 50% 할인 이상의 소정의 할인), 자동차 운임 20% 할인으로, 금강산 탐승 연대 단체 승차(선)권을 발매하고 있기에 이 승차권을 구매하면 박람회의 관람도 금강산 구경도 할 수 있습니다. 경성역에서도 같은 할인 운임으로 금강산 탐승 승차권을 발매합니다.

경성 숙박 요금표 (팁 폐지)

보통 숙박료(원)			객실료 중심 숙박료(원)			
등급	1박 2식 포함 숙박료	반박료(半泊料)	객실료	식사료		
				조식	중식	석식
1등	8.50	7.50	5.00	1.50	2.50	2.50
2등	6.50	5.60	4.00	1.00	2.00	2.00
3등	5.50	4.70	3.00	0.80	1.50	1.50
4등	4.50	3.80	2.00	0.70	1.00	1.30
5등	3.50	2.90	1.50	0.60		1.20
6등	3.00	2.50	1.00	0.50		1.00
7등	2.50	2.10	0.50	0.50		1.00

※비고: 보통 숙박료에서 1실 3인 이상 숙박의 경우, 특히 할인하여 단체 요금에 따라 받고 1실 2인까지는 정액 객실료를, 3인이 같은 방을 쓸 경우 1인이 늘 때마다 반액 객실료를 받습니다. 식사가 필요 없을 때는 앞의 식사 때까지 말씀해 주시고, 말씀이 없으면 그에 상응하는 요금을 받습니다.

단체객 특정 숙박료 및 식사 요금 협정표(팁 폐지)

종별 \ 지방별		대구·경주·진해·대전·이리·군산·목포·용산·인천·철원·함흥·평양·신의주·진남포	경성	부산	동래	마산	수원	개성	원산	기사(記事)
1. 숙박료[가격은 원(圓)과 전(錢). 지면상 액면 생략]										
소학생		1.50	1.50	1.50	1.50	1.40	1.30	1.35	1.50	3식 포함. 단, 점심은 도시락
중등학생		2.00	2.00	2.00	2.00	1.90	1.80	1.80	2.00	
전문학생 이상		2.50	2.50	2.50	2.50	2.30	2.20	2.25	2.50	
교원 군인		2.50	2.50	2.50	2.50	2.20	2.00	2.25	2.50	3식 포함
보통단체		3.50	3.50	3.50	3.50	3.20	2.50	3.15	3.50	
신사단체		4.00	5.00	4.50	4.50	3.50	3.50	3.60	5.00	
2. 식사료 [조:조식, 중:중식, 석:석식, 도:도시락]										
	조	0.40	0.50	0.40	0.40	0.40	0.35	0.36	0.50	
소학생	중	0.50	0.40	0.50	0.50	0.50	0.50	0.45	0.50	
	석	0.50	0.60	0.50	0.50	0.50	0.50	0.45	0.60	
	도	0.30	0.30	0.30	0.30	0.30	0.30	0.27	0.30	
	조	0.50	0.50	0.60	0.50	0.50	0.45	0.45	0.60	
중등 학생	중	0.70	0.70	0.60	0.70	0.70	0.60	0.63	0.60	
	석	0.70	0.70	0.80	0.70	0.70	0.60	0.63	0.80	
	도	0.50	0.50	0.40	0.50	0.50	0.40	0.45	0.40	
	조	0.60	0.70	0.60	0.50	0.60	0.50	0.54	0.70	
	중	0.80	0.70	0.80	0.70	0.80	0.70	0.72	0.70	
전문 학생 이상	석	0.80	1.00	0.80	0.70	0.80	0.70	0.72	1.00	
	도	0.50	0.40	0.50	0.50	0.50	0.40	0.45	0.40	
청년단	1박 3식	2.50	2.50	2.50	2.50	2.50	2.50	2.50	2.50	2.50 이상 임의
	조	1.00	1.00	1.00	1.00	1.00	0.80	0.90	1.00	
교원 군인	중	1.00	1.00	1.00	1.00	1.00	1.00	0.90	1.00	
	석	1.00	1.20	1.20	1.00	1.00	1.00	0.90	1.50	
	도	0.50	0.50	0.50	0.50	0.50	0.50	0.45	0.50	

보통 단체	조	1.00	1.00	1.20	1.20	1.00	1.00	0.90	1.00	
	중	1.00	1.00	1.50	1.20	1.00	1.00	0.90	1.50	
	석	1.50	1.50	1.50	1.20	1.50	1.50	0.90	2.00	
	도	0.80	0.60	0.60	0.60	0.80	0.50	0.72	0.60	
신사 단체	조	1.00	1.00	1.50	1.50	1.00	1.00	0.90	1.50	
	중	1.00	1.00	2.00	1.50	1.00	1.00	0.90	2.00	
	석	1.00	2.00	2.00	1.50	1.00	1.30	0.90	2.50	
	도	1.00	0.80	0.80	0.80	1.00	0.60	0.90	0.80	
식사를 뺄 경우 요금 감액율		정액의 1/6								

○'경성여관조합'의 결정 사항(각지에서는 이것을 따른다)

• 비고

- 1박으로 칭하는 것은 전날의 정오부터 다음 날 정오까지로 계산한 것이다.
- 숙박 중 식사를 뺄 경우는 앞 식사 전에 신청하는 경우에만 정액의 6분의 1을 감액한다.
- 오후 7시 이후 석식이 불필요한 경우에만 자릿세로 저녁 식사료의 반액을 받는다.
- 신청한 인원보다 감원에 대해서는 감원 숙박료의 3분의 1을 객실료로 받는다.

경성(다니오카 납[谷岡納])

동아대학교 역사인문이미지연구소 총서 05
『일제강점기 한국 관련 프로파간다 팸플릿』
팸플릿 시리즈 제1권 **경성을 가다 - 리플릿과 브로셔 편**

초판 1쇄 인쇄 2025년 11월 24일
초판 1쇄 발행 2025년 11월 30일

집필·번역 신동규 박영희 배병욱 임다함 최은경 허지애 황익구
편　　찬 동아대학교 역사인문이미지연구소
전　　화 051-200-8742

발 행 인 한정희
발 행 처 경인문화사
편 집 부 한주연 김지선 김한별 양은경 정효민
마 케 팅 유인순 하재일

출판신고 제406-1973-000003호
주　　소 경기도 파주시 회동길 445-1 경인빌딩 B동 4층
대표전화 031-955-9300　　팩 스 031-955-9310
홈페이지 http://www.kyunginp.co.kr
이 메 일 kyungin@kyunginp.co.kr

ISBN 978-89-499-6899-5 94910
　　　978-89-499-4868-3 (세트)
값 36,000원